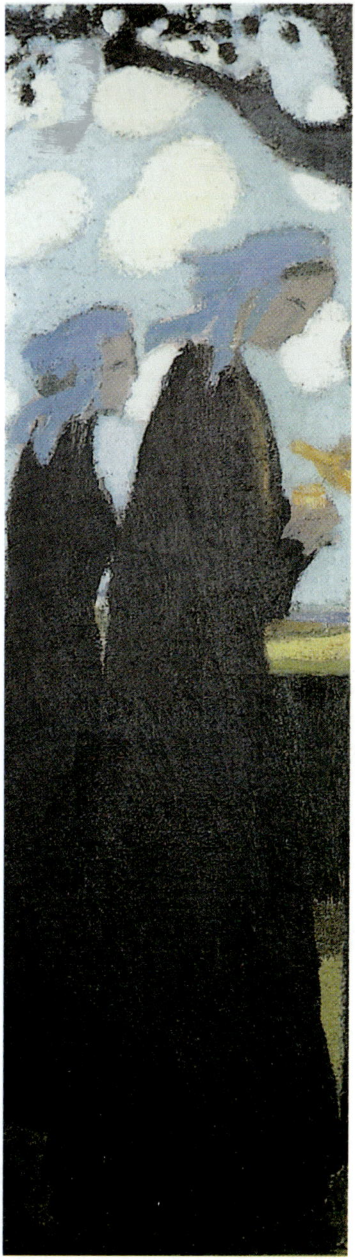

PocheCouleur

n° 41

Directeur artistique et technique :
Ahmed-Chaouki Rafif
Assistante :
Marie-Pierre Kerbrat

ISBN 2-86770-181-3
ISBN 13-9782867701818
ISSN 1248-6981
N° d'éditeur 1182
Dépôt légal : quatrième trimestre 2006

Imprimé en France par Mame, Tours

Jean-Jacques Lévêque

Maurice

DENIS

1870 -1943

Le peintre de l'âme

ACR Édition

PocheCouleur

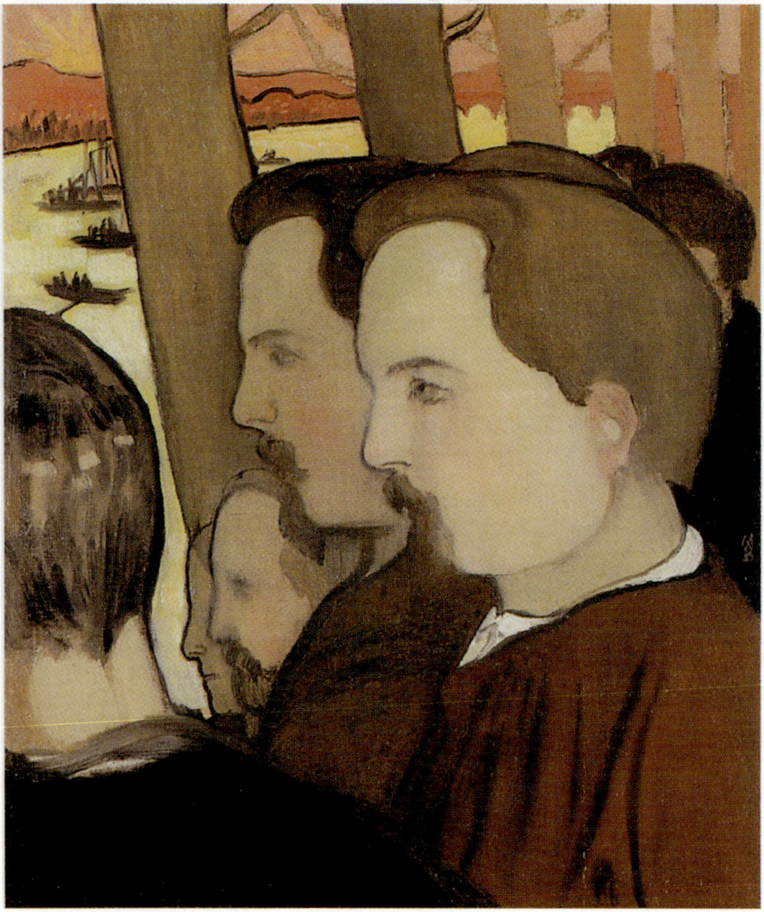

Double Portrait de l'artiste, de profil.
Collection particulière.

Sommaire

Travaux d'approche

Plus que toute œuvre contemporaine à la sienne, celle de Maurice Denis présente des ambiguïtés qui nuisent à sa reconnaissance auprès de ceux qui ne voient dans l'art qu'un phénomène de progrès, la nécessité d'aller au-delà d'un héritage pour gagner les zones hasardeuses et risquées, mais parfois enrichissantes, d'une modernité qui prend souvent le visage d'un refus, d'une ironie, d'une protestation globale de l'art et de l'artiste confondu si étroitement avec son œuvre que celle-ci disparaît dans celui-ci.

Frappé de plein fouet, comme une grande partie des artistes de sa génération, par l'audace des découvertes qui précèdent son arrivée dans le monde de l'art, Maurice Denis aura été l'un de ceux qui aura le plus lucidement analysé la situation qui s'était créée et dont il devait tirer le meilleur parti. Mais, tant par sa nature et les exigences qu'il a reconnues pour l'élaboration de son œuvre, il sort du creuset de la modernité telle qu'elle se propage autour de lui pour atteindre une forme de classicisme qu'il mettra au service d'une foi profonde et d'une religiosité qui a ses codes, ses figures exemplaires, ses modèles et ses fonctions sociales.

Né à l'art dans le giron de la révolte des ateliers qui secouaient l'Académisme sous toutes ses formes, et les plus sclérosées, il va s'écarter progressivement de ses audaces juvéniles pour œuvrer dans le sens d'une lisibilité, d'une clarté de discours qui ne refuse pas la force initiatrice du contenu, et même l'expression d'une forme de morale. L'emprise de la foi chrétienne n'est jamais sans danger. Surtout en un temps où l'art se voulait libéré de toute contrainte et ne survivre, se justifier que de sa seule expression, s'enfermant dans son propre discours jusqu'à donner à la théorie le prima sur la fonction représentative qu'il avait jusqu'alors. Les toutes dernières

Autoportrait.
Collection particulière.
Il s'y livre tout entier dans toute la crédulité et l'enthousiasme de sa jeunesse. « Les yeux purs comme ceux d'une vierge et aimables comme ceux d'un enfant. »

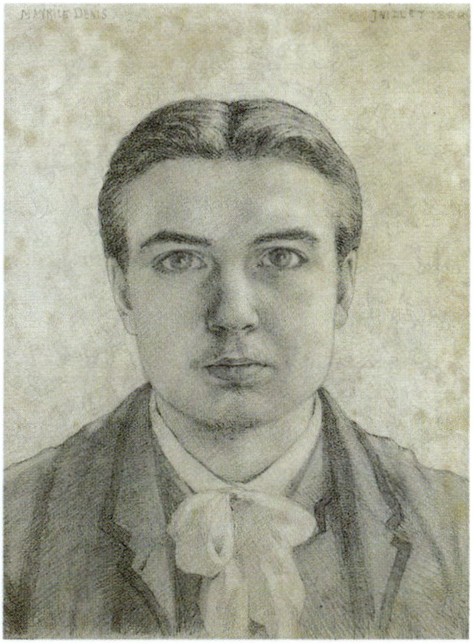

manifestations artistiques le prouvent bien, qui dénaturent le sujet au profit d'une excessive reconnaissance du discours l'accompagnant et prenant progressivement sa place.

Franchement figurative en ses développements, l'œuvre de Maurice Denis aura évité les passions qui accompagnent la prise de conscience de la spécificité de l'art contemporain. En revanche, elle aura été confinée en une zone marginale, souvent considérée comme rétrograde par ceux qui mobilisent l'opinion et décident de la pensée unique qui prime plus que jamais. Il est à noter qu'il subit de la part de ceux qui président les courants d'opinion le même désaveu que les poètes, écrivains et autres émetteurs de la pensée, dont on ne reconnaît le génie que dans l'extrême solitude de leur action, de leur démarche. Dans le terreau de la modernité, et l'action décisive du mouvement Nabi dont il aura été le théoricien, Maurice Denis aura trouvé les éléments d'un nouveau langage pictural qu'il devra assouplir, adapter, sans jamais totalement le nier, à une fonction de la peinture qui se soumet à l'approche de la spiritualité. Voisin d'un Kandinsky dans la force juvénile de son inventivité, il ne s'engagera pas dans la déconstruction de la figuration au nom d'une exigence de la pensée, mais se pliera, avec une sincérité parfois préjudiciable à son génie, à une mission qui assujettit l'art à ses ambitions.

État des lieux

Portrait d'Yvonne Lerolle en trois aspects.
Collection particulière.
Reprise souvent par le peintre, l'idée du portrait en plusieurs attitudes qui s'additionnent, composant une scène donnant une image large et profonde à la fois du modèle. Inventant une présence qui relève de l'apparition. Mystérieuse encore de ses secrets.

À l'instant même où il remet en cause l'enseignement qu'on lui propose, le peintre s'appuie sur des théories. Mais, tandis que certains militent pour un esprit de révolte qui entraîne vers des solutions radicales et des idées suicidaires, d'autres, dans un esprit de modération, s'appliquent à formuler leurs idées dans la tempérance et sans nécessairement se placer sous le signe de la destruction.

Affaire de tempérament.

La révolution en peinture va offrir, à la charnière des XIXe et XXe siècles, une série de choix et d'attitudes d'une grande diversité.

L'esprit d'aventure n'interdit pas nécessairement des ajustements avec le passé et le respect d'un héritage n'est pas en contradiction avec le besoin de nouveauté.

Toute l'histoire de l'avant-garde tient dans ce creuset des paradoxes qui l'entourent et le vivifient.

L'évolution aurait été linéaire et unifiée que l'art en aurait perdu une part majeure de ses richesses, et c'est à l'aune de cette profusion qu'il s'est refait un visage neuf et si séduisant.

L'impulsion donnée par l'Impressionnisme augure d'un refus grandissant pour des recettes éculées qui tenaient des vertus de l'Académisme, progressivement amoindri de ses sources premières et peu à peu dénaturées.

L'imposante morgue des tenants du pouvoir en art, avec son arsenal d'alliances et de préjugés, enracinés dans une société en voie d'embourgeoisement, va jeter dans la révolte toute une génération d'artistes

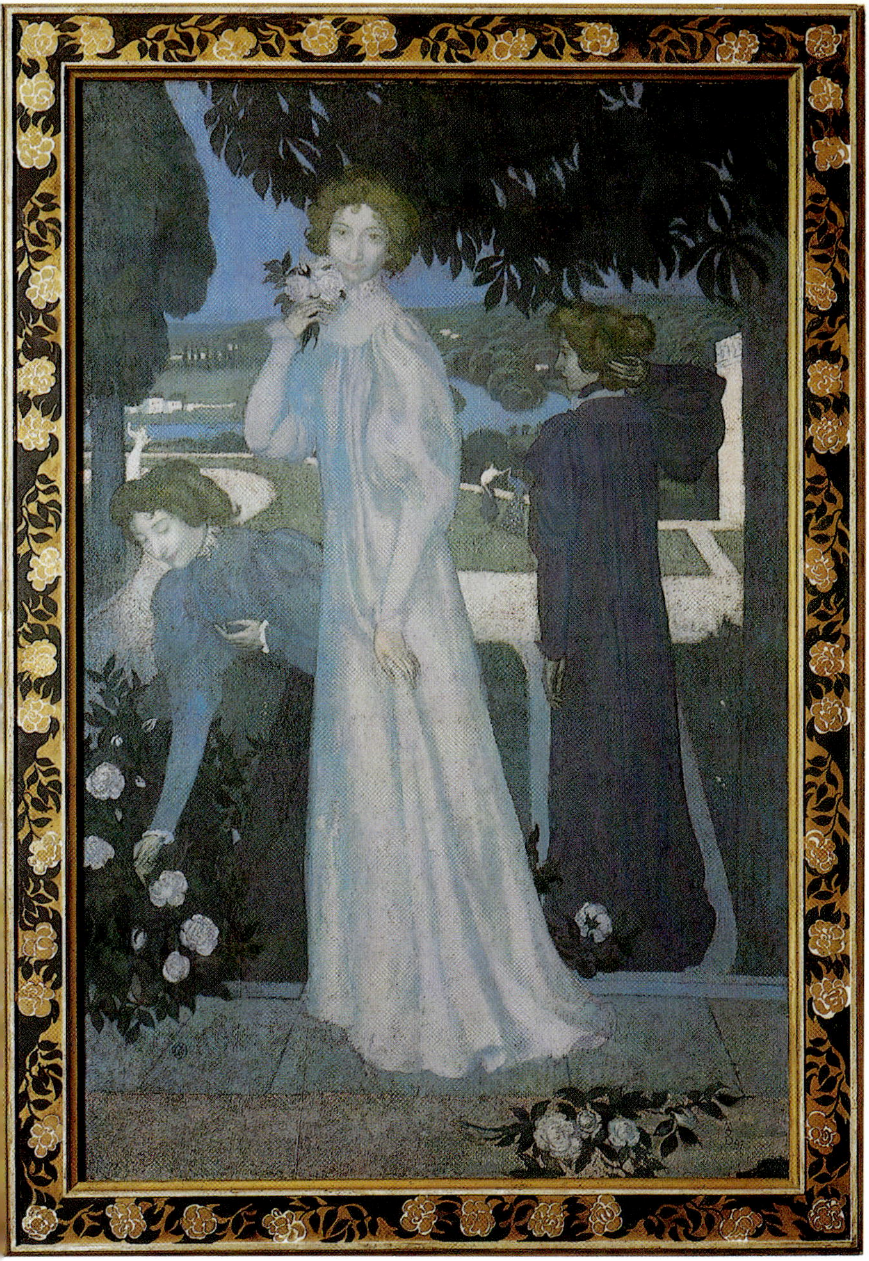

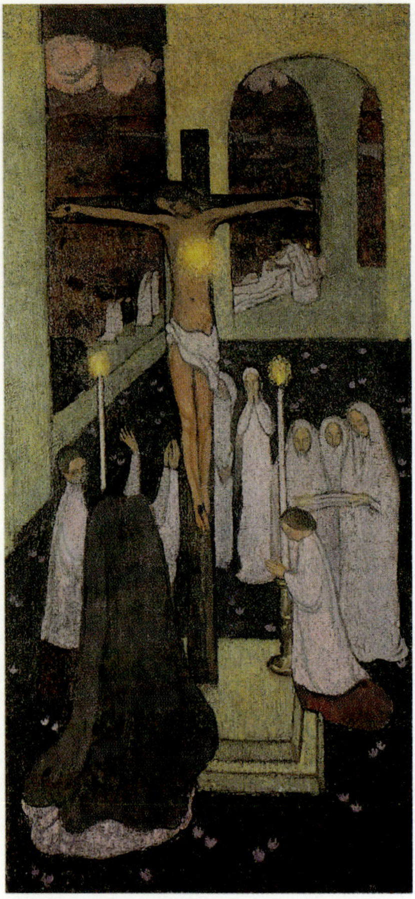

Sacré-Cœur crucifié.
Collection particulière.
L'adhésion de Maurice Denis à la foi chrétienne va soutenir constamment le développement de son œuvre, l'éloignant parfois de ses débuts dont il conserve toutefois le goût de la synthèse expressive.

soucieux d'appréhender avec plus d'efficacité, et dans le sens de la vérité, la réalité qui deviendra peu à peu support d'émotions à l'état pur.

Si toute une génération refuse la dictature des « Pompiers » et de l'enseignement académique, différente sera la leçon tirée de cette rupture avec la tradition.

L'esprit de révolte ne passe pas toujours par la destruction du passé. Elle peut aussi le revisiter.

Maurice Denis n'est pas de ceux qui désertent le musée au nom de la modernité. Celle-ci est le fruit d'une réflexion nourrie de ce que le passé peut apporter de fécondant.

C'est à sa manière de le lire que se situe l'artiste qui épouse un mouvement général dont il partage l'énergie (subissant l'opprobre qu'il inspire). Maurice Denis, dans la prise de conscience de son destin d'artiste, va signifier ce qu'il doit à ceux qui ont, au cours des âges, édifié, génération après génération, l'ordre magistral de l'art en ses développements et la logique de son évolution.

Elle ne s'est pas toujours faite par à-coups et réactions violentes, mais dans une sorte de glissement de la pensée qui s'affine, s'ouvre à son époque, progresse dans une sorte de dynamique qui est celle des acquis, d'un enrichissement constant, d'un mixage des influences.

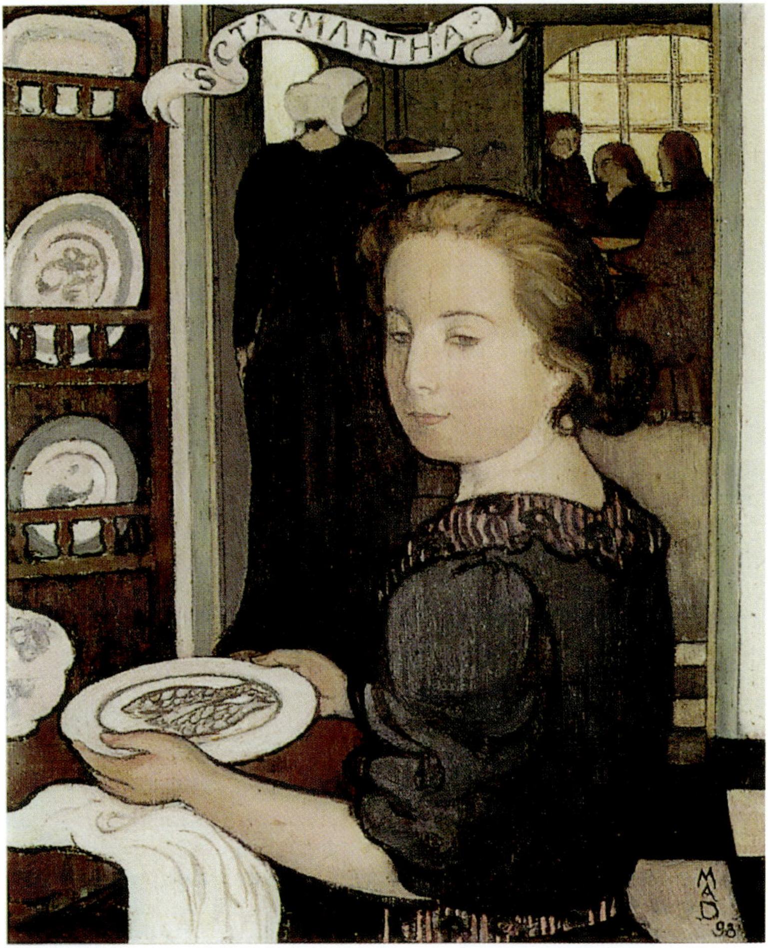

Sancta Martha *ou* Marthe au vaisselier.
Collection particulière.
Maurice Denis emmène sa jeune épouse à Perros-Guirec, « premier matin de ma vie, semblable aux premiers matins du monde ». Il ne pouvait qu'immortaliser cette adhésion par un portrait de Marthe traité à la manière des Primitifs, avec le bandeau-dédicace qui situe l'œuvre dans l'espace de la sacralité.

Sources

La peinture pompier c'est la culture du fait-divers. Qu'il se déroule dans le contexte prestigieux et éminemment théâtral de l'Olympe et autres contrées mythologiques n'enlève rien à son caractère factuel.

À s'être trop promené dans les allées du sublime de commande et frôlé les hanches prometteuses des déesses, odalisques ou autres femmes de perdition (on y reviendra), les peintres avaient perdu leur âme.

Fabricants, usiniers de belle facture, encore qu'à l'usage la verve se tarit et l'épopée n'est plus que l'ombre d'elle-même, les peintres pompiers pervertissent le sens donné à l'acte de peindre et en banalisent les vertus.

C'est dans un rapport nouveau (révolutionnaire) avec l'imagerie de la réalité que va se fonder la peinture qui s'oppose tout autant à l'Académisme qu'à l'Impressionnisme, pour autant que ce dernier reste « bas de plafond ». Elle va prendre en charge le rêve.

Voici l'entrée des symbolistes.

Ils sont multiples, s'aventurent en tous sens, bousculent l'ordre établi sans nécessairement nier les méthodes picturales qui entretenaient la culture des mythes reconnus ; plus soucieux de donner un sens nouveau à la pratique de la peinture traditionnelle.

Le vocable reste vague et recouvre toute l'activité d'une

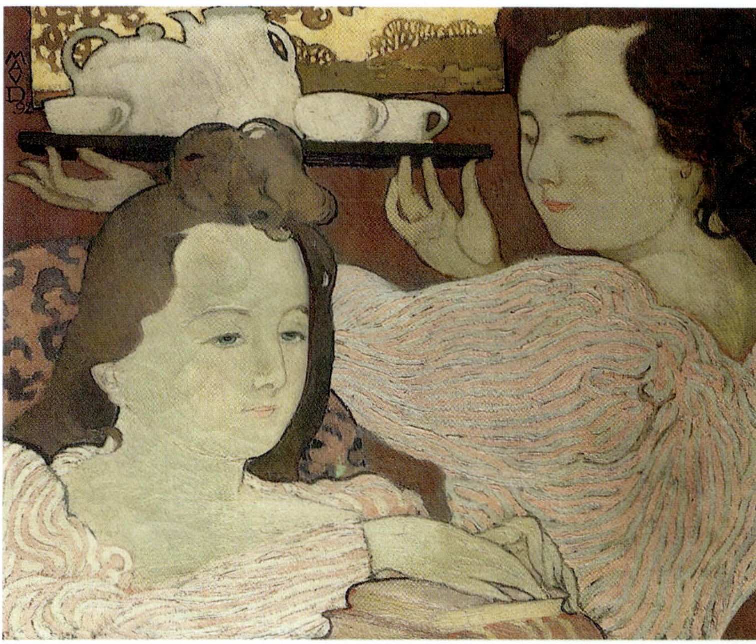

La Tasse de thé *ou* Allégorie mystique.
Collection particulière.
« L'expression par l'œuvre d'art de ce que doit être la vie terrestre. » Abordant des sujets intimes, Maurice Denis aborde l'espace du mysticisme.

génération qui, refusant la réalité à l'état brut, s'engage dans les multiples voies offertes par l'exploration du rêve.

Il n'a pas la contenance sociologique que lui avait donné le Romantisme, qui est une réaction globale contre une pensée pesante et banalisante. Dans un souci d'emportement, un lyrisme fougueux qui prend en charge la réalité honnie pour lui insuffler cette forme d'épanchement, ce désir de fuite qui s'identifie volontiers avec l'héroïsme. Juste conséquence de la nostalgie alors entretenue par toute une génération qui garde en tête et en mémoire (propulsée dans l'espace de l'imaginaire) les décades d'aventures sociales, militaires et culturelles qui ont justifié la Révolution et l'épopée napoléonienne.

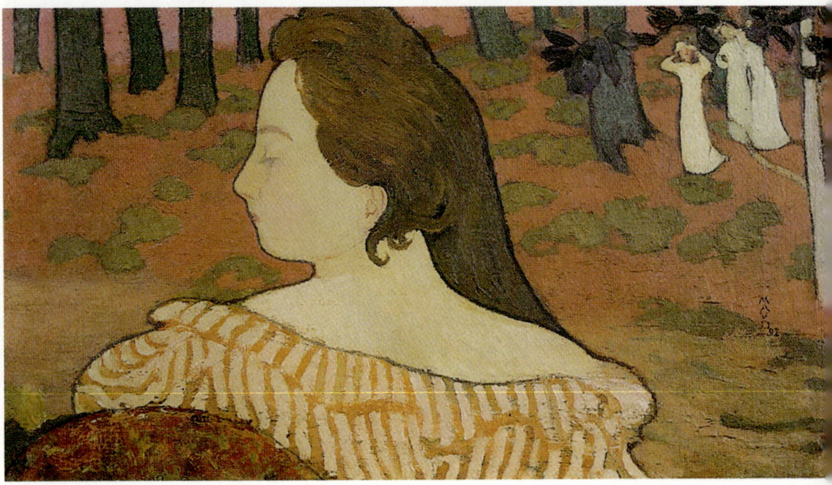

Belle au bois d'automne.
Collection particulière.
Viendrait du Songe de la belle au bois *de Gabriel Tarieux, conte de fées avec musique dont Maurice Denis réalise le décor pour sa présentation dans le cadre du Théâtre d'Art de Lugné-Poe.*

Rien de cette dimension politique dans la culture des rêves conduite par les symbolistes, et la réaction anti-bourgeoise relève moins d'un choix politique que d'une attitude individuelle et intime.

Il en résulte une grande diversité d'esprits et de visions au cœur de laquelle se définissent les différentes contributions, dans une opposition (significative dans le contexte sociologique de l'époque) entre la femme idéalisée et celle qui, avant d'être fatale, sera maudite. Baudelaire l'avait annoncée, la littérature décadente l'exploite et en invente de multiples destins. Elle va hanter la société « fin de siècle ».

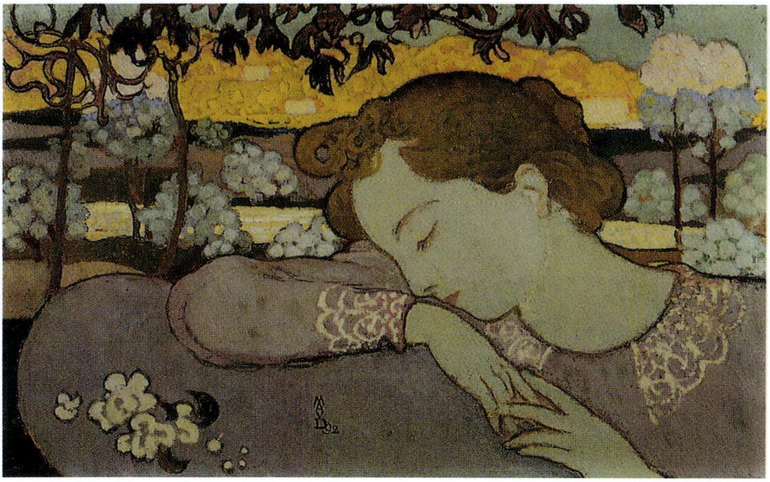

Crépuscule.
Musée Bonnat, Bayonne.
Dans le jeu délié du graphisme, Maurice Denis n'a jamais été aussi proche du phrasé mélodieux, et vaguement mélancolique, de la musique dont il partage avec son épouse Marthe la séduction.

Femmes fatales, sphinges, orgies, démones

À l'opposé d'une femme désincarnée, volontiers noyée dans les brumes de rêves virginaux, surgit toute une cohorte de figures emblématiques, torturées, énigmatiques et perfides.

Le Symbolisme va accueillir, dans un tohu-bohu traduisant l'énergie de toute une génération abordant de nouveaux rivages du rêve, la femme dans tous ses états. Elle était, chez les impressionnistes, sous l'éclairage bienveillant et souvent amoureux du peintre, dans toute la simplicité de sa condition de compagne, d'amie, et, jusque dans les portraits « de commande », le peintre s'attache à montrer la femme dans une simplicité de comportement, d'apparence et de nature qui l'inscrit dans le quotidien, une vie proche de la nature, dans une complicité aimable avec le temps qui s'écoule. Leçon de sagesse.

Tout change avec l'émergence de la littérature dans l'espace de la pensée et l'exemplarité donnée par de nouvelles figures de femmes portées aux excès de leur féminité et chargées de tout un étrange fardeau de fantasmes. Le peintre retrouve les héroïnes les plus fameuses et les plus inquiétantes des mythologies et des légendes, s'attache à parer la femme des atours de sa perversité supposée, de ses désirs obscurs, d'un mal intérieur qui n'est surtout que celui du spectateur.

On voit émerger toute une cohorte de femmes lourdement chargées de bijoux et de vices, de promesses et de menaces. C'est l'univers des sirènes invoquées par Homère et qui fascinait tant Ulysse, choisissant de se faire attacher au mât de son navire pour entendre leur chant sans risquer de se laisser entraîner à les rejoindre, sachant qu'il s'y perdrait corps et âme.

Renaud captif dans les jardins d'Armide.
Hôtel Fujiya, Hakone.
Les incursions de Maurice Denis dans le domaine classique s'appuient sur le répertoire des thèmes qui furent ceux de la tapisserie, dont il retrouve ici l'ordre interne. Une manière frontale d'en traiter les figures.

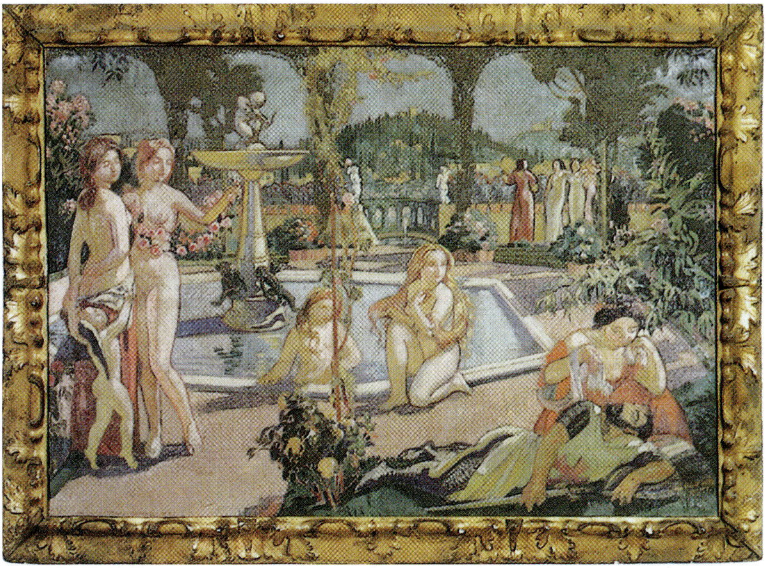

C'est dans un balancement ininterrompu entre vierges sages et vierges folles que va se développer le Symbolisme qui réhabilite une facture empruntant à la tradition certaines de ses recettes. Marquant ainsi un pas de recul par rapport à l'Impressionnisme qui s'attaque au cœur même de la peinture pour en pulvériser les pouvoirs, et s'opposant à lui dans sa recherche d'une nouvelle inspiration.

Plus que toute autre tendance qui lui est contemporaine, la peinture symboliste conserve, vis-à-vis de la peinture académique, une déférence qui joue beaucoup sur l'ambiguïté de son message et la confusion qu'elle entretient pour celui qui veut l'inscrire dans une avancée de la pensée artistique. Franchissant un pas vers le dépassement des limites dans laquelle elle s'était enfermée au nom de l'Académisme, mais introduisant un nouvel élément qui manquait jusqu'alors à la peinture dans son aventure de modernité : la recherche d'une sensation, l'expression d'une vision.

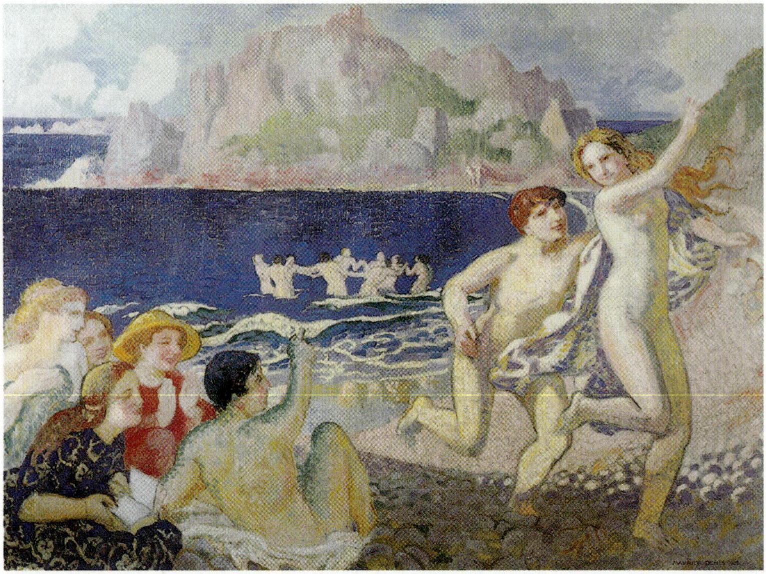

Galatée *ou* La Poursuite.
Collection particulière en dépôt au Musée départemental Maurice Denis, Saint-Germain-en-Laye.
Il réinvente la mythologie en s'inspirant de son quotidien. Donne à ses figures un accent mythologique. Une manière de sacraliser les gestes les plus ordinaires. D'un jeu de plage, il fait une légende empruntée à Homère ou Ovide.

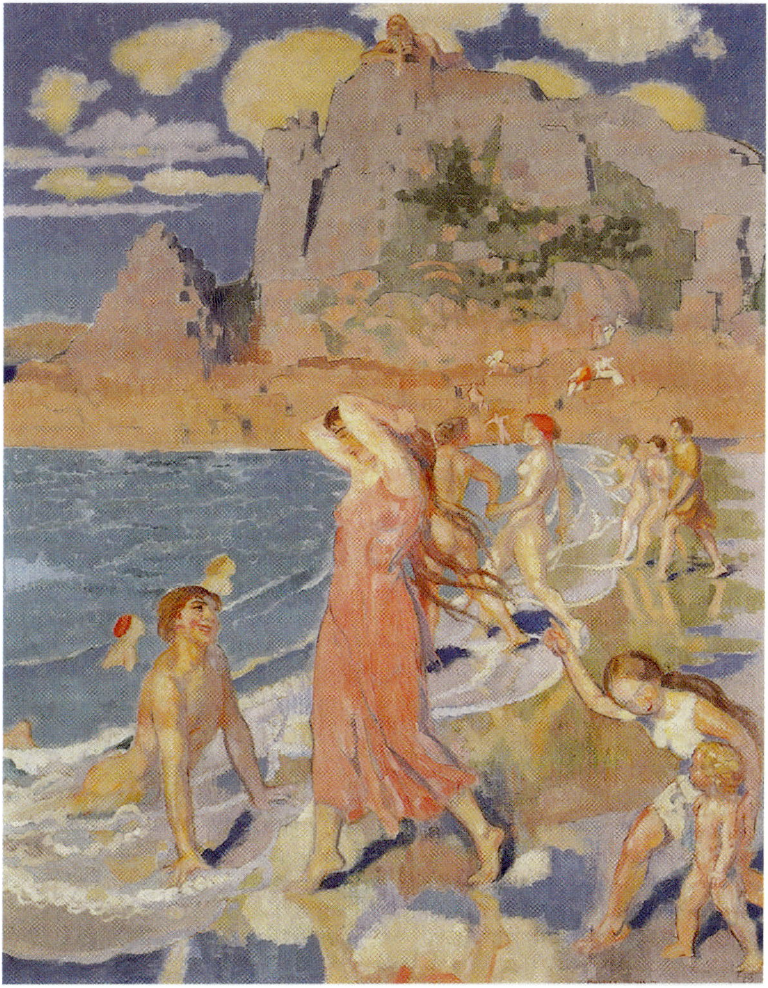

Galatée.
Musée de Peinture et de Sculpture, Grenoble.
Abordé à plusieurs reprises, le thème de Galatée (une néréide de la mythologie gréco-latine) découle de la fréquentation assidue de la mer à Perros-Guirec. Maurice Denis affiche son adhésion à une tradition culturelle qu'il arrache à l'esprit d'atelier pour la transcrire dans son quotidien.

Saisir le rêve, l'inventer

Ce sont des lois déduites de vérités provisoires. Elles se succèdent, s'empilent, s'accumulent. L'Impressionnisme avait dématérialisé la matière à l'exemple des physiciens, tandis que la pratique de la psychologie émiettait le moi au prétexte de le mieux saisir.

La peinture devenait ainsi une suite d'évanouissements de la réalité, des agonies colorées.

Le peintre visait à saisir la fluidité du temps, s'éloignant progressivement du sujet dans son apparence commune, juste bonne, pensait-il, à satisfaire le photographe.

Pénétrant son sujet, l'atomisant, il dilatait le réel pour mieux le quêter. Acte délicieux et suicidaire qui mènera l'acte de peindre à se confondre avec l'acte de vivre. Se dire dans l'instant. Fulgurance et fuite en avant.

Dès qu'il est admis et développé dans toute l'étendue de ses possibilités, l'Impressionnisme va rencontrer une opposition en son sein même.

Cézanne, par exemple, s'opposant, au nom de la présence géométrique des choses, à la dilution (dissolution) prônée à travers le monde aquatique de Monet.

Et Gauguin vint.

Avec lui, le souci de ne pas nier les forces de la sensation mais celui de reconstruire le monde sur une formulation réfléchie, codée, volontaire.

Souci de ne pas abandonner la peinture à ses simples effets mais la dominer pour en tirer une musique intime. Autre force cachée de ses prestiges.

À travers *Le Talisman*, il fait passer le message. L'Histoire de l'art ouvre un nouveau chapitre plein d'espérance et de fertilité.

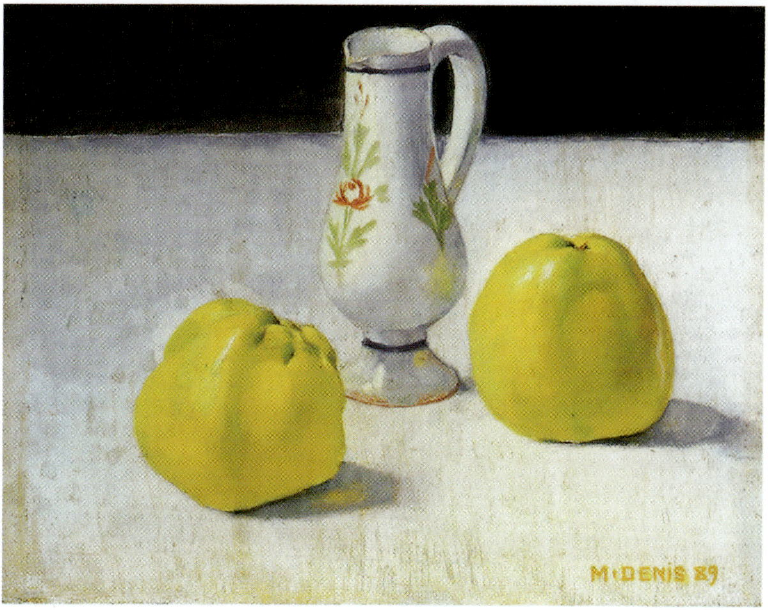

Nature morte aux pommes.
Musée départemental Maurice Denis,
Saint-Germain-en-Laye.

L'Assiette de prunes.
Collection particulière.

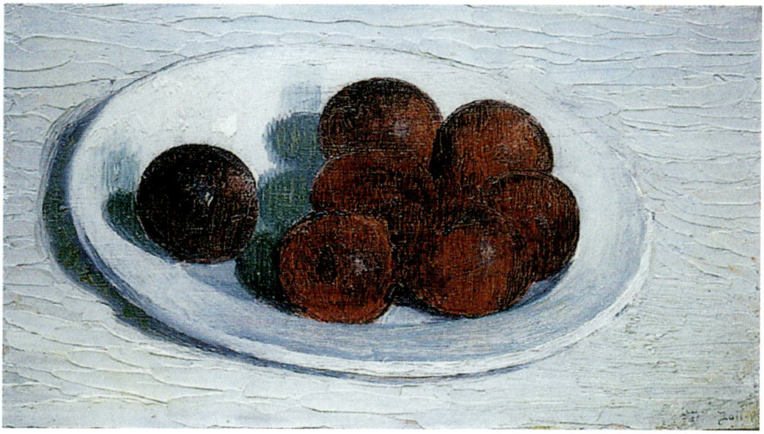

Une machine de guerre

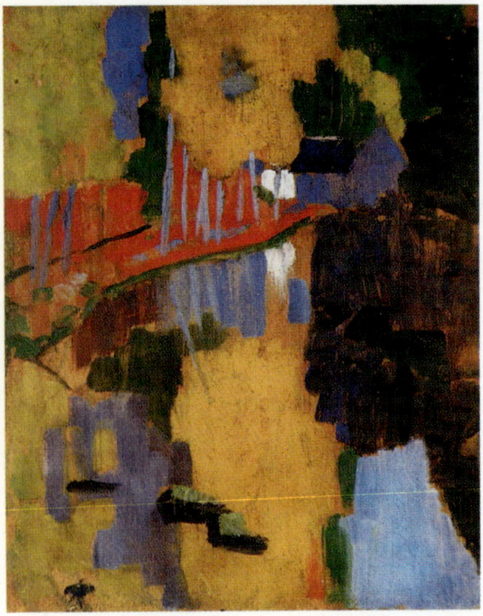

PAUL SÉRUSIER. Le Talisman.
Musée d'Orsay, Paris.
C'est l'œuvre-clef de toute l'aventure nabie. Elle marque tout à la fois la fin d'une peinture d'imitation et le début d'une peinture d'expression, qui fait jouer l'arbitraire, le choix du peintre, sa mise en avant.

Une théorie qui s'appuie sur un axiome bien frappé a plus de chance de rassembler des adeptes, de trouver son public, de coordonner des enthousiasmes, de s'ordonner dans la plénitude de ses ambitions.

Celle qui va motiver la démarche des nabis, sanctionnée par Maurice Denis, s'articule en deux temps.

Il y aura la légendaire séance de peinture en plein air, « sur le motif », dirigée par Gauguin.

C'est au bois d'Amour, un site proche de Pont-Aven familier aux artistes qui s'y retrouvent et se rallient autour de l'altier maître à penser qu'il est devenu. Avec ses sabots légendaires (ne rentraient-ils pas dans l'exigence d'une formulation qui implique une totale adhésion du peintre avec son motif ?), Paul Gauguin accompagne un de ses admirateurs, Paul Sérusier. Celui-ci s'est emparé d'un minuscule couvercle de boîte de cigares et en fait le support d'une leçon de peinture définitive donnée par Gauguin.

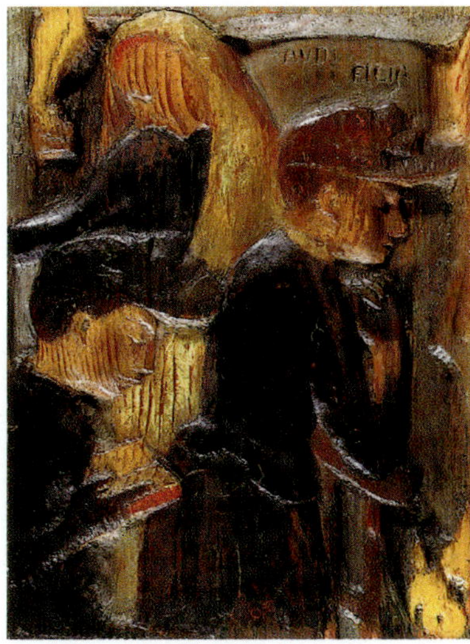

Audi Filia (*bois*).
Musée départemental Maurice Denis, Saint-Germain-en-Laye.
L'œuvre participe de cet élan d'une foi ardente qui mobilise l'artiste autant que l'homme. Un « visage doux et virginal aux yeux chastement baissés est associé à la prière ». Maurice Denis offre un écho chrétien et spiritualisé aux bois de Gauguin, son maître d'alors, qui sont l'exaltation de la chair.

« Comment voyez-vous cet arbre : il est bien vert ? Mettez donc du vert, le plus beau vert de votre palette – et cette ombre, plutôt bleue ? Ne craignez pas de la peindre aussi bleue que possible... »

L'œuvre qui en résulte, montrée peu de temps après aux amis de Sérusier réunis à l'atelier Julian, devient *Le Talisman.*

Révélation, enthousiasme, implication dans une nouvelle voie ouverte, Maurice Denis s'y engouffre.

À son tour, il décide d'une formule, elle va devenir une machine de guerre : « Se rappeler qu'un tableau, avant d'être un cheval de bataille, une femme nue ou une quelconque anecdote, est essentiellement une surface plane recouverte de couleurs en un certain ordre assemblées. »

Ce ne sera pourtant qu'une vérité provisoire, fondatrice de sa modernité mais laissant bientôt place à une figuration hautement réfléchie, dominée par l'ambition d'y inscrire un message. La spontanéité promue au sein du groupe nabi n'aura été qu'une étape, la marque d'une libération. Il lui fallait prendre ses distances avec l'enseignement académique, les règles dénaturées de l'École des Beaux-Arts et, s'étant affranchi, ayant trouvé son langage, il jettera les ponts fécondants d'un art moderne avec de grandes figures du passé.

Le « 3 figure »

C'est une légende colportée par Maurice Denis lui-même qui voulait que *Le Talisman* de Paul Sérusier ait été peint sur le couvercle d'une boîte à cigares. Ce n'était, en fait, qu'un panneau de bois d'un format dit « 3 figure », d'usage courant pour le peintre allant sur le motif. Il impliquait une œuvre spontanée, de l'ordre de la simple notation, du croquis, et préparatoire à un travail poursuivi à l'atelier.

Il excluait le « fini » voulu pour une œuvre propre à l'exposition.

On peut y voir une maligne coïncidence, du fait qu'ainsi inachevé, montré aux jeunes artistes de l'atelier Julian, *Le Talisman* acquiert un statut de modèle.

S'ouvrait l'ère d'une conception alors toute nouvelle qui voulait qu'une œuvre n'avait pas à être achevée pour exister. Qu'elle visait moins la représentation que l'expression. L'état d'ébauche n'étant plus une facilité du créateur mais l'expression de la spontanéité de l'émotion, de la sensation qui en était l'objectif premier.

On s'engage dans les marges du travail de laboratoire.

Le mouvement nabi y participe grandement.

L'emprise de Gauguin sur l'esprit des jeunes artistes qui constituent le mouvement nabi reste prépondérante.

Maurice Denis, plus que ses compagnons, aura le goût de la réflexion et de la mise en mots de ses recherches. Il nous éclaire sur l'ambition de ses compagnons, même si la part de religiosité qui est contenue dans son œuvre l'éloignera progressivement de ses amis, ira en s'amplifiant et trouvera son imagerie spécifique.

Denis de préciser : « Gauguin était le maître, le maître incontesté, celui dont on recueillait, dont on colportait les paradoxes, dont on admirait le talent, la faconde, le geste, la force physique, la rosserie, l'imagination

Tache de soleil sur la terrasse.
Musée d'Orsay, Paris.
La leçon de Gauguin, via Sérusier, a porté ses fruits. D'un pinceau libre, avec une palette de ferveur et d'exaltation, le peintre traduit l'indicible de l'instant. Il lui donne une facture d'éternité.

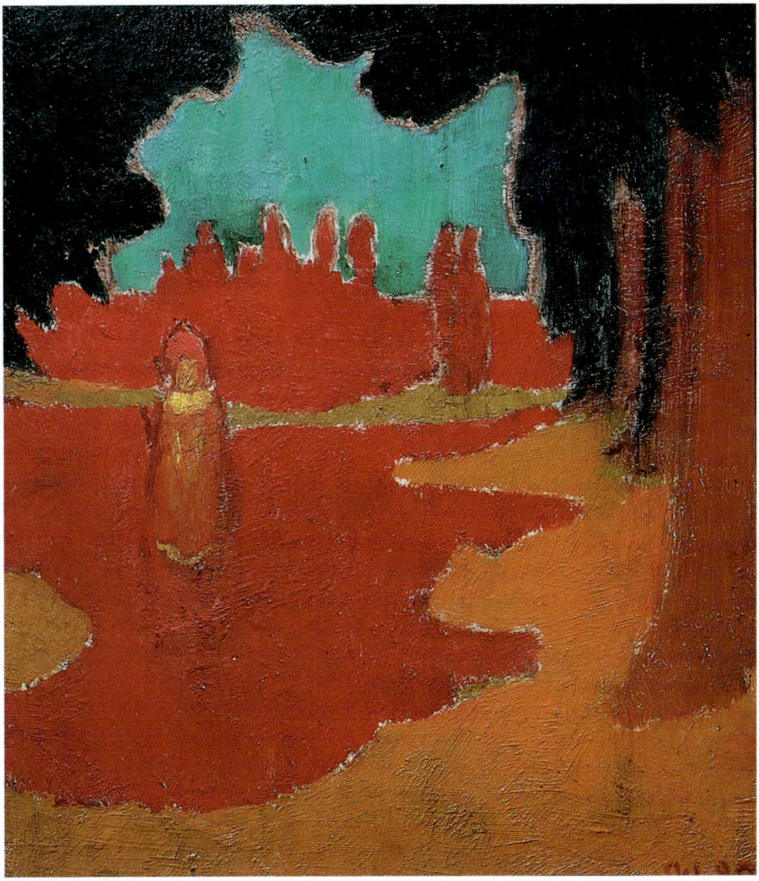

inépuisable, la résistance à l'alcool, le romantisme des allures. Le mystère de son ascendant fut de nous fournir une ou deux idées très simples, d'une vérité nécessaire à l'heure où nous manquions totalement d'enseignement. Il nous libérait de toutes les entraves que l'idée de copier apportait à nos instincts de peintre (...) Nous avions l'œil rempli des magnificences que Gauguin avait rapportées de la Martinique et de Pont-Aven. Rêves splendides auprès des réalités misérables de l'enseignement officiel. »

Dans le sillage de cet enseignement, Maurice Denis va trouver le territoire à explorer. Sa peinture marquera la rupture définitive avec le Réalisme sous toutes ses formes.

Plus qu'une image exacte de la réalité, la peinture nabie vise alors à une transposition basée sur une synthèse des formes. Traduites en masses colorées et jusque dans l'arbitraire d'une palette qui est moins celle d'un réalisme immédiat que de la sensation.

Le peintre tire l'essentiel des formes contenues dans la profusion des éléments entremêlés dans le motif dont il s'inspire. On parlera de synthétisme.

Il est au cœur des problèmes abordés dans le milieu de Pont-Aven. Avec une logique implacable, la théorie se formalise, trouve ses limites et sa force dans l'exemple. Il faudra passer par l'action d'un Émile Bernard et de Verkake. Maurice Denis en sera l'héritier direct.

Cependant, on le voit progressivement retrouver les ambitions d'une peinture de grande lisibilité, puisant ses méthodes dans l'esprit d'un art de plus grande tradition, que renforceront des voyages en Italie qui deviendra sa terre de référence, sa culture d'élection.

La découverte du *Talisman* aura radicalisé les recherches entreprises par les artistes ralliés sous l'étiquette « nabis ».

Maurice Denis se sera montré le plus audacieux, le plus directement concerné par la leçon de Pont-Aven, via Sérusier. Il se risquera jusqu'aux confins de l'image abordant les rivages tumultueux de l'abstraction (*Taches de soleil sur la terrasse*, 1890) sans s'y attarder, s'y complaire et en faire l'amorce d'un éloignement progressif de la figuration, pratiquant une sorte de retour sur une tradition dont il n'ignorait ni les qualités ni les séductions, usant de cette audace comme un ressort pour en tester les effets, à terme l'enrichir d'une certaine liberté de facture, de coloration, se situant dans cet angle ambitieux et troublant où figuration et modernité se défient. Il était allé d'un coup, avec une formidable énergie, jusqu'aux limites de ce que pouvait donner la leçon du *Talisman*. S'y risquer n'était

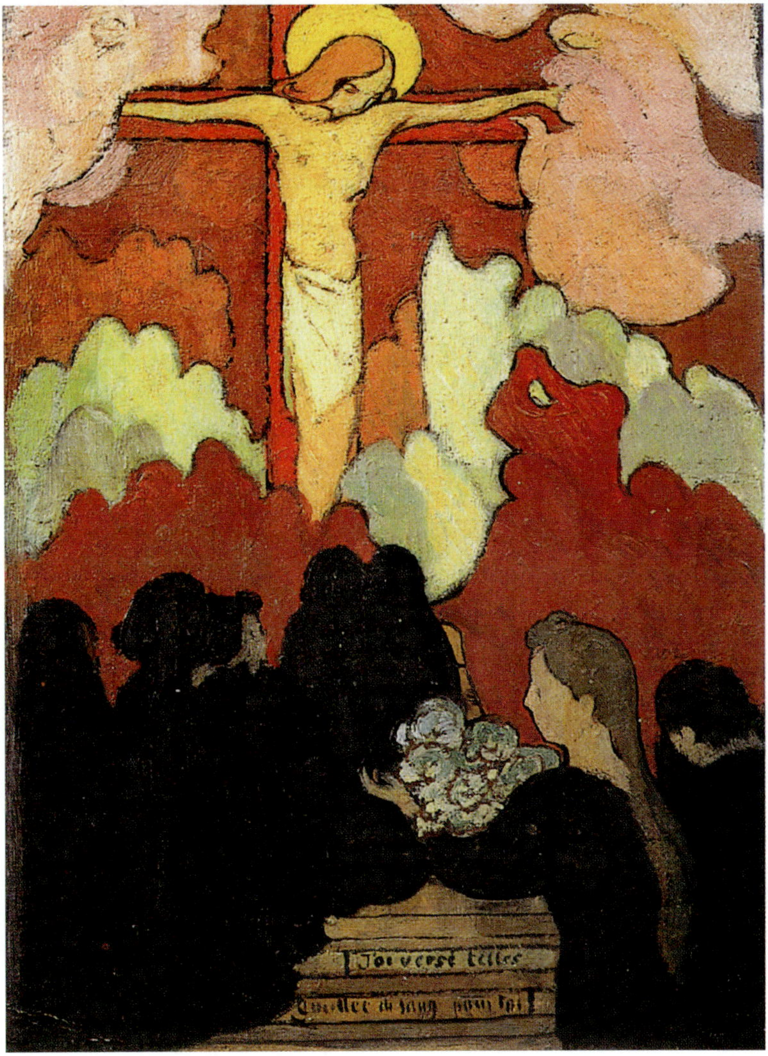

Offrande au Calvaire.
Collection particulière.
À rapprocher du Christ jaune *de Gauguin, dont il reprend le caractère d'icône et l'aspect d'ex-voto. La simplification des formes renforce leur caractère sacré. C'est celui de l'imagerie médiévale. Un art de ferveur.*

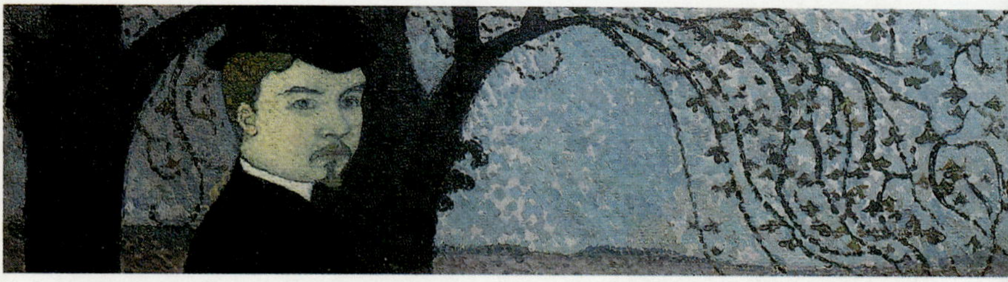

Portrait de l'artiste sous les arbres.
Collection particulière.
Il joue gracieusement de cette inflexion souple de l'élément végétal, à la manière japonaise, pour souligner le caractère légèrement narquois de son auto-représentation.

qu'un moment d'enthousiasme, la volonté d'échapper à la vulgarité et à l'environnement artistique du moment. S'y maintenir c'eût été trahir ce qu'il s'était donné pour mission d'accomplir : offrir une thématique chrétienne ou l'expression la plus aboutie, la plus crédible et lisible pour le plus grand nombre, de cette foi chrétienne qui va conduire ses choix, nourrir sa pratique de la peinture, l'entraîner vers une finalité de l'art dans son intégration à l'architecture.

Plus théoricien que ses compagnons, il organise des réunions, des expositions, fédère ses amis autour d'une notion élevée de l'art et de sa mission.

Et déjà s'amorce le souci de coordonner des efforts enracinés dans la liberté du regard autour d'un certain ordre plastique. Seule la pratique de la figuration, le retour à la figure, en permettait l'illustration.

L'apport du Japonisme, avec ses si nouvelles cassures de perspective, de mises en page aiguës et audacieuses, va épurer la ligne jusqu'à sa quintessence purement décorative. Juste retour aux ambitions précocement énoncées relatives à l'utilisation de la surface picturale non comme support d'une anecdote, mais comme exercice plastique.

On trouvera des échos de cette volonté dans tous les aspects de l'art de ses amis et contemporains, de Klimt à Vallotton, de Ranson à Bonnard ou Vuillard. Ils sont tous, collectivement, au rendez-vous de cet épanchement harmonieux et maîtrisé de la femme, figure d'icône.

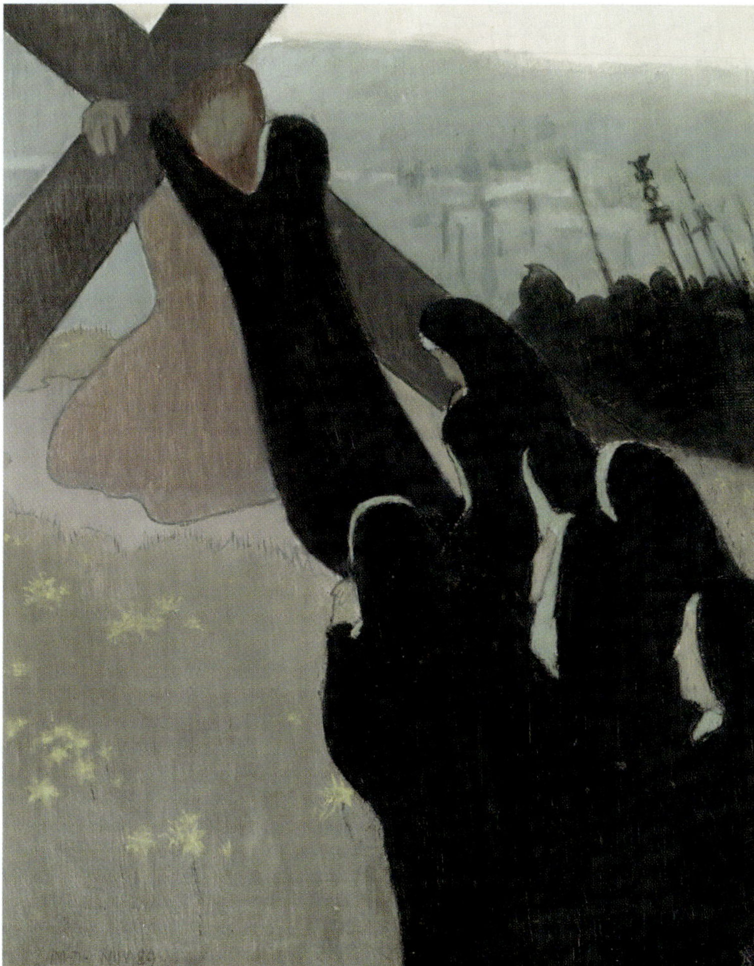

Le Calvaire *ou* Montée au Calvaire.
Musée d'Orsay, Paris.
Loin de l'imagerie puérile et niaise qu'entretient le style dit de « Saint-Sulpice » (faisant allusion au commerce d'art religieux qui y a ses comptoirs les plus connus), Maurice Denis reprend la simplification de Gauguin créant un jeu de silhouettes graves et inquiétantes. Il traduit la ferveur et le caractère tragique de la crucifixion. Il en donne enfin une version dynamique.

Les ateliers crépusculaires

L'Essayage.
Collection particulière.
Sur le même thème, son ami Vuillard optait pour une vision onctueuse, feutrée, d'un tendre intimisme. Maurice Denis marque sa différence. Dans le sens de l'austérité. L'œuvre a cependant toute la fraîcheur d'une notation spontanée.

À l'instant même où des esthètes en mal d'émotions fortes s'exhibent dans les ateliers crépusculaires d'un art qui s'affiche décadent et impose son esthétique, de jeunes artistes, voisins de palier, s'enthousiasment pour une nouvelle formulation de leurs rêves.

Ils sont moins appliqués à se conformer à leur invitation, souvent délétère, qu'aimantés par une nouvelle énergie qui leur dicte un principe d'écriture.

Le rêve s'y glisse dans un écrin moins encombré de tout l'attirail ésotérique, dont sont friands certains symbolistes, que dans une sorte d'épuration de l'image qui la dématérialise, lui confère un statut d'apparition, la libère de son poids de chair.

Celle-ci, dans une tradition vive de la culpabilité qu'elle engendre, s'enlise dans une iconographie baroque, alourdie de références littéraires, mythologiques, un jeu de masques, un déboulement caverneux de complexes et de sombres allusions morbides.

Ce sont des figures épurées qu'adopte Maurice Denis, plus que les autres nabis de son compagnonnage estudiantin, attiré par la transparence des corps, une élégance moins nostalgique qu'inspirée par l'idéalisation de la féminité.

On est sorti des ateliers crépusculaires. La vie s'offre au regard, dans la fusion des lumières de l'aurore, avec l'élan élastique et fier des femmes devenues les vestales d'une promesse d'éternité.

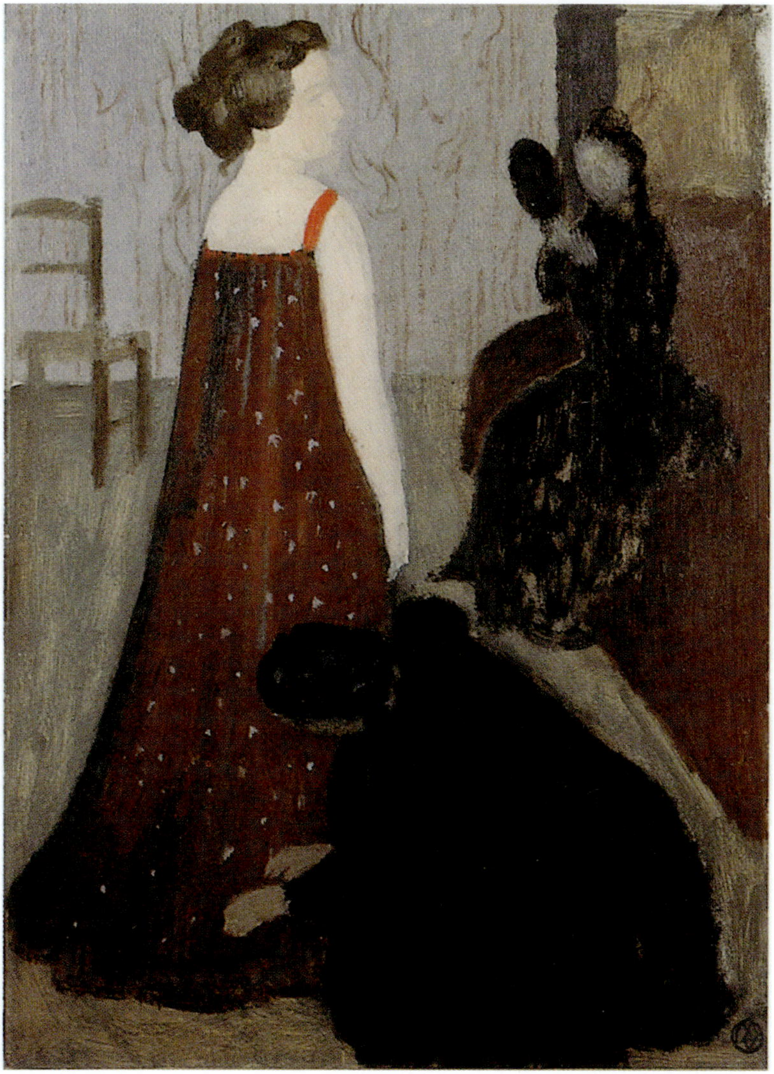

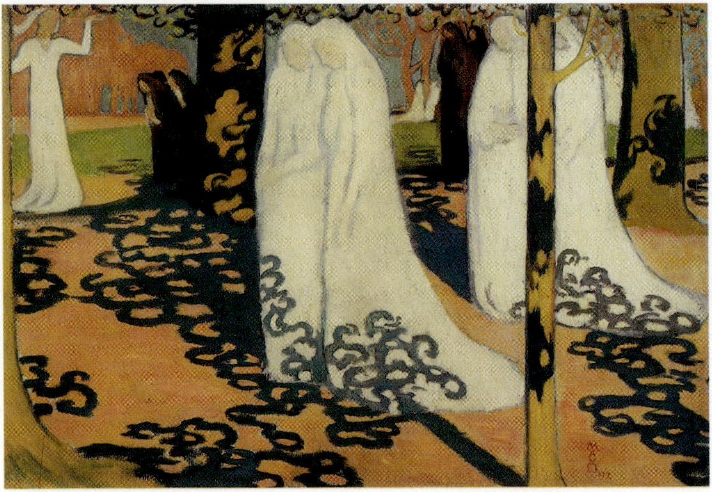

Procession sous les arbres.
Collection particulière.
Œuvre-clef de Maurice Denis. Elle met à plat l'espace qu'il tient de l'exemple de Puvis de Chavannes. Il y fait jouer avec une grave dextérité le jeu d'arabesques étrangement stylisées.

Les Communiantes.
Collection particulière.
Dans l'esprit de Sagesse *(de Paul Verlaine) dont il a entrepris l'illustration. Il associe à leur abstraction l'inflexion tendre des silhouettes processionnaires.*

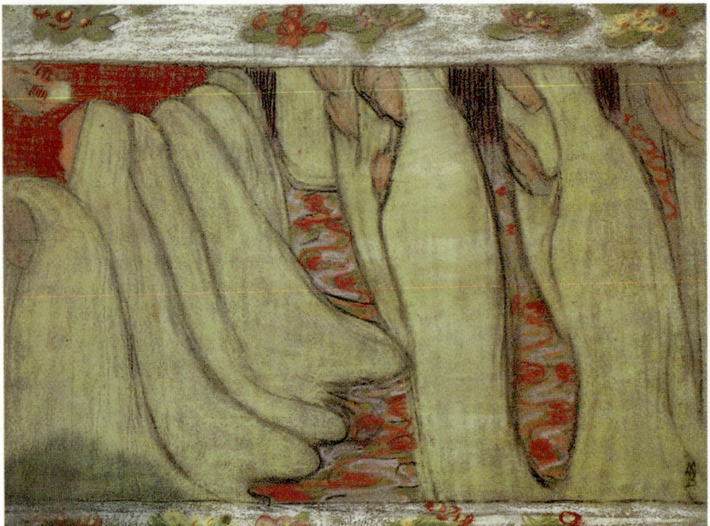

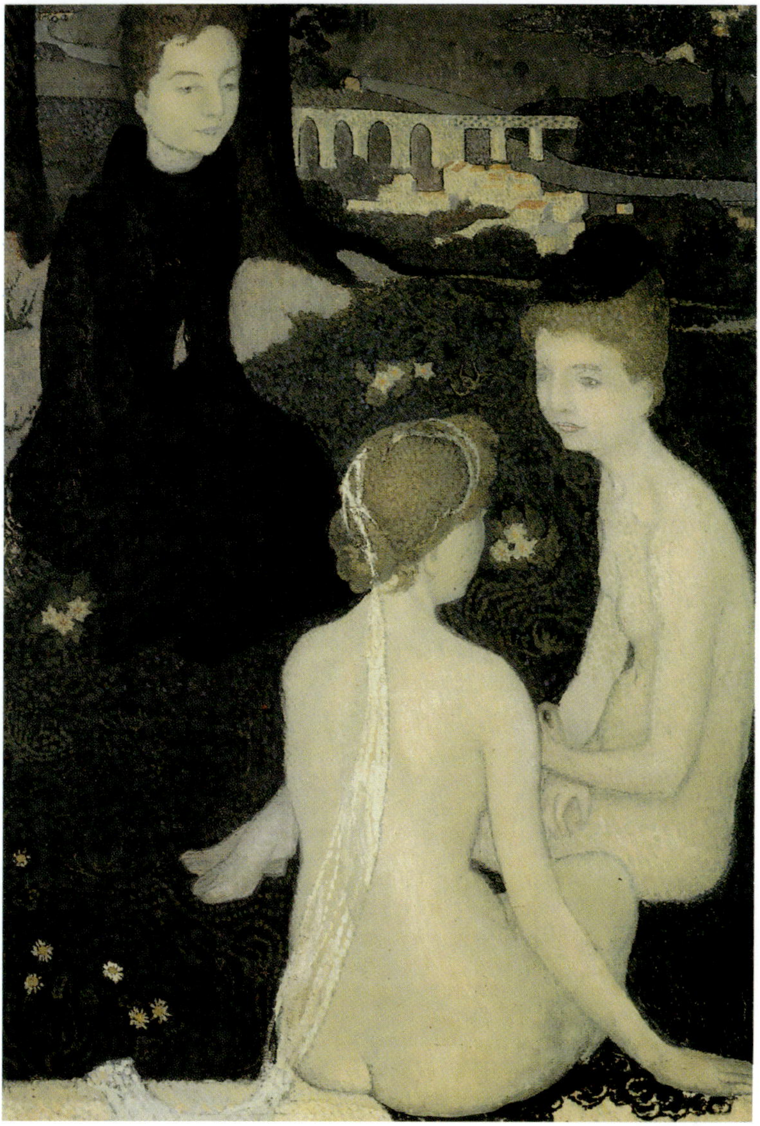

Soir trinitaire.
Collection particulière.
La vocation de la peinture d'être ornementale est soulignée ici par le titre que lui donne l'artiste lors de sa présentation (aux Indépendants, à la galerie Le Barc de Bouteville, aux XX de Bruxelles). S'inspirant d'un texte de son ami Retté, il l'intitule : Sur le thème du Soir trinitaire d'A. Retté, peinture ornementale.

Le complexe de l'Immaculée Conception

C'est le 25 mars 1858 que Marie apparaît à Lourdes à une jeune paysanne. Elle lui déclare : « Je suis l'Immaculée Conception. » Pour le pape, c'est la confirmation d'un principe promulgué en 1854, l'argument sur lequel va pouvoir se développer un culte rendu à cette figure de la féminité sacrée. Exempte du péché originel. Réplique des mythes antiques qui accordaient à la femme, fut-elle génitrice, la grâce d'une miraculeuse virginité.

Opportunité bien accueillie dans un contexte social bouleversé depuis la Révolution française, où les valeurs morales structurant la société étaient jusqu'alors dictées, conservées et contrôlées par une Église toute-puissante.

Une société dominée par l'argent et le pouvoir d'une bourgeoisie taxée d'immoralité (le roman naturaliste va se faire l'écho de cette déchéance morale).

La dévotion accordée à l'image d'une femme désexualisée contrebalance la domination d'une classe dévergondée, la cohorte de femmes dont la Nana d'Émile Zola est la figure emblématique. C'est aussi la période des « cocottes », des femmes qui mènent une vie de débauche et de cynisme dont l'art se fait largement l'écho.

Le Symbolisme émarge à la fois de cette morbidité sexuelle qu'il dénonce avec des ambiguïtés et des troubles qui disent bien combien l'imaginaire est alors dominé par la « femme flambée » (possessive, aventurière, d'une sexualité débridée, perverse et nocive) et la culture de son contraire, la femme idéalisée.

L'imagerie catholique va en multiplier les représentations

Annonciation à Fiesole.
Collection particulière.
Récurrent, le thème de l'Annonciation se prête à maintes variations, le paysage changeant, qu'il soit celui de Saint-Germain-en-Laye ou de Fiesole. Une version tardive, largement déployée sur une multiplicité de points d'action, une organisation théâtralisée du paysage.

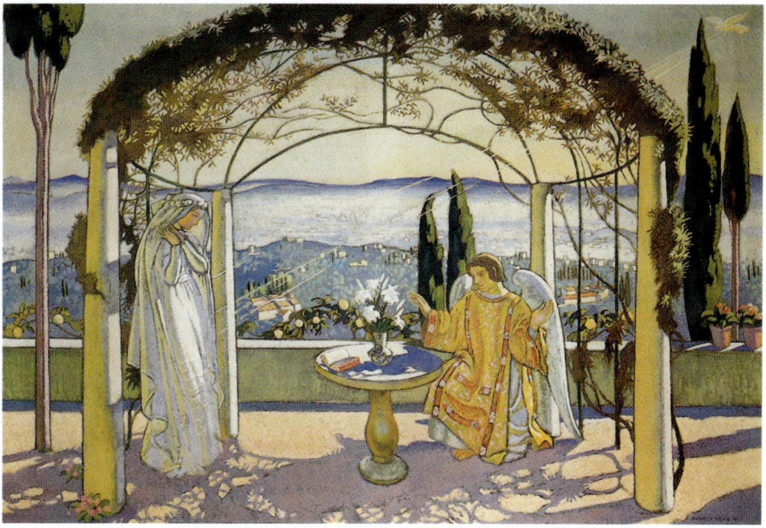

jusqu'à affadir le mythe de la mère arrachée aux puissances du sexe (fut-il voué à une simple reproduction de l'espèce), inventant une femme transparente, où dominent les couleurs virginales (le blanc, le bleu), et usant des artifices de la douceur répandue comme une grâce, l'effet d'une protection. On y rejoint le mythe de la mère gardienne des valeurs essentielles, inspiratrice d'une vie sans péché et sans ombre.

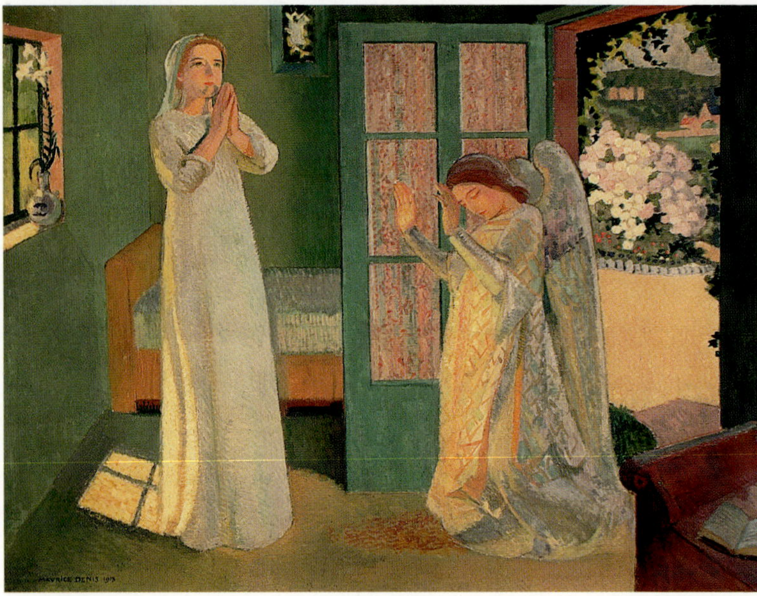

L'Annonciation.
Musée des Beaux-Arts, Tourcoing.
Concentrée dans un cadre plus traditionnel, la scène de la légende biblique prend tout son sens sacré. La lumière en épure les détails tout en lui donnant une dimension d'irréalité.

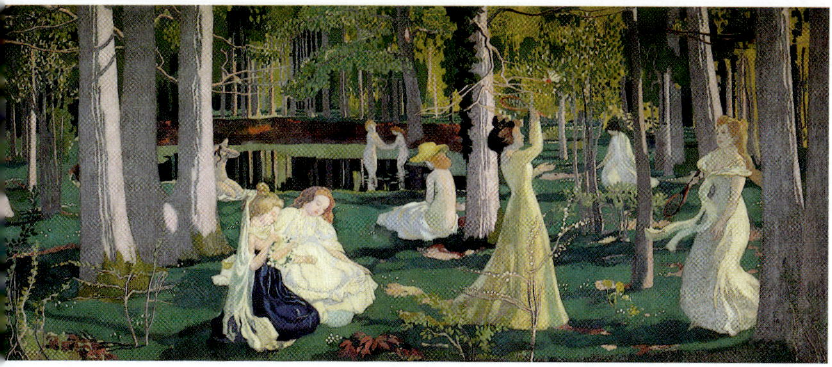

Le Jeu de volant.
Musée d'Orsay, Paris.
On évoquera la célébration du grand Pan, une référence païenne qui rejoint tout à la fois Luxe, calme et volupté *de Matisse (1904) et le souvenir tenace de Puvis de Chavannes, ordonnateur d'une nature emplie de sérénité, cadre d'un rituel mystérieux.*

Le Printemps dans la forêt.
Musée départemental Maurice Denis, Saint-Germain-en-Laye.
Il y offre toute la gamme de ses options esthétiques. La femme en ses multiples gestes autour du corps, dans une dignité jamais atteinte par l'équivoque qu'entretient d'ordinaire le thème du nu.

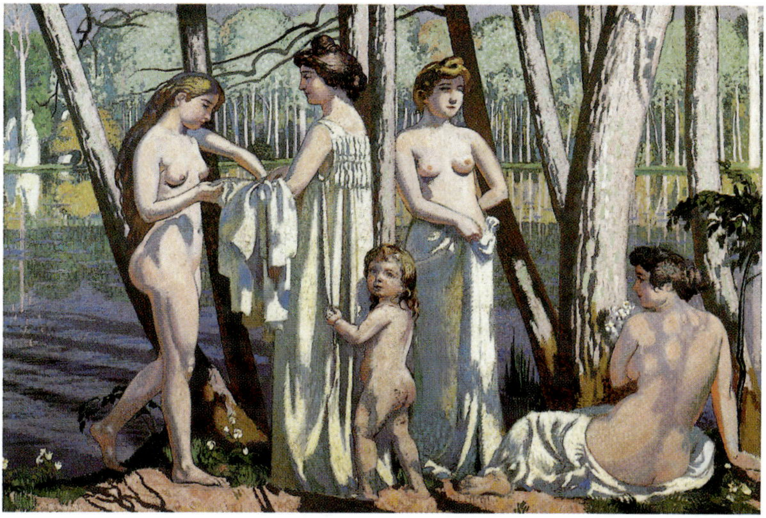

Une école d'art

L'Éternel Printemps : les musiciennes.
Musée départemental Maurice Denis, Saint-Germain-en-Laye.
Un vaste programme décoratif réalisé pour un château des environs de Paris (aujourd'hui disparu) où Maurice Denis opte pour une facture classicisante tout en restant fidèle à ses thèmes de prédilection.

Plus qu'en toute autre époque de son histoire, l'art de cette fin de siècle, qui va se prolonger jusqu'à la tragédie de la Première Guerre mondiale, va s'appuyer sur des théories.

Jusqu'alors le peintre apprenait la technique de son art, visant à la plus profonde maîtrise de ses effets, et traquant l'illusion dans la stricte tradition de l'Académisme. La peinture était le miroir de sa culture, une projection d'un certain savoir aussi bien technique qu'intellectuel.

Refusant la tyrannie de cette recherche d'une technique artisanale mise au service d'un discours qui lui est étranger, et à laquelle elle est assujettie sous le couvert d'ambitions sociales qui s'en paraient, les jeunes générations ne fuient par pour autant les mots d'ordre qui vont les rallier.

Ils s'en forgent de nouveaux.

On parlait d'Académisme, on va créer des mouvements. Ils seront les écoles d'une nouvelle discipline.

Il s'agira moins de recettes à exploiter que d'ambitions à partager. Dont celle, éminente en sa constance, de dépasser la réalité immédiate, soit pour la défier, soit pour la fuir dans le rêve.

Jamais on ne l'aura autant évoqué, et cherché à en explorer toutes les richesses.

L'œuvre de Maurice Denis passera pour pertes et profits à travers le Symbolisme dont il rallie l'esprit, et plus spécifiquement encore lorsqu'il trouvera dans l'inspiration religieuse le moteur d'une création qui en illustre le renouveau, en assure la pérennité en lui donnant un accent de modernité.

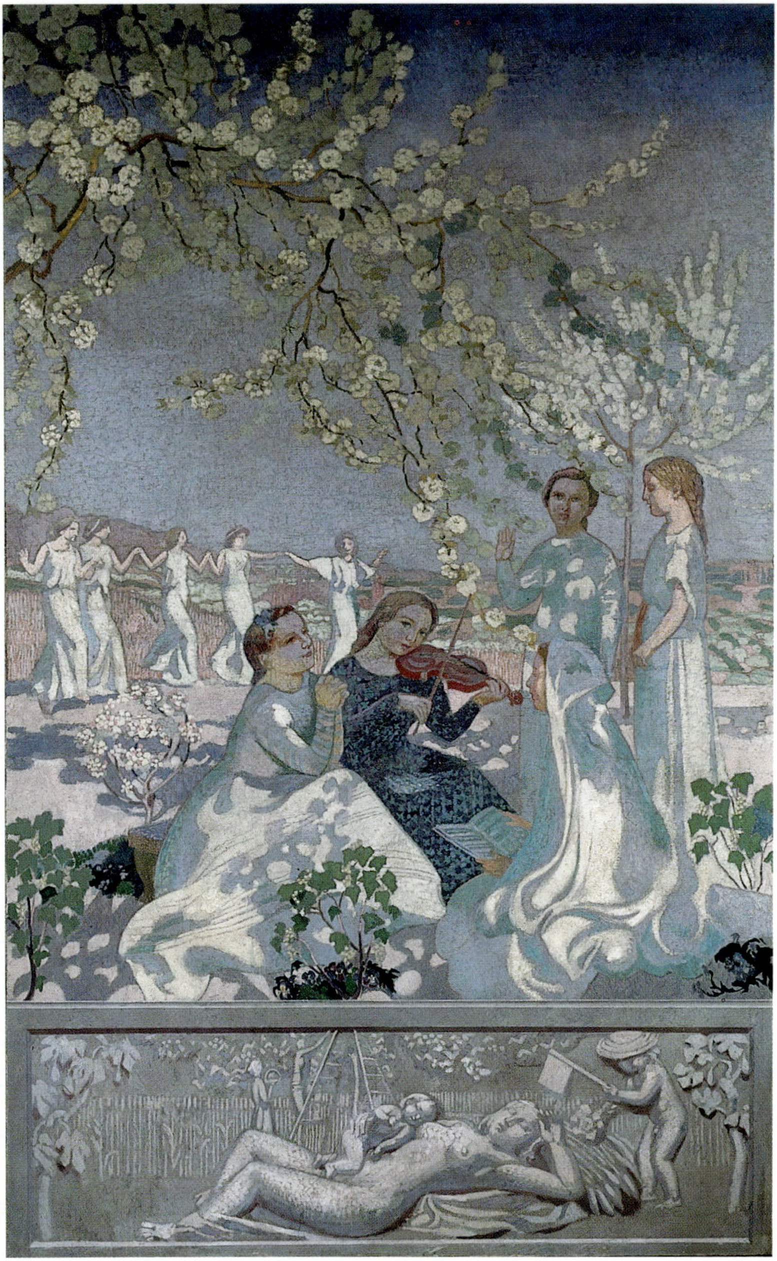

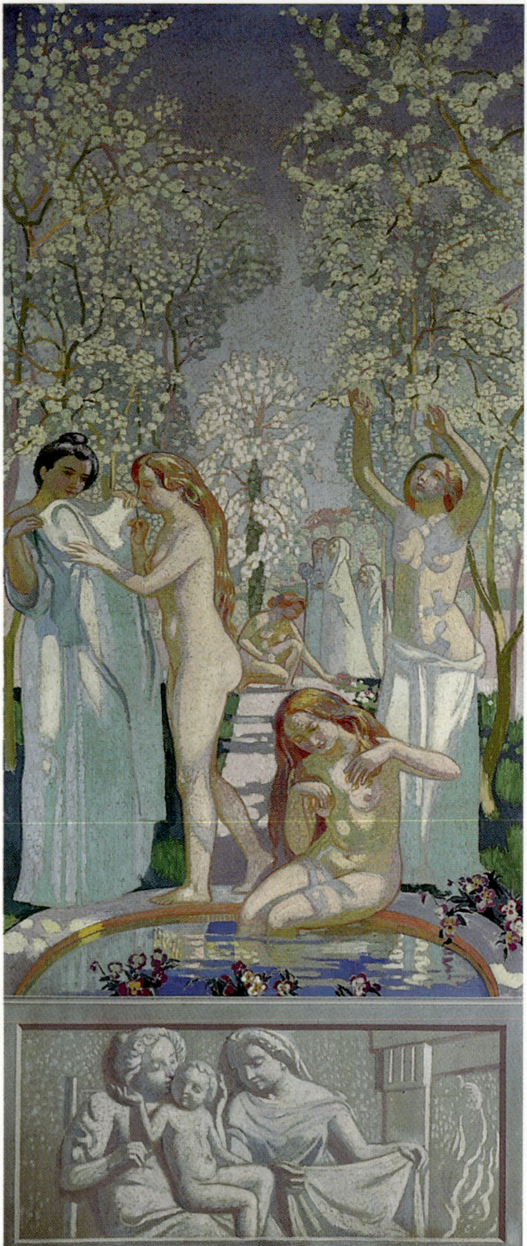

L'Éternel Printemps :
le bain, la source, les colombes, les chevreaux.
Musée départemental Maurice Denis, Saint-Germain-en-Laye.
L'abondante production décorative de Maurice Denis le conduit à s'inscrire dans une tradition qui modère les effets audacieux de ses débuts, mais lui offre un répertoire de figures d'une élégance éthérée et d'une grâce comme suspendue à une voix intérieure.

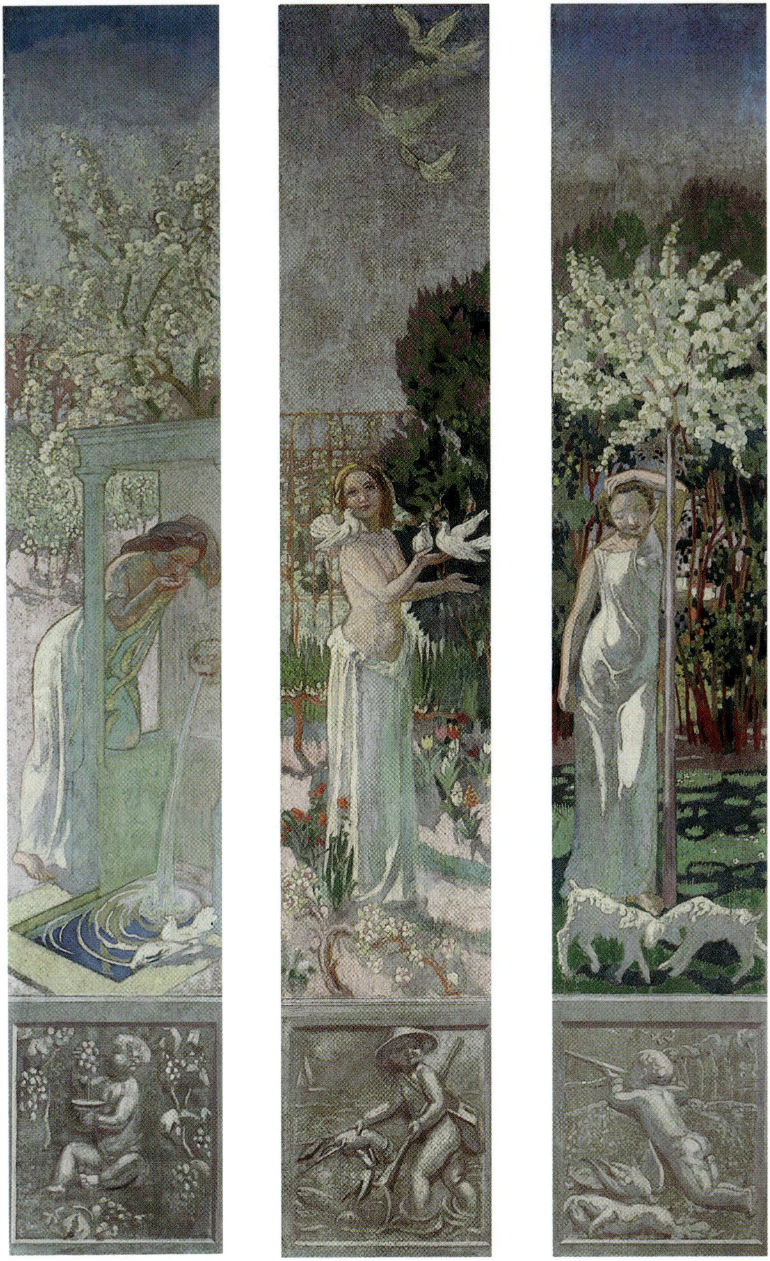

À la recherche du contenu

Refusant une peinture qui se résume à elle-même, s'amplifiant dans l'épanouissement de sa nature et sa matérialité, le Symbolisme avait instauré une peinture à contenu. Le monde s'y profile, s'y dissout aussi au nom de la mélancolie et du rêve, s'y exalte enfin dans un sentiment de jouissance, celle exclusive de l'esprit.

Le monde du réel y côtoie celui du rêve. Souvent l'y précède et s'ouvre à d'impossibles et improbables horizons qui sont ceux de l'imaginaire.

Peinture de quête.

La femme y prédomine. Mais ce n'est plus celle de l'aventure mythologique et guère davantage celle d'une réalité banale qui, parfois, s'y introduit comme par inadvertance. On y rencontre celle qui erre dans la turbulence du XIXe siècle finissant. Elle est née du songe, y retourne ; elle est une sorte de vestale désincarnée jusque dans sa vigilance, car à l'action héroïque elle préfère l'état d'attente, la mesure du silence, la gestuelle ordonnée de la prière, la pose de la rêverie. Elle préside un monde de méditation.

Rien de la réalité ne l'atteint. Même le paysage que lui offre le peintre semble détaché des accidents du quotidien, des violences de la vulgarité.

On n'est pas loin des horizons d'une Arcadie retrouvée, réinventée, où la lumière s'invente de nouveaux parcours, des effets inédits, quête d'un paradis perdu sans cette connotation qui y pose l'ombre du péché.

Même la religiosité, qui va devenir un moteur de l'art de Maurice Denis, échappe à ce caractère moralisateur qui prêche la vertu. Car ce monde est vertueux par essence et non par nécessité, par vocation et non par devoir, et totalement étranger à l'idée de malédiction qui l'a si longtemps justifié et en quelque sorte nourri.

Un air léger y circule qui ne plombe pas les présences mais les sanctifie, créant une sorte d'auréole à une beauté qui n'est plus celle du corps désiré mais du corps inviolable.

Figures dans un paysage de printemps *ou* Le Bois sacré.
Musée de l'Ermitage, Saint-Pétersbourg.
Dans cette mise en scène toujours marquée par un sentiment de plénitude, Maurice Denis inscrit des figures de son catalogue familier, des femmes méditatives. Il y déploie plus singulièrement l'opulence des corps aux accents mythologiques. La référence à Renoir n'en est pas absente.

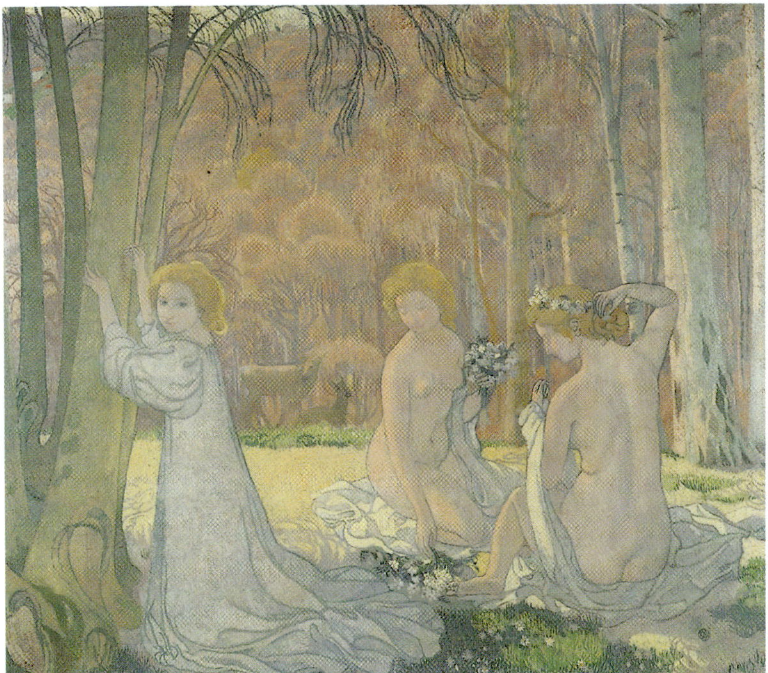

Virginal Printemps.
Hors collection Musée départemental Maurice Denis, Saint-Germain-en-Laye.
Une œuvre-clef de la démarche de l'artiste. Il associe plusieurs de ses thèmes, et orchestre avec une parfaite maîtrise le déroulement qui retrouve celui de son expérience de la scène théâtrale, rythmée par les arbres-colonnes, dont celui, au premier plan, qui incarne la naissance.

Nu au crépuscule.
Hors collection du Musée départemental Maurice Denis, Saint-Germain-en-Laye, collection particulière.

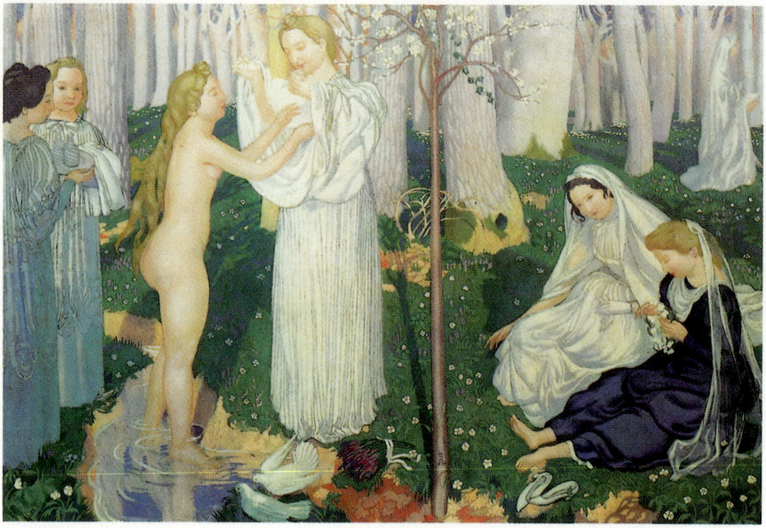

Nu aux bouquets de violettes.
Hors collection Musée départemental Maurice Denis, Saint-Germain-en-Laye.
En l'état d'une splendide assurance et tel que l'avait rêvé Odilon Redon : « Une nudité qui nous rassure, parce qu'elle ne la cache pas, elle la laisse ainsi, sans honte, dans son Éden pour des regards qui ne sont pas les nôtres, mais ceux d'un monde cérébral, un monde imaginaire, créé par le peintre... ».

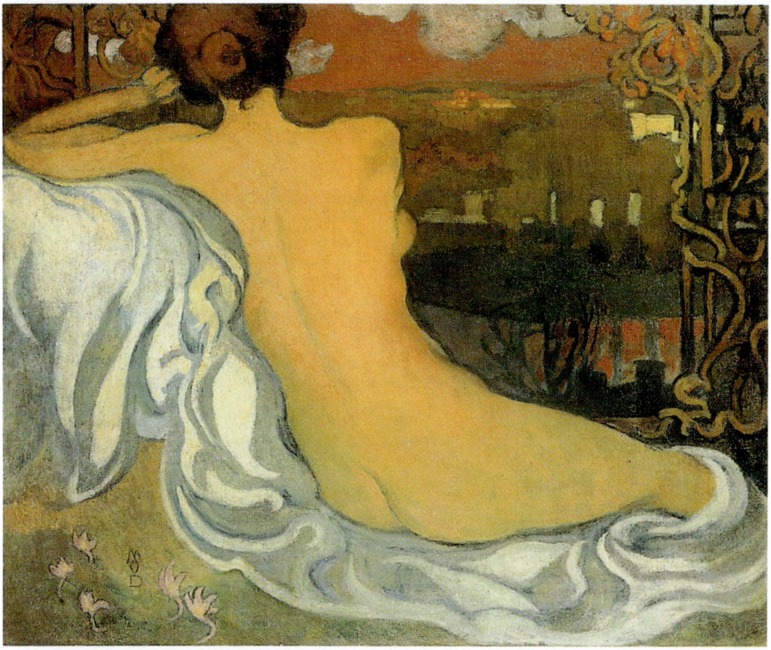

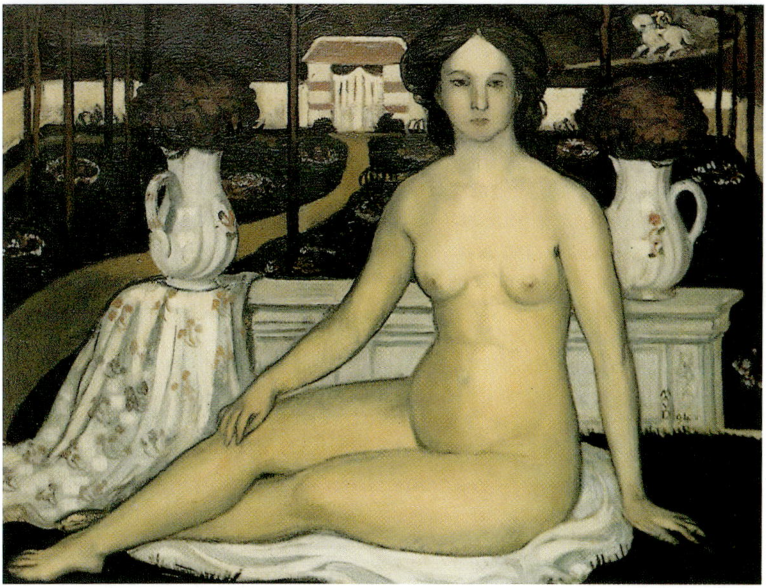

L'heure de *Sagesse*

Madame Ranson au chat.
Musée départemental Maurice Denis, Saint-Germain-en-Laye.
Entre le thé (fréquente allusion à un rite bourgeois) et le chat, synonyme de tendresse, la figure joue la verticalité élégante, somptueusement décorative, déployant une sinuosité chère à l'art japonais.

À l'égal de ses amis nabis, de Vuillard qui en fait la matière de son art, Maurice Denis est sensible à l'excellence des instants de douce intimité associant la femme à la quiétude de ses gestes. Vuillard en fera une fête de la peinture, Maurice Denis un précepte de sagesse énoncé par les signes tangibles de l'art pictural. Sans doute à l'écoute de Verlaine (qu'il illustrera), il capte « l'heure du thé fumant et des livres fermés » mais ne s'en contente pas. Ne s'y attarde pas comme sur une simple anecdote. D'ailleurs, il est plus proche d'un chant du plein air (et l'azur toujours recommencé pour retrouver Mallarmé) que des visions feutrées chères à ses amis nabis qui poursuivent « un rêve attendri ».

La ligne s'empare des figures, frôlant furtivement les objets (*Madame Ranson au chat*, 1892), elle développe son ondoyant dynamisme autour du corps sans le souligner pour ce qu'il est mais en l'entraînant dans ses rythmes, son ascension, sa sinuosité amplement décorative.

Cette tendance à la vision en un élan ascensionnel trouve son aboutissement, son cadre logique dans *L'Échelle dans le feuillage* (1892), dont le titre est aussi *Arabesques poétiques pour la décoration d'un plafond*. L'image s'embrase, s'allège à mesure qu'elle s'élève, crevant le plafond comme cette peinture de la Renaissance qui défiait les lois de la pesanteur. Même dans la peinture de chevalet, dans la stricte économie de ses moyens et l'inertie qu'elle favorise, il suggère l'idée de gravitation, le dynamisme fluide et enthousiaste d'une recréation du corps comme esprit de la lumière, essence de son idéal de beauté.

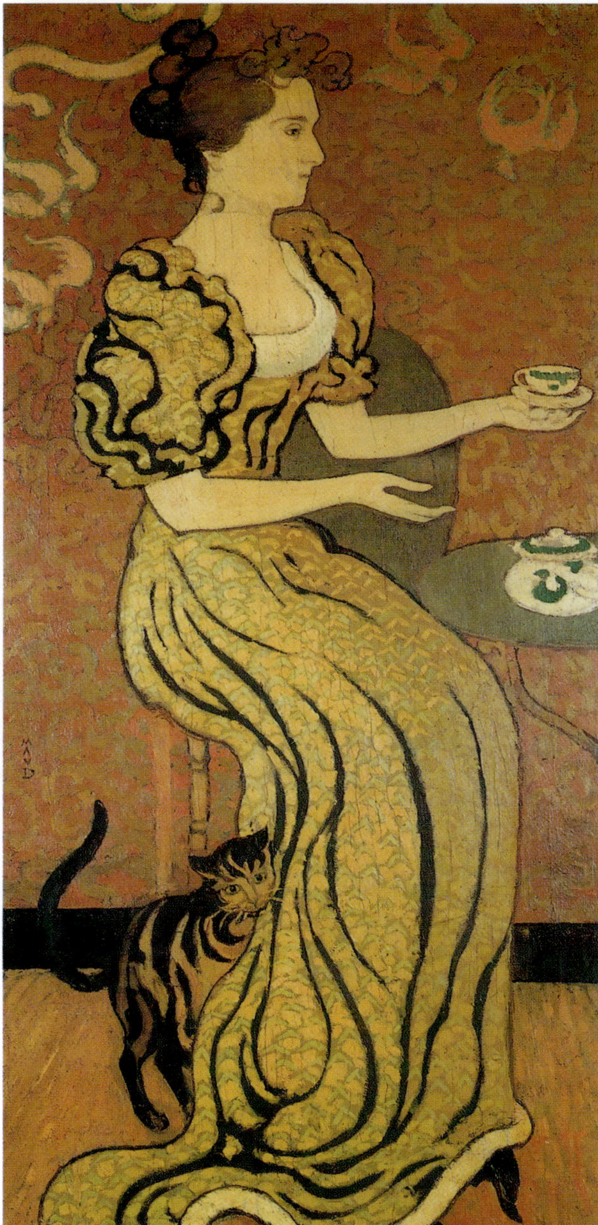

L'Échelle dans le feuillage.
Musée départemental Maurice Denis, Saint-Germain-en-Laye.
On parlera de « rythmes envahissants et caressants », en évoquant le Wagner de Tannhaüser. *Maurice Denis aborde l'art monumental en faisant jouer d'étonnants effets dynamiques. Le mouvement de la ligne entraîne les figures dans un élan ascensionnel.*

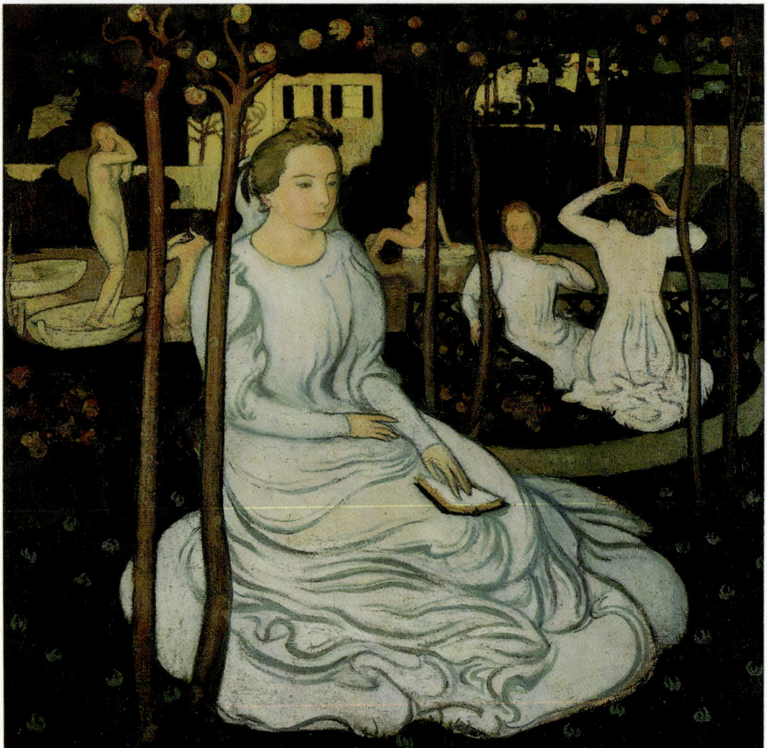

Le Verger des vierges sages.
Collection particulière.
Ici encore l'influence de Puvis de Chavannes se fait sentir, tant dans la gestuelle des personnages que dans la distribution large dans l'espace.

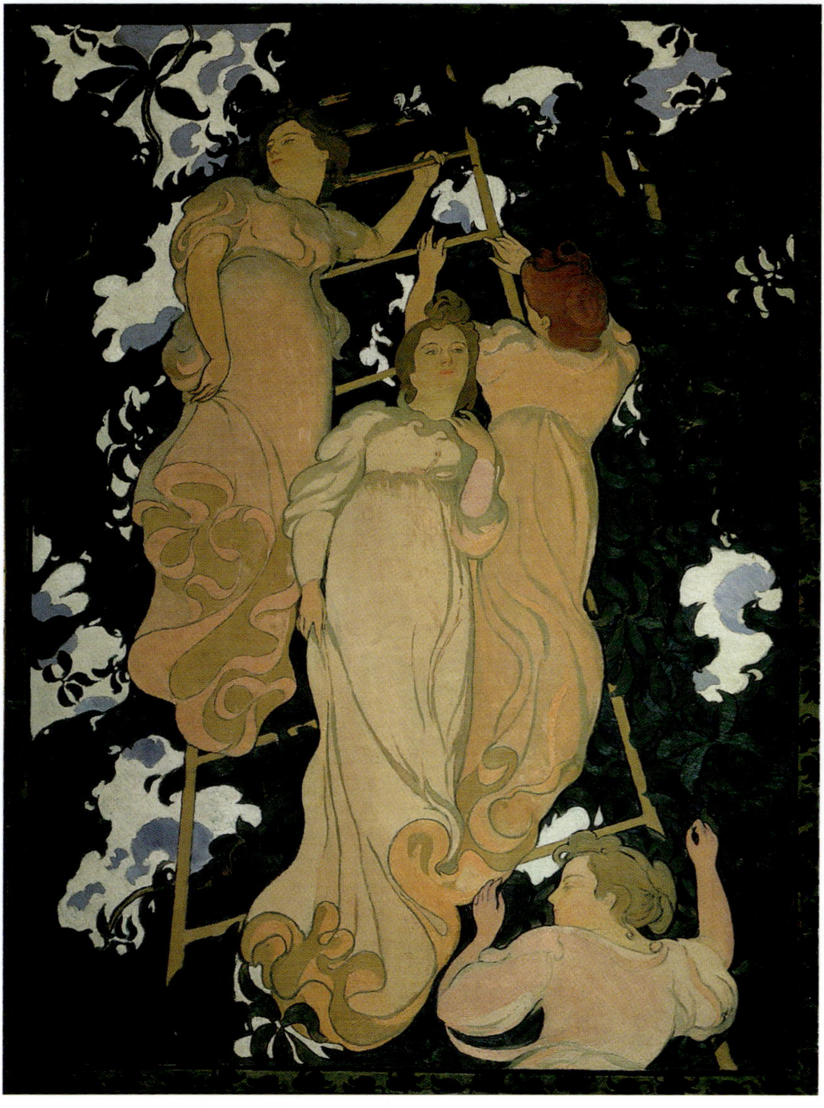

Le Spirituel dans l'art

Si Kandinsky en a fait l'énoncé d'un livre de théorie qui va dominer la pensée esthétique du XXe siècle, *Le Spirituel dans l'art* aura également infléchi la démarche artistique de Maurice Denis, le situant dans une position qui ne manque pas d'être équivoque et assez singulière.

Assez unique aussi, d'autant qu'elle s'épanouit dans un contexte social et éthique qui ne prédisposait pas plus à son émergence qu'à son développement.

Engagée dans une réflexion portant essentiellement sur la forme, l'évolution de l'avant-garde, en un premier temps, tenait pour portion négligeable la partie lisible du contenu.

Paradoxalement, c'est d'avoir voulu aller au plus profond de la conscience du réel (et de soi-même) qui conduit la peinture à se libérer de toute référence réaliste pour se résumer à elle-même, à ses propres forces. Dans une trajectoire simplifiée (concernant un siècle d'évolution picturale), on pourra déclarer que les peintres se sont libérés du sujet en acquérant ses forces vives.

Cependant, en certaines orientations spécifiées par ceux qui en assument le développement, des peintres vont recourir à cette écriture en voie de libération pour énoncer une pensée qu'elle clarifie, qu'elle souligne avec une réelle efficacité.

C'est vers une peinture de pensée pure, nourrie par l'émotion mais sachant ne pas s'en contenter ni s'y attarder, que Maurice Denis va construire une œuvre qui, ancrée dans l'expérience de liberté acquise dans le contexte du mouvement nabi, va donner toute sa dimension sacrée à une imagerie renouvelée, réhabilitée dont l'Église avait perdu l'écho.

Visitation bretonne.
Collection particulière.
Maurice Denis pratique une habile transposition de la page biblique (Luc X. 38.42) dans son milieu familial. C'est le moment où le Christ vient à Marie pour lui dire d'accepter la mort, car elle est aussi la promesse de la résurrection. Une fois encore, c'est Marthe qui endosse le rôle.

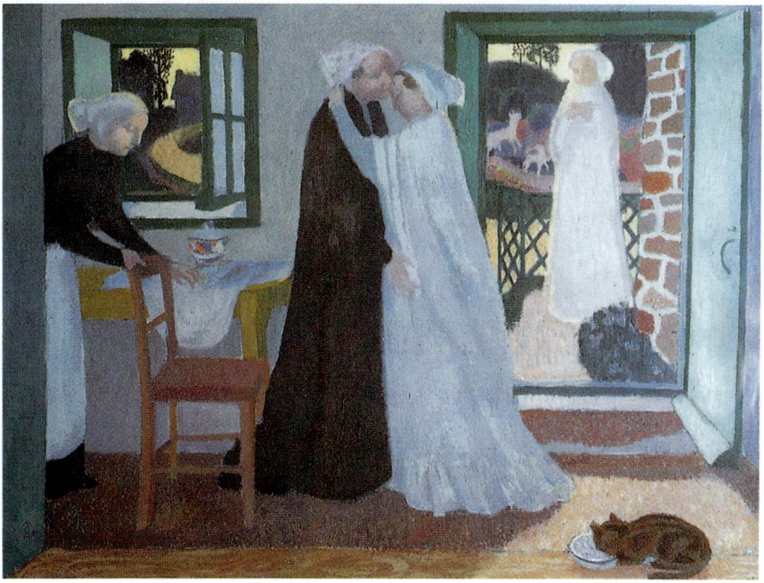

Sa carrière de peintre religieux s'est déroulée sous le signe d'une modernité moins apparente, qu'elle se donne dans une peinture « sans sujet » et définie en elle-même, mais qu'à l'analyse on découvre logiquement issue des découvertes et expériences qui furent celles de sa jeunesse et de sa génération.

Temps d'expérimentation auquel s'ajoute une culture du musée et une connaissance de la peinture du passé, relevant moins d'un enseignement scolaire que d'une approche

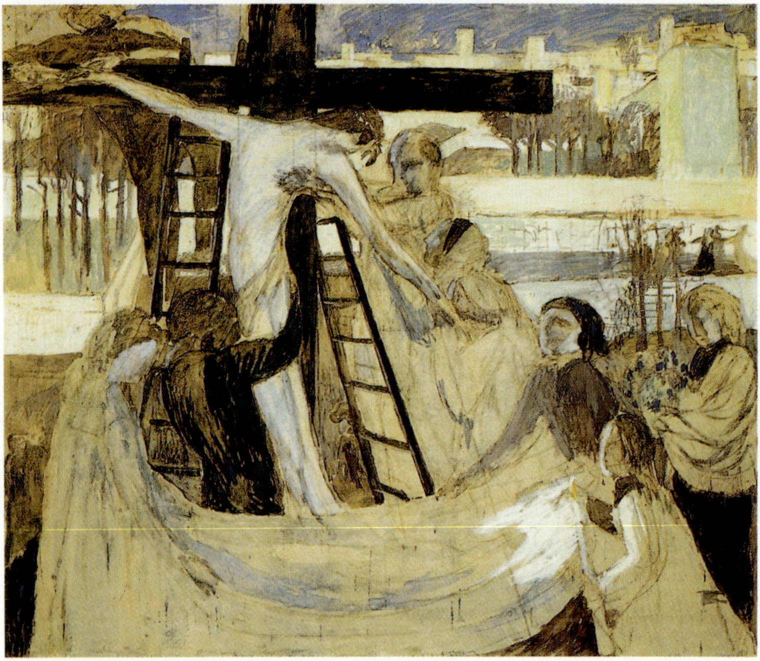

Descente de croix.
Musée départemental Maurice Denis, Saint-Germain-en-Laye.
D'un traitement plus rude, expressif, nerveux, que d'ordinaire, l'œuvre s'inspire de la Mise au tombeau *de Raphaël (Galerie Borghese).*

intellectuelle de la peinture, *cosa mentale*.

Maurice Denis ira moins sur le motif arraché au quotidien (comme un Vuillard ou un Bonnard) que vers une vision s'appuyant sur une réflexion constamment menée à travers un *Journal*, qui n'est pas que celui d'un peintre mais d'un croyant ambitionnant d'adapter son art à sa foi, à cette étonnante fusion de l'âme et de la vie qui l'arrache au banal sans le conduire au fantastique.

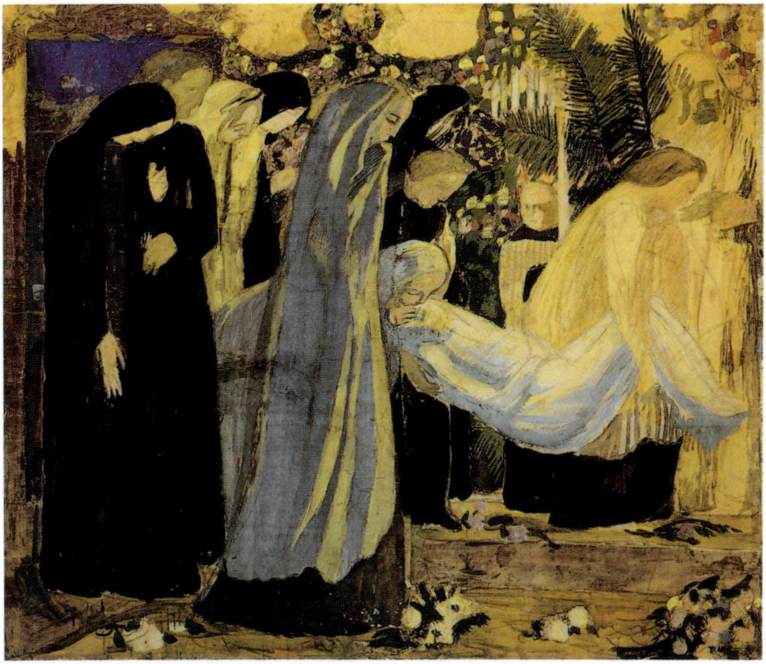

L'Ensevelissement *ou* La Mise au tombeau. *Musée départemental Maurice Denis, Saint-Germain-en-Laye.*
S'articule avec la Descente de croix *dans une continuité récitative, elle conserve ce caractère de psalmodie que l'artiste donne à maintes de ses scènes.*

Il entre dans l'ambition des peintres nabis de faire de l'œuvre peinte un acte sacré, sinon de foi. Pleins de la conscience de leur mission, ils ouvrent la peinture à la célébration d'un enseignement qui englobe aussi bien la restructuration du sujet que son contenu. Mais c'est Maurice Denis, prédisposé à y répondre le mieux, qui va d'emblée confondre peinture et religiosité. Une foi chrétienne précocement affirmée dans le *Journal* qui se fond avec cette ambition partagée par tous les nabis : faire un art social.

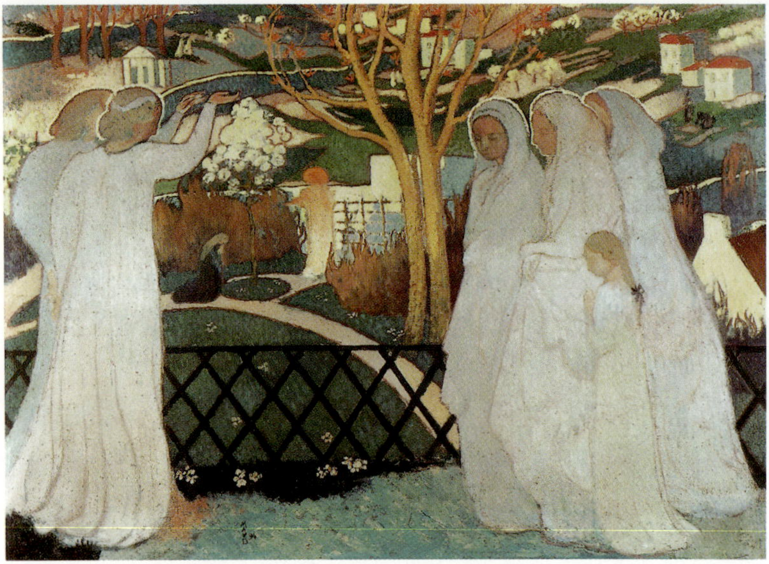

Saintes Femmes au tombeau.
Musée départemental Maurice Denis, Saint-Germain-en-Laye.
Adhésion au thème de la Résurrection en suite logique de la Crucifixion et de l'Ensevelissement. Avec un changement radical de la lumière. Le peintre offre une page de clarté édifiante et sobre. Retrouvant le rythme cérémonieux des processions qui lui sont chères.

Il y parviendra à terme, plus logiquement, quand il annonçait : « Je ferai de l'Art, de l'Art en masse, en tout et partout. Je me gorgerai, je m'enivrerai de cette pure et sainte jouissance, de cette douce vie si désirée, d'artiste. »

Il s'agissait de « vêtir l'idée d'une forme sensible ». Après s'être passé de la réalité, l'histoire de l'avant-garde se voulait de nouveaux horizons. Les

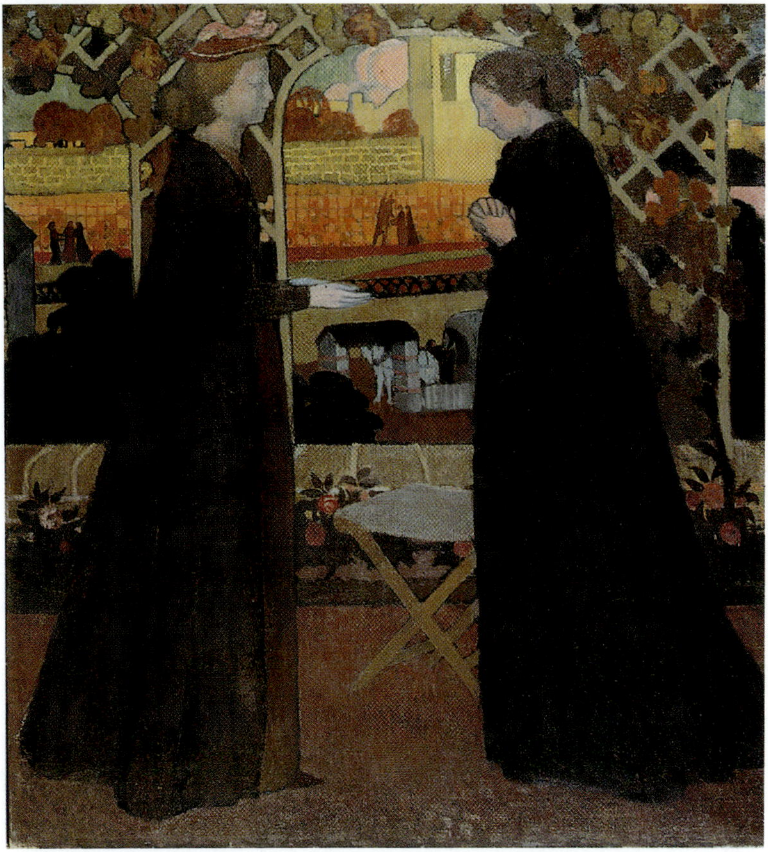

ultimes batailles du Réalisme avaient trouvé leur territoire dans la littérature à travers l'œuvre d'un Zola et le groupe de Médan. Mais bientôt, avec J. K. Huysmans (lui aussi bientôt touché par la grâce), la pensée artistique se détournait du réel. *À rebours*, en 1884, en marque le point exemplaire.

On peut, à partir de cette date, exposer sans contrainte

Visitation.
Musée de l'Ermitage, Saint-Pétersbourg.
Le traitement des figures dans un calme hiératique et silhouettées comme des ombres arrache la scène à la menace de banalité. L'usage de la treille cale cette scène comme au théâtre.

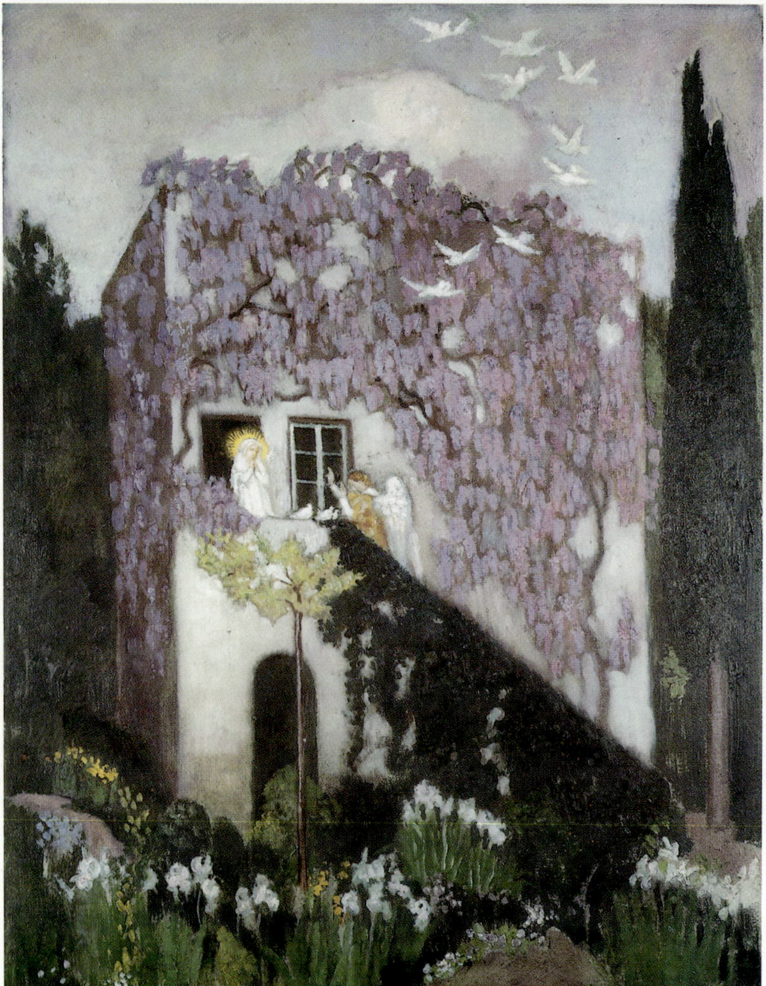

Annonciation aux glycines (Orvieto).
Collection particulière.
Maurice Denis trouve tout naturellement le cadre le plus approprié pour exalter sa foi dans l'esprit de saint François d'Assise, dont il entreprend l'illustration des Fioretti. *Dans sa croissance généreuse, la nature témoigne parfaitement de cette exaltation de l'âme à son contact.*

ni censure au Salon des Indépendants, expression de la pleine liberté d'expression.

Il s'est ainsi créé un terrain de manifestation et de reconnaissance qui va s'ouvrir à toutes les audaces et dynamiser la recherche d'une peinture détachée de toutes les consignes académiques, de tous les poncifs intellectuels qui jusqu'alors la maîtrisaient.

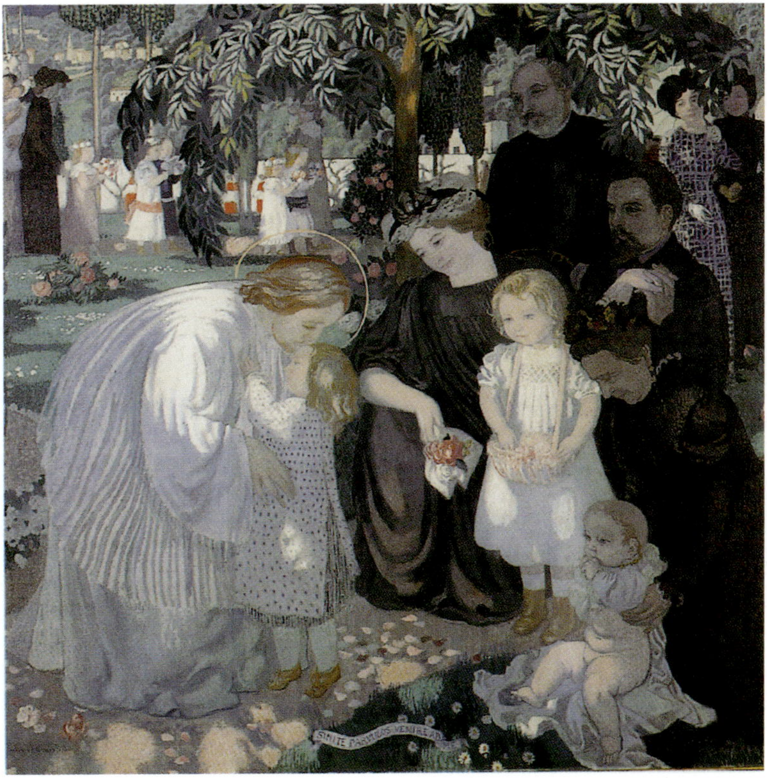

Laissez venir à moi les petits enfants
ou Sinite parvulos venire ad me.
Clemens-Sels Museum, Neuss.
La révélation italienne (à travers la Toscane, Rome) et la leçon du Classicisme donnent une nouvelle dimension à la culture des thèmes bibliques, une constante dans l'œuvre de l'artiste.

Du réel au rêve

« Appliquez-vous donc à détacher votre cœur de l'amour des choses visibles pour le porter tout entier vers les invisibles. »

Puisant dans *L'Imitation* l'essence même de son art, Maurice Denis articule sa peinture sur des sujets qui sont des thèmes. Il dispose la figuration qui les illustre dans des lieux reconnaissables (la terrasse de Saint-Germain-en-Laye), mais l'idée en transcende l'état naturel pour la spiritualiser, l'alléger, lui donner cet élan qui entraîne l'âme derrière le regard.

Pour y répondre au mieux, il privilégie la ligne.

Gauguin avait affirmé la prédominance de la ligne sur ce qu'elle énonçait, se risquant dans un développement jouant d'élégance, suggérant plus que montrant, d'un corps la sensualité d'un geste.

Ou, au-delà d'une dimension charnelle, la spiritualité qui s'en dégage.

Cette primauté de la ligne, Maurice Denis va l'explorer avec une souplesse, une virtuosité, une délicatesse qui relèvent plus de l'esprit que du corps. Celui-ci n'est qu'une allusion furtive, discrète, murmurée, qui refuse les détails, l'énumération des éléments constitutifs d'une morphologie, allant jusqu'à négliger le visage qui n'est que la suite logique d'une ligne en sa croissance. Une boucle qui en achève la suggestion.

En même temps qu'il cerne mieux le catalogue des thèmes qu'il ambitionne d'explorer, Maurice Denis va fortifier sa technique, l'enrichissant d'apports qui sont tout à la fois ceux du musée et d'une modernité

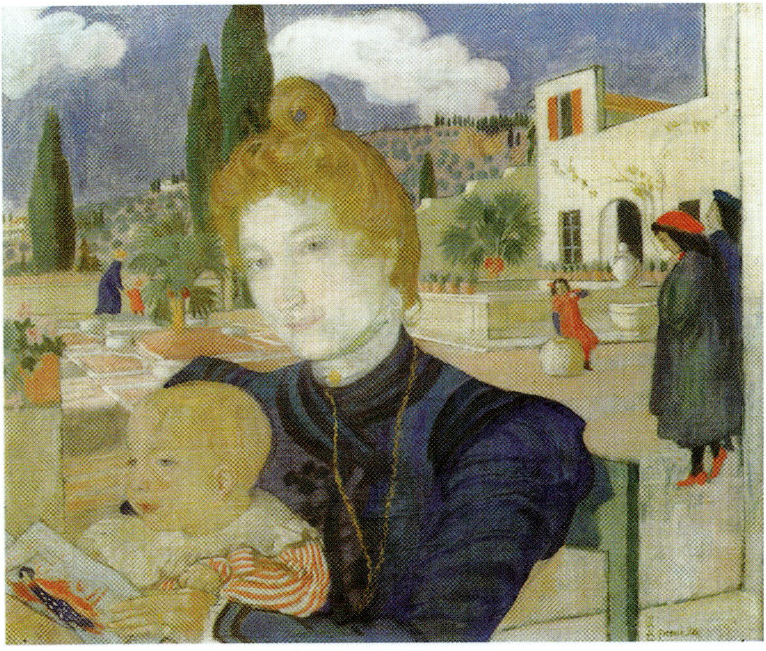

Portrait de Madame Chausson
d'après Fra Angelico.
Collection particulière.
Plus encore que celle de l'Île-de-France, la lumière toscane se prête bien à la volonté de sanctifier l'espace jusque dans les portraits de ses familiers. Plus encore que le décor, les allusions architecturales, cette lumière est la constante d'une pensée.

à laquelle il participe sans en exploiter les effets au premier degré (et s'en contentant) mais, au contraire, en élaborant un langage qui assume l'addition des diverses sources, jouant la synthèse.

Même la spontanéité sert à sa libération vis-à-vis des lourdeurs de la tradition académique, des conventions en usage. À l'influence souterraine, mais suivie, de Gauguin, s'ajoute furtivement celle d'un peintre comme Seurat, artisan de la technique pointilliste. L'adoptant (sans excès ni esprit de système), il donne, comme l'avait lucidement noté Félix Fénéon, une certaine chair à sa facture (un épiderme à la toile), un grain à la fois délicieux et fragile.

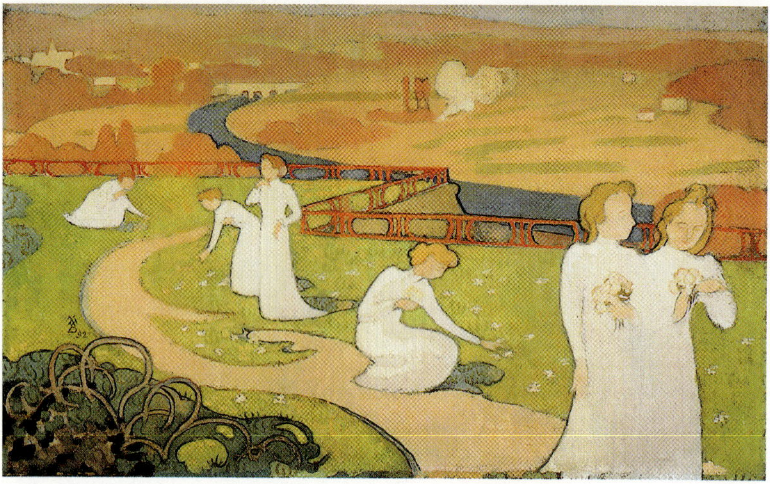

Avril.
Rijksmuseum Kröller-Müller, Otterlo.
La ligne générale de la composition procède encore de l'esthétique nabie, jouant sur les inflexions souples, tendres et enveloppantes. Poussées jusqu'à l'effacement, les figures ne sont plus qu'une ligne ondoyante étroitement liée aux inflexions du paysage.

Allant dans le sens de ce que pouvait avoir de désincarné le réalisme de Maurice Denis, cet épiderme était plutôt une savante distribution de la lumière, exprimant à la fois sa diffusion et sa transparence. Un état de grâce plus qu'une traduction d'une réalité, qui serait, elle, par son sujet, désincarnée.

On aura assez souligné l'influence notoire de Fra Angelico

par sa manière de dérouler une scène dans l'espace (en particulier dans *Mystère catholique*, 1890). Mais c'est toute la peinture italienne qui s'introduit dans l'objectivation de la figure telle que Maurice Denis nous l'offre, en accomplissement avec cette discrète sérénité, cette réserve, qui entrent bien dans l'esprit d'une peinture religieuse.

Elle doit arracher au corps sa turbulence physiologique, les violences de ses faiblesses et de ses angoisses, ses outrances et la conscience de sa malédiction, pour n'en retenir qu'une expression translucide, déliée dans une ligne qui y trouvera ses développements les plus audacieux. On parlera alors d'Art Nouveau.

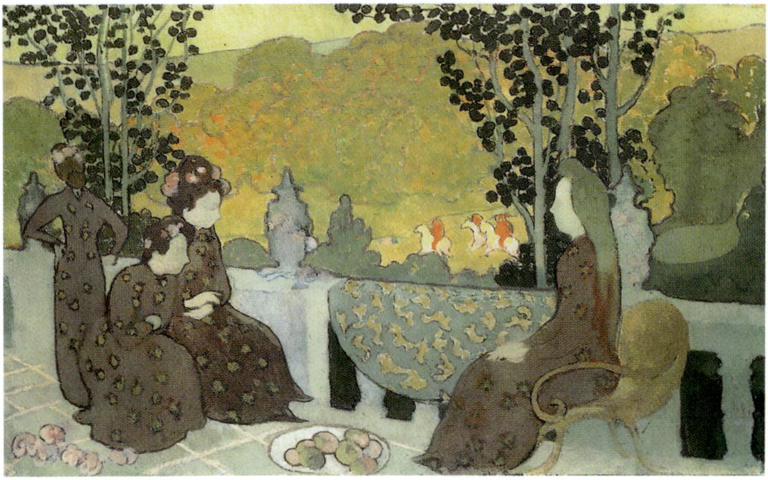

Septembre *ou* Femmes sur la terrasse.
Musée des Arts Décoratifs, Paris.
Même les détails sont finement intégrés à l'ensemble. Figures et arbres composent une arche renversée que scelle dans une signification symbolique la coupe de fruits en position centrale. Image du partage, de l'union, de la dévotion.

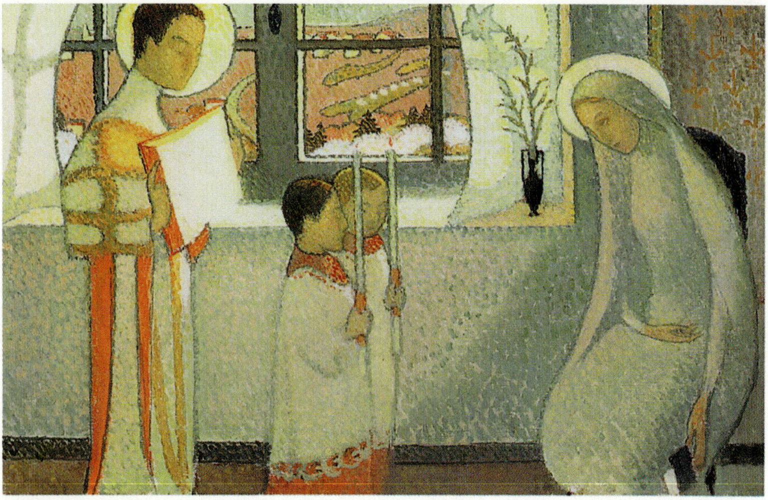

Mystère catholique.
Rijksmuseum Kröller-Müller, Otterlo.
Maurice Denis doit, tout à la fois, assumer une adhésion constante et réitérée à sa foi religieuse et ne pas choir (déchoir) dans un traitement codifié par l'usure de l'iconographie saint-sulpicienne. Il la frôle, la défie, lui emprunte ses raccourcis graphiques imposés par la diffusion qu'elle suscite et en même temps conserve les traits essentiels de son style. L'expression de la piété sera toujours pour lui un piège.

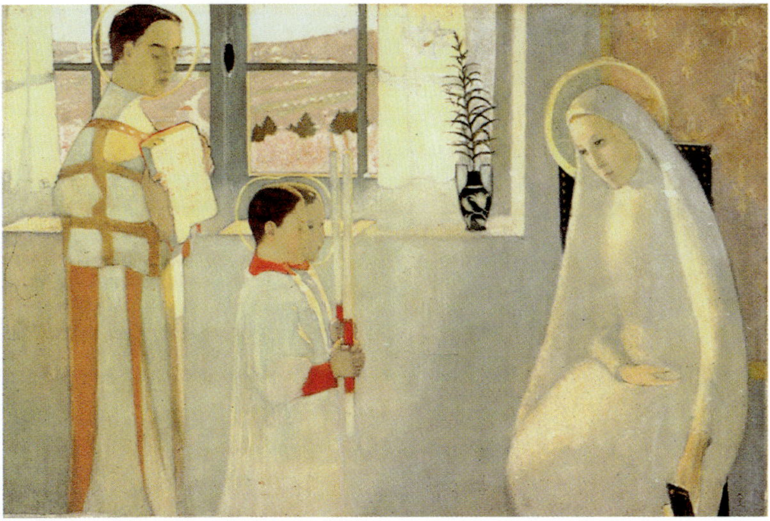

Mystère catholique.
Musée départemental Maurice Denis,
Saint-Germain-en-Laye.

Mystère catholique.
Collection particulière.

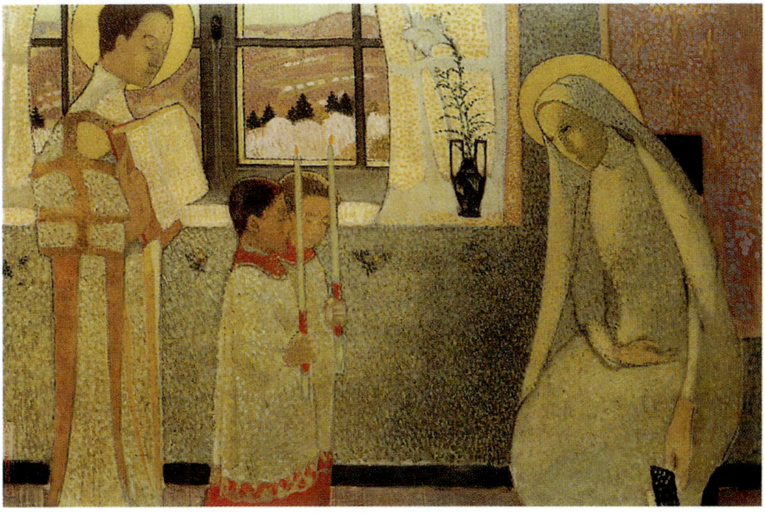

L'Art Nouveau

Les Bateaux roses.
Musée départemental Maurice Denis, Saint-Germain-en-Laye.
On retrouve le jeu harmonieux des ondulations de l'eau et du tremblement de l'ombre traité en différentes œuvres, débarrassé de tout appui anecdotique (même les bateaux ne sont que des silhouettes purement décoratives). C'est le développement de cette ligne errante qui unifie les artistes « fin de siècle » sous l'égide de l'Art Nouveau, de Klimt à Maurice Denis.

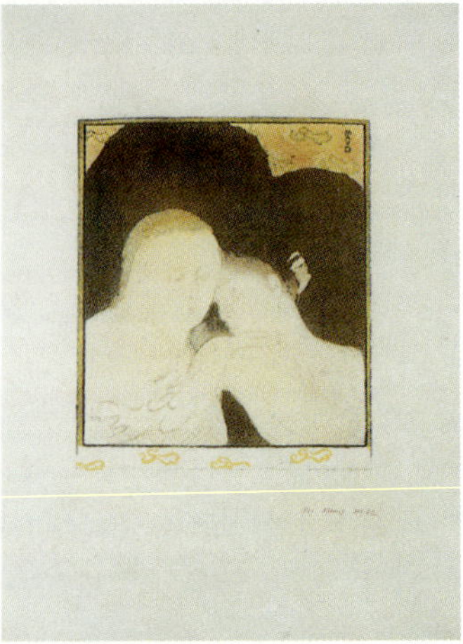

Tendresse.
Collection particulière.
L'ambiguïté de sens à donner à cette représentation est bien soulignée par l'appellation qui lui est attribuée lors de sa publication dans L'Estampe originale : Madeleine. *Ici doucement sensuelle, là portée par le lyrisme de la* Bible. *Comment ne pas risquer une confrontation entre l'angoisse exprimée par Munch, et l'expression de Maurice Denis qui est celle, apaisée, d'une tendresse que l'on dirait sanctifiée par la grâce.*

En précisant les figures dans un cadre qui participe étroitement à leur évolution, Maurice Denis développe l'impact des ombres, les jeux de l'eau, l'épanchement végétal qui les accompagne, en une circulation et un frémissement d'une ornementation linéaire à la fois complexe en son essor et simplifiée en son dessin. Il en obtient des effets d'une somptueuse originalité.

La réalité est transposée dans un jeu éminemment graphique qui gagne en importance, s'empare de l'espace, lui donne à la fois sa force décorative (célébrée par son axiome célèbre du temps des nabis) et un effet de suggestion d'une étonnante efficacité.

On s'est éloigné de la facture plus rude, plus en matière d'un Gauguin qui veut s'inscrire dans une tradition des arts primitifs, on s'est affranchi des visées socialisantes de l'art figuratif,

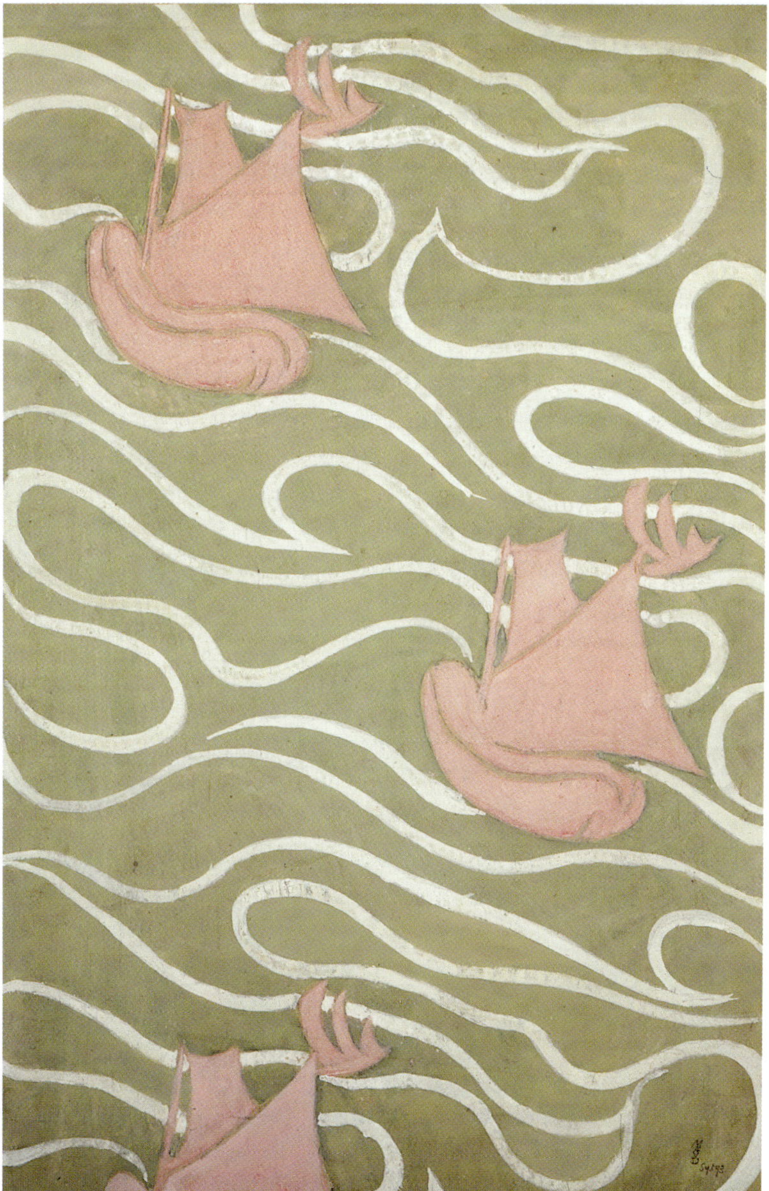

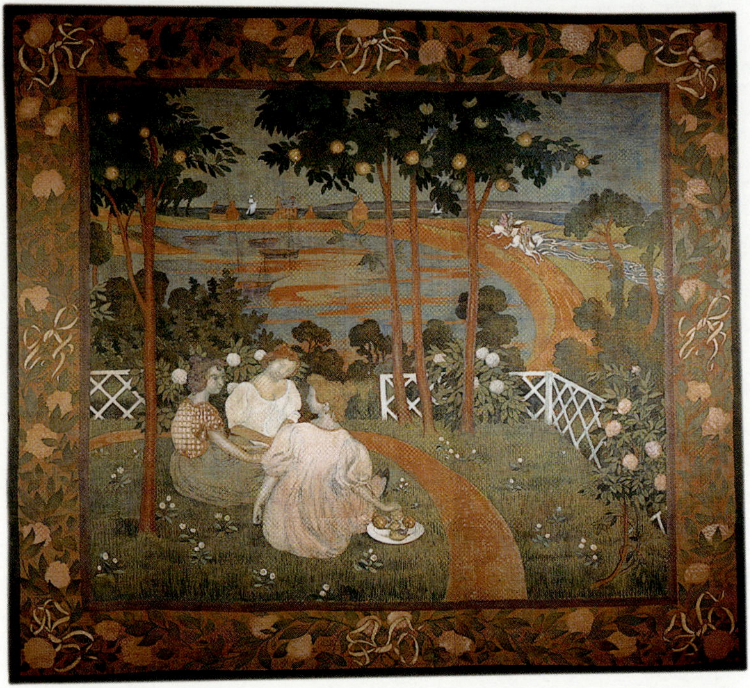

Au bois d'Amour (*tapisserie*).
Collection particulière en dépôt au Musée Départemental Maurice Denis, Saint-Germain-en-Laye.
La traduction en tapisserie d'un thème qui résume la recherche menée par le peintre du sacré dans le monde du profane souligne les qualités propres à une mise en page qui est celle d'un ordonnancement de groupes exprimant une plénitude partagée.

on a retrouvé jusque dans l'expression de la figure humaine l'élégance, le délié, la dynamique ondoyante de la ligne décorative. Elle va s'affiner dans la construction ultérieure des icônes qu'entreprend Maurice Denis en sa maturité.

Comme tous ses contemporains, et particulièrement ses amis nabis, Maurice Denis n'est pas insensible aux arts décoratifs. Il est bien là dans le sillage des mouvements nés outre-Manche

Le Chemin de la vie.
Musée départemental Maurice Denis, Saint-Germain-en-Laye.
Résultant d'une commande de Denys Cochin, l'œuvre qu'il déclare être « un rêve exquis » clôt une longue interrogation menée par le peintre à la suite d'un deuil familial. « Il faut vivre pour agir, au moins pour manifester la part de vérité qui revient à chacun de nous », note Maurice Denis dans son Journal.

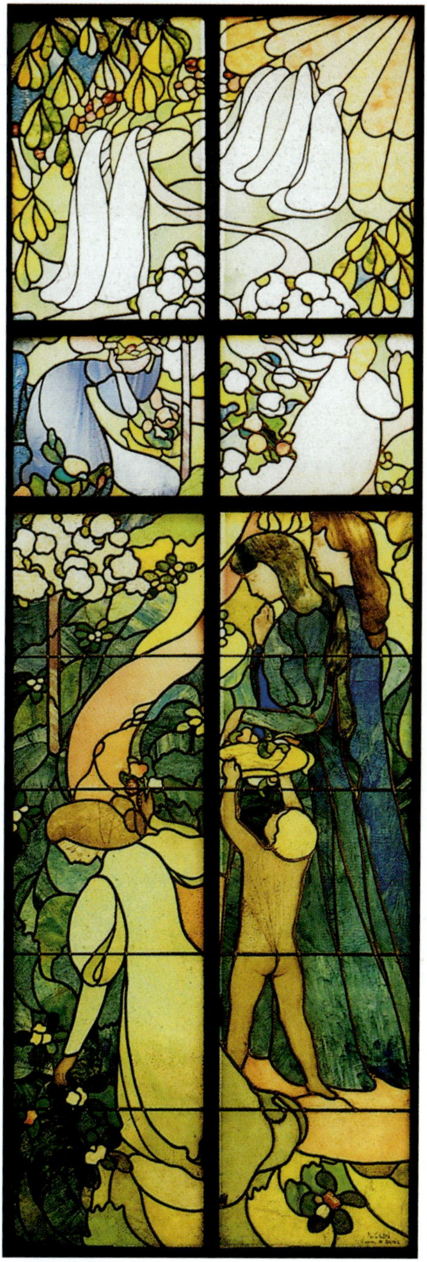

et qui invitent l'artiste à participer à tous les aspects de la création jusque dans ses applications décoratives. Du papier peint aux vitraux en passant par la tapisserie, il met son œuvre à la portée du plus grand nombre, d'un large public, répondant à un souhait alors largement partagé et que le caractère expérimental des recherches esthétiques du moment favorise.

Une brève incursion dans le domaine du vitrail entre dans la logique de son œuvre ultérieure de décorateur et la pratique de la peinture murale à sujet religieux.

L'intervention de la lumière comme facteur de lisibilité vient y renforcer l'ambition principale du peintre, qui veut doter son œuvre « d'une lumière intérieure ».

Le théâtre de l'âme

Frontispice pour le programme de *Théodat*.
Pour ce dessin, Maurice Denis fait usage d'un procédé en vigueur depuis les Assyriens et les Égyptiens : une hiérarchie des tailles à valeur symbolique. Une très astucieuse utilisation des éléments pour répartir les personnages et leur donner un sens symbolique.

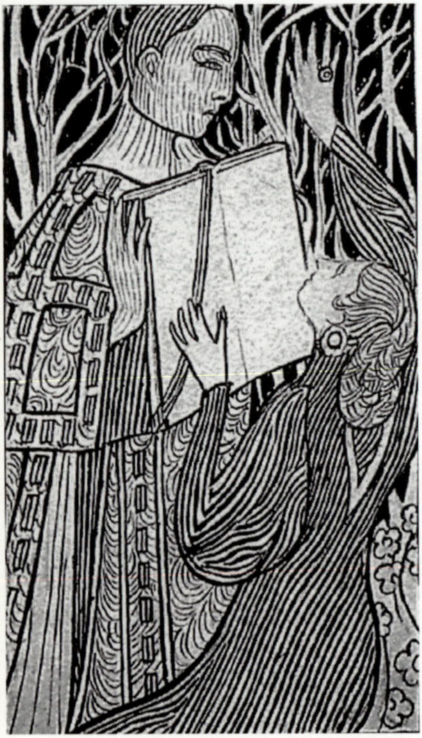

S'opposant au théâtre naturaliste d'Antoine, soucieux d'exactitude jusqu'à porter sur scène les moindres détails réalistes, le jeune poète Paul Fort veut instaurer un théâtre qui plonge dans les racines de la sensation, du rêve, et joue sur le phénomène de la suggestion. C'est, autant que l'expression d'un mépris de la réalité matérielle, une aspiration « vers les hautes sphères de l'esprit ». On joue sur des petites scènes de quartier, on rassemble les poètes les plus inspirés du moment et on fait appel aux peintres qui, par le choix de leur démarche, s'associent le plus naturellement à ce programme innovant.

Impuissants à camper des personnages crédibles, les poètes jouent plus volontiers sur l'allusif ; le rôle de la mise en scène l'emporte sur le texte. C'est tout un jeu complexe faisant appel à la multiplicité des sens qui est mis à contribution. D'où

Frontispice pour le programme
de *Pelléas et Mélisande.*
Musée départemental Maurice Denis, Saint-Germain-en-Laye.
Une conception par plans étagés, et surtout une rupture d'échelle, sont familières à l'artiste qui donne à Marthe le visage de Mélisande. Elle s'impose au premier plan tandis qu'à l'arrière se déploie la scène des retrouvailles.

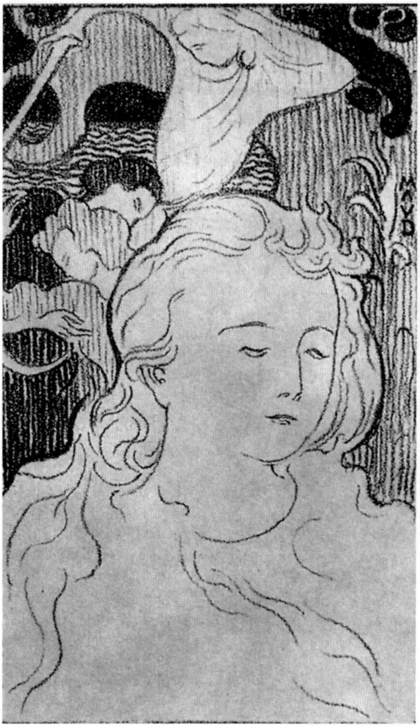

l'importance du décor, encore que celui-ci, pour des raisons financières et par principe esthétique, soit réduit à l'essentiel. Il ne décrit pas un lieu, il suggère une atmosphère. De fait, comme l'avait noté Pierre Quillard proclamant l'inutilité de « la mise en scène exacte », il s'agit essentiellement de donner un volume visuel à la parole. Point d'action, ou simplement évoquée, les personnages sont de simples silhouettes. On parlera d'un théâtre d'ombres. On use d'un hiératisme volontiers déclamatoire et solennel, créant un effet d'éloignement, de mise à distance du spectacle, dans une zone indéterminée, aux vagues réminiscences. Le tout rendu par des rideaux tendus, parfois des effets de transparence. L'idée de l'unité retrouvée du verbe à son amplitude vient des ambitions formulées par Wagner à propos d'un art total. Mais on retrouve aussi l'idée baudelairienne des

Frontispice pour le programme de *L'Intruse.*

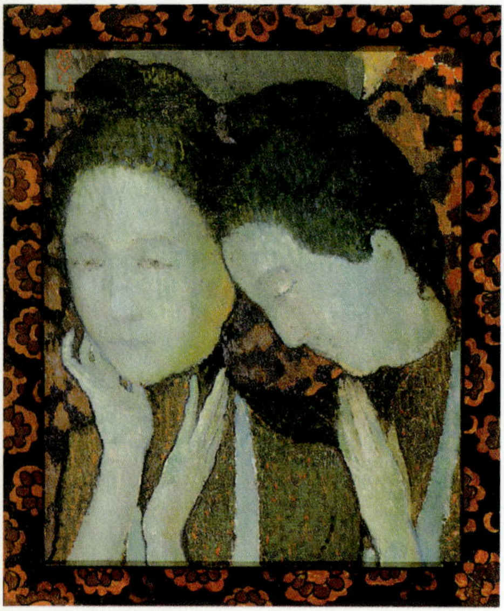

Les Deux Sœurs *(fragment de* L'Intruse*). Rijksmuseum Vincent Van Gogh, Amsterdam.*
La pièce L'Intruse, *de Maurice Maeterlinck, est donnée par le jeune Paul Fort dans le cadre du Théâtre d'Art. « C'est la première représentation symboliste au profit de Verlaine et de l'admirable peintre symboliste Paul Gauguin. »*
*On y trouve également des mises en scène de poèmes de Baudelaire (*La Charogne*), Verlaine (*Les Uns et les Autres*), Edgar Poe (*Le Corbeau *traduit par Mallarmé),* Phyllis *de Théophile Gautier (d'après Virgile),* Chérubin *(de Charles Morice).*

correspondances entre les arts. La musique intervient, qui va jouer un rôle essentiel dans la vie de ces arts, et particulièrement pour Maurice Denis. Bientôt, l'unité et l'élan de cette aventure entretenue dans un climat de fraternité, et avec de faibles moyens, vont se cristalliser autour de Maurice Maeterlinck, une figure devenue emblématique du Symbolisme littéraire et d'un théâtre aux ambitions spiritualistes.

Maurice Denis participe à cette aventure tout comme ses amis Bonnard, Vuillard, Sérusier. Il y cherche l'expression la plus épurée possible d'une sensation, une approche qu'il va prolonger, magnifier dans sa peinture, du mystère enfoui dans la réalité sans se soumettre à cette dernière. Donnant la primauté à la sensation, à la force du songe.

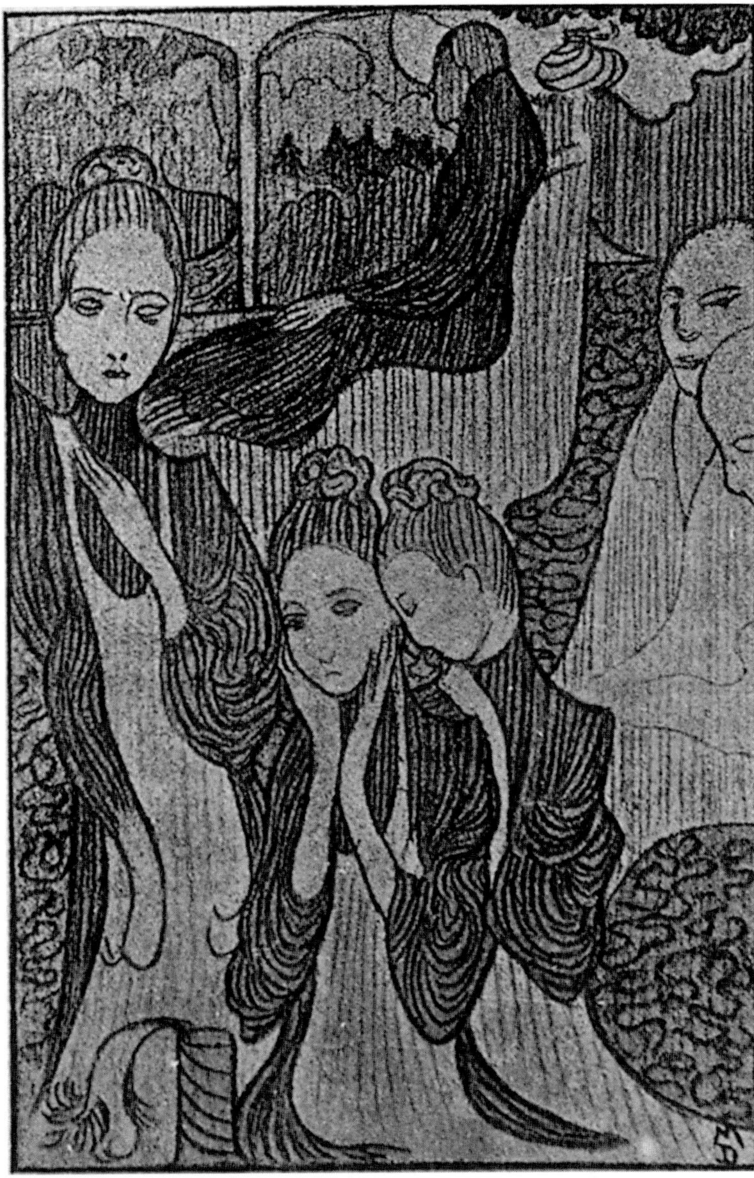

Femme au piano

Le Menuet de la princesse Maleine
ou Marthe au piano.
Musée d'Orsay, Paris.
Dans le corpus de l'œuvre de Maurice Denis, l'œuvre s'impose plus comme une page de son journal intime que comme une expérience plastique. Elle signifie l'adhésion du peintre tout à la fois à la femme élue et à une passion partagée pour la musique.

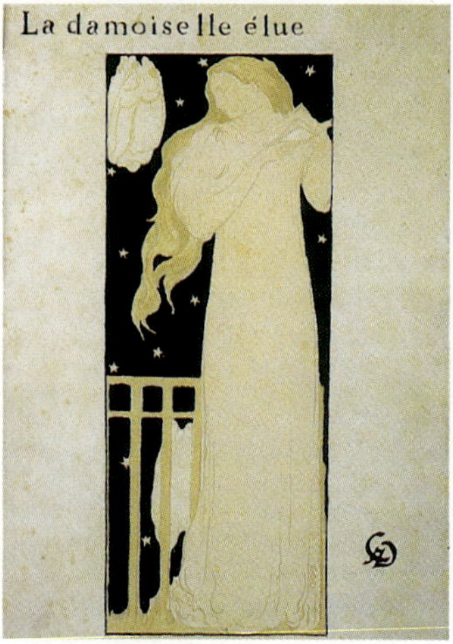

La Damoiselle élue.
Musée départemental Maurice Denis, Saint-Germain-en-Laye.
S'inscrit dans la qualité de ses rapports avec la musique, dont celle de Debussy qui avait créé une œuvre encore habitée par le parfum capiteux de Dante Gabriel Rossetti, auteur du texte, alors que Maurice Denis opte pour une traduction plus épurée, tenue dans une ligne souple, décisive, à la manière japonaise.

Plus que tout autre, le XIXe siècle cultive les vertus bourgeoises. Elles décident de l'éducation des filles et de la formation de la future femme qui sera condamnée au foyer. Hors de celui-ci, il n'y a d'autre issue que la galanterie. D'où ce partage systématique entre courtisanes et femmes d'intérieur, accordé au rythme de la vie domestique sans pour autant y déchoir. Si, sous l'impulsion du Naturalisme, on y dénonce la condition de la femme prisonnière d'un système qui l'écrase et la nie, elle règne aussi, mais dans une minorité, sur le foyer en lui apportant toute la grâce que l'on attend d'elle, qu'elle incarne par sa présence même.

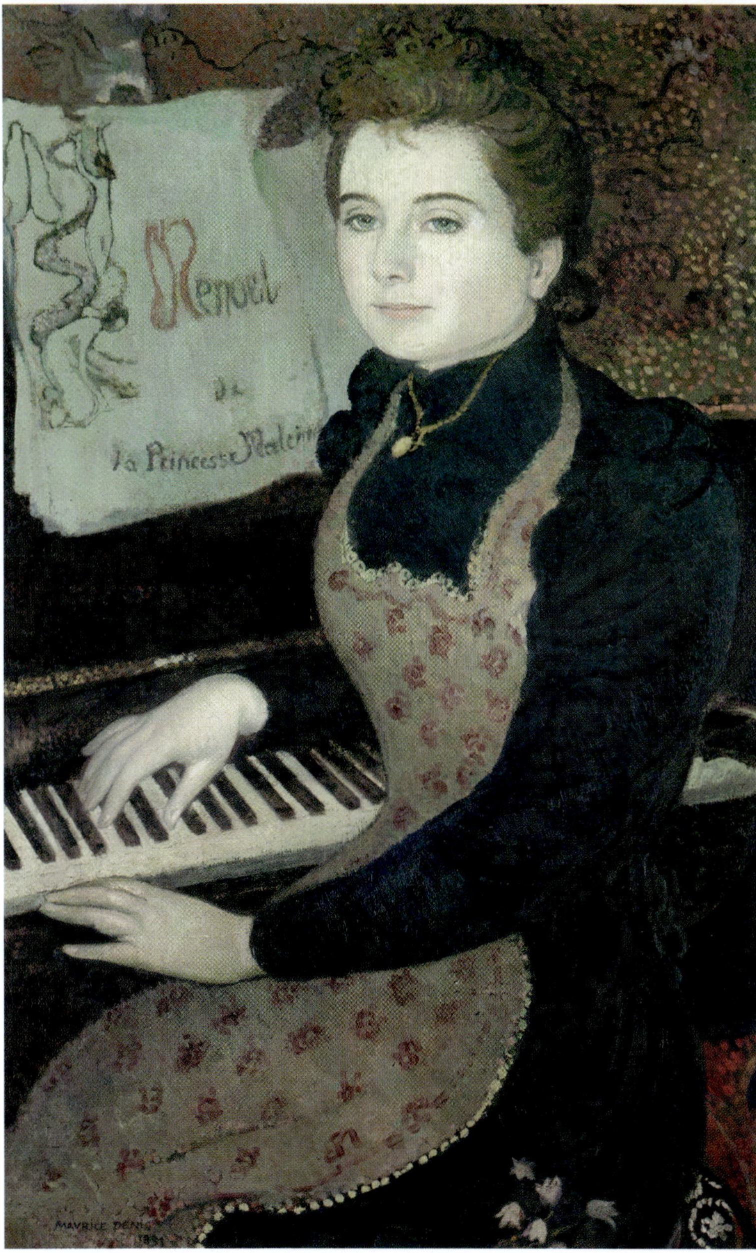
Menuet
de
la Princesse
MAVRICE DENIS

L'Impressionnisme, ce baromètre de la vie sociale de l'époque, s'était volontiers attardé sur cette femme d'accompagnement et de délectation, de sérénité et d'équilibre qui est au cœur de la vie d'intérieur.

Au foyer, la femme règne au salon, à la table, dans les exercices paisibles de la vie sociale. Au piano, elle acquiert un statut d'exception. Souvent, elle est encore jeune et « promise ».

Toute jeune fille au piano semble destinée à quelque avenir placé sous le signe du bonheur, où l'homme interviendra. Qui est le spectateur, le prétendant. Gants blancs et fleur à la boutonnière.

Renoir, le peintre de la séduction féminine, assemble autour du piano, dans la douce complicité familiale, des jeunes femmes qui s'appliquent à déchiffrer la partition. Il suppose un climat de quiétude tranquille, de douceur partagée, d'un luxe aimablement bourgeois. S'il entre dans les rites d'une classe, s'il traduit la qualité d'une éducation, l'art du piano et sa pratique entrent aussi pour beaucoup dans l'art de la séduction qu'exerce la femme, dans la qualité de ses rapports intimes avec les arts. Musicienne, on lui prête une âme élevée et un cœur ardent. La séduction n'est pas sexualisée si elle est féminisée, à tel point qu'il se crée une musique tout exprès conçue pour les rapprochements studieux, les duos amoureux, les tendres rêveries sur le clavier.

Même le rugueux Van Gogh, débarquant comme un vagabond dans la famille du paisible docteur Gachet, peint avec une tendresse patiente et presque appliquée la fille de la maison à son piano, jouant une romance.

C'est à Marthe, tout récemment entrée dans sa vie, que Maurice Denis dédie cet hommage de la femme au piano, offrant un portrait aussi attendri qu'apaisé, et sortant de la pratique audacieuse de son art pour se glisser dans une facture intimiste, moins énigmatique que réfléchie et imprégnée de cette conception idéaliste de l'amour. L'homme des images de piété

Portrait d'Éva Meunier en robe verte.
The Cleveland Museum of Art, Cleveland.
Serait comme une version épurée, apaisée, d'un portrait qu'aurait pu peindre Van Gogh.

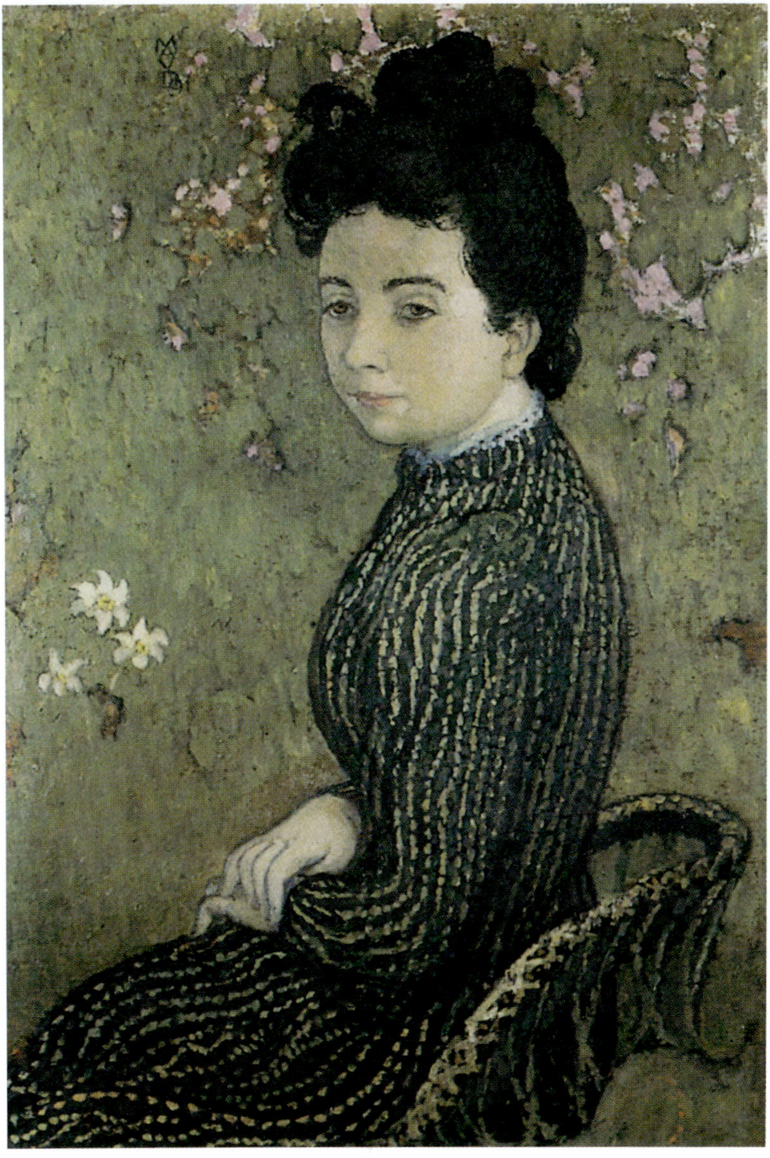

sait trouver le ton pour donner une dimension sacrée à une scène domestique.

Les rapports qu'il va entretenir avec la musique de son époque sont tout entiers annoncés dans ce qui est aussi une sorte d'icône d'un amour naissant. Une double approche qui va nourrir l'âme, le cœur et le corps dans une alliance subtile des sentiments et de convictions dont l'œuvre peinte devra porter témoignage.

La musique, on la pratique au foyer. Éva, la sœur de Marthe, est professeur de piano. Elle égrène d'une main légère et souple, dans la quiétude d'une famille où règne l'harmonie (on l'y cultive), les lignes audacieuses de la musique qui se crée alors et dont Maurice Denis va suivre avec attention l'évolution.

Avec Debussy (qu'il rencontre chez son ami Henry Lerolle), il va même collaborer autour de *La Damoiselle élue* (1892), dont la

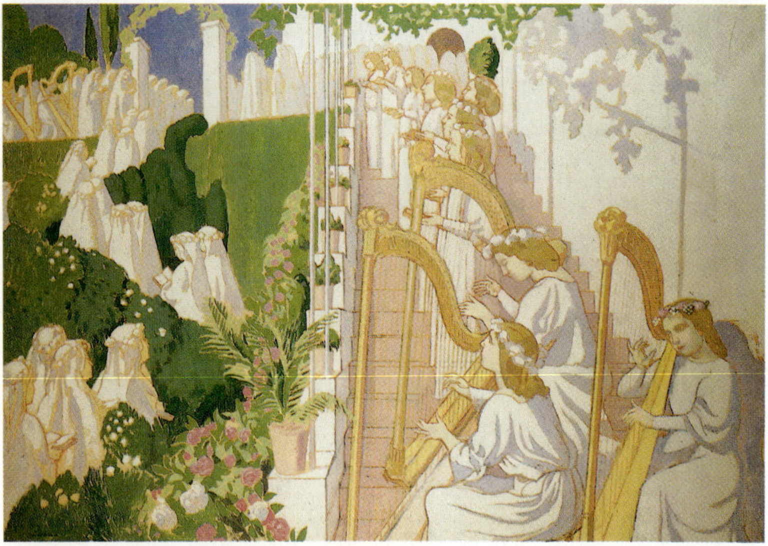

L'Oratorio *(panneau pour* L'Éternel Été*).*
Collection particulière.
Quand il aborde le thème de la musique, Maurice Denis le fait à la manière des Primitifs, sous l'égide du ciel. La musique rapproche l'homme d'une idée de Dieu.

partition est éditée par Bailly et qui, entre ses mains, devient une silhouette allégée de tout luxe ostentatoire.

On est loin des femmes surchargées de bijoux, excessives en leur gestuelle et porteuses de tous les fantasmes que cultive l'époque, qu'on rencontrera chez Gustave Moreau, loin aussi des féminités équivoques de l'école anglaise et des préraphaélites dont est originaire cette *Damoiselle élue*, ramassée en une forme à la fois compacte et affinée par l'élan de son émergence en forme d'apparition.

C'est autour de cette idée de la femme au cœur du foyer, n'ayant rien perdu de sa féminité à s'y dévouer aux charges que la société par tradition lui confie, que le monde de Maurice Denis s'organise. Entre vestale et mère (ce qui n'est pas paradoxal) et parce que la maternité n'y semble pas être la conséquence d'une sexualité de convenance mais un état tenant du miracle, celui que nous impose la lecture de la *Bible*.

Toute la société bourgeoise qui lui est contemporaine, dont il fut le pourvoyeur d'émotions esthétiques, de « belle icônes », se retrouve dans l'univers familial de Maurice Denis, affranchi de toute repentance et angoisse, et livré à l'innocence d'un souvenir d'Arcadie.

La femme impressionniste reste bourgeoise mais assujettie à sa condition, elle en assume avec bonhomie les charges et s'inscrit dans ses limites. Celle de Maurice Denis semble s'en échapper sans se renier, ni heurter son brevet social. Elle est une héritière miraculée des légendes antiques, une version nouvelle de la Nymphe.

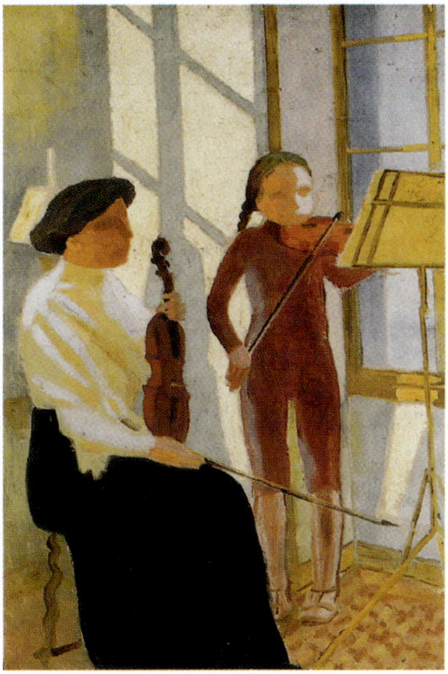

La Leçon de violon.
Collection particulière.
En marge de sa recherche plastique, dans le voisinage de Félix Vallotton dont il retrouve les formes stylisées et bien définies. Faisant jouer avec toute l'intensité de sa force symbolique la lumière qui se plaque sur la géométrie ferme de la scène.

Les belles icônes

Situant ses figures dans la nature, Maurice Denis donne à celle-ci les vertus qu'il accorde aux personnages s'y inscrivant dans un jeu largement rythmé, et dans une continuité graphique qui s'éloigne de l'anecdote et s'immobilise dans le hiératisme des icônes.

Il en résulte l'idée admise qu'il est le maître des « belles icônes », soulignant là le caractère démonstratif qu'il aura adopté et ce goût de l'intemporel convenant bien à des scènes qui sacralisent jusqu'aux gestes les plus ordinaires, les plus quotidiens.

Les femmes à la promenade ont ce caractère éthéré des figures religieuses, sinon que celles-ci, dans la tradition chrétienne, encadrent d'ordinaire un fait notoire de l'Écriture Sainte alors qu'elles sont, chez Maurice Denis, l'événement lui-même, la finalité de son entreprise picturale puisant dans le réel les éléments qu'il transpose dans un espace idyllique avec de vagues allusions à son environnement, une référence obligée à son entourage, mais en l'arrachant au poids du réel, accordant aux gestes évoqués cette majesté tranquille des rites sacerdotaux.

Une simple promenade prend chez lui des allures de cortège.

Femmes et fleurs en dialogue intime et complicité graphique qui les lie, les assemble en une continuité de lecture conférant à sa composition un caractère solennel.

Procession pascale.
Collection particulière.
Dans l'esprit de ces « vierges sages » qui peuplent l'univers de l'artiste. Les cueilleuses de fleurs, les filles processionnaires, sont l'introduction au jardin d'Éden. La sinuosité ample du fleuve en toile de fond devient une variation harmonieuse de la courbe, chère à l'artiste, et dans l'esthétique du mouvement nabi.

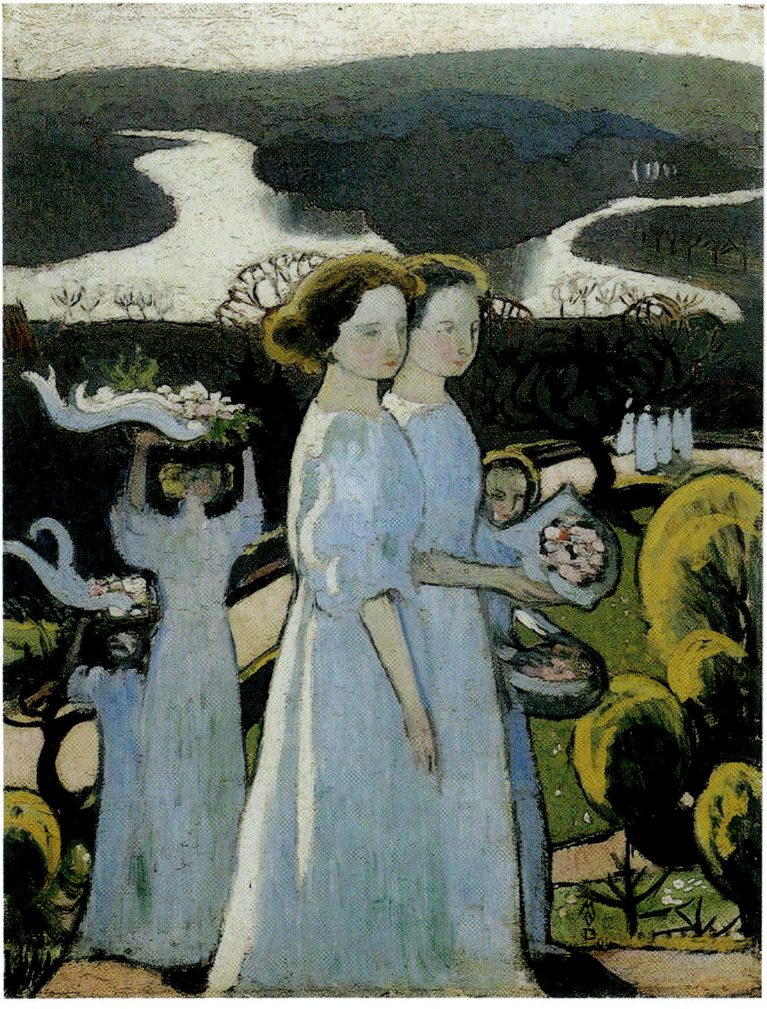

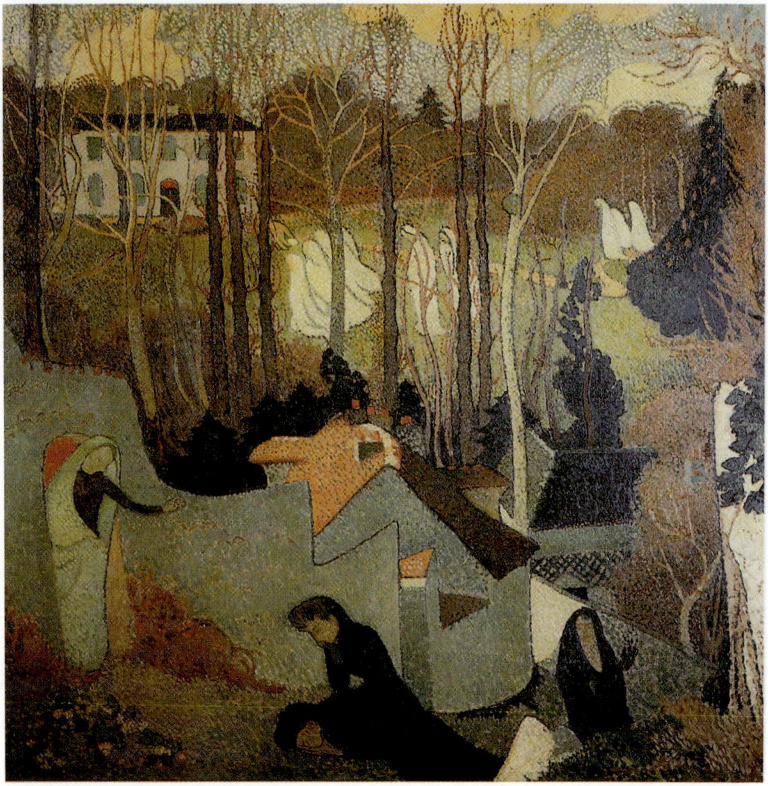

Mystère de Pâques *ou* Matin de Pâques.
The Art Institute, Chicago.
Maurice Denis n'aura pas été insensible à « l'admirable Seurat » comme il le qualifiait, et que l'on honore justement dans le cadre du Salon des Indépendants (1892). S'il use d'un semi de pointillés, il le cadre par un jeu à la fois complexe et bien dominé de lignes directrices. La diversité des actions qui s'y déroulent, fort mystérieuses, y trouve son unité.

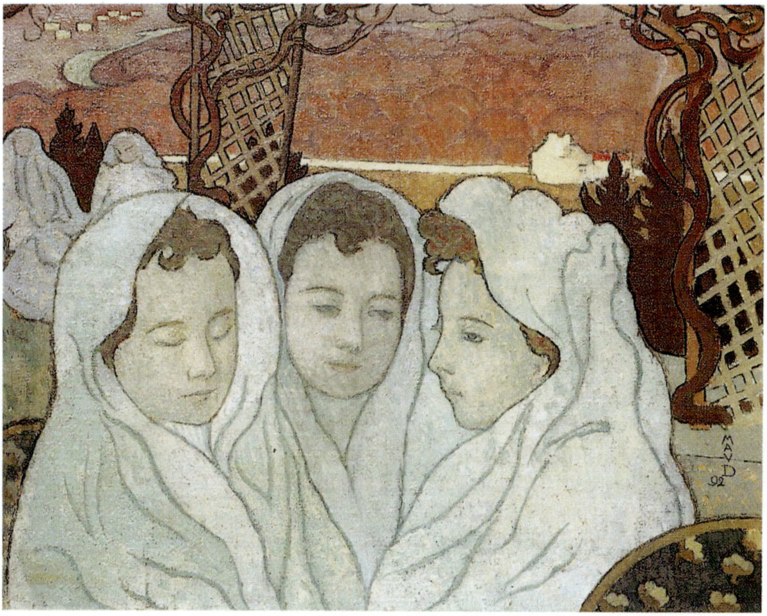

Triple Portrait de Marthe fiancée.
Musée départemental Maurice Denis, Saint-Germain-en-Laye.
Trois figures (Seurat l'aura aussi exploité) non à des fins décoratives, mais comme le livre ouvert des promesses liées à l'acte « sacré » des fiançailles. Amour, art, religion, la trinité solidaire de l'art dont Maurice Denis se fait le chantre et l'artisan.

Pour le plaisir des yeux

Il fallait une certaine audace, un courage instinctif, pour oser se distinguer d'une conception de la peinture qui se voulait chargée de sens social quand elle revendiquait le Réalisme, et lourdement refermée sur des citations littéraires quand elle invoquait le Symbolisme.

Et cela, après l'écart pris avec l'Impressionnisme sur le déclin de sa phase combative soulignée par les difficultés mêmes de ses instigateurs pour organiser un salon qui soit cohérent et réponde encore à la spécificité du groupe originel.

Écartelé entre les diverses options proposées, des aspirations antinomiques, le peintre, en cette fin de siècle, repense l'art sous la double influence du sens qu'on lui donnait et de la forme qu'on lui concédait.

Fond et forme qui se cherchent et se réalisent dans un jeu de contradictions et un climat passionnel.

Maurice Denis, par nature et prématurément conscient du sens qu'il veut lui donner, va, avec une tranquille lucidité, affirmer sa singularité sans jouer d'excès, réfutant tout message ostentatoire et, quoique largement inspiré par sa foi chrétienne, réitérer son concept initial et déclarer que la peinture est, avant tout, conçue « pour le plaisir de l'œil ».

À l'exemple de Gauguin qui ne manque pas de le rappeler, Maurice Denis est fidèle à « cette théorie qui affirme l'expression possible des émotions et des pensées humaines par des correspondances esthétiques, par des équivalents en Beauté ». On le voit, répondant à des commandes, inscrire les épisodes de sa vie privée dans cette alternance d'espoir et d'épreuves marquant sa propre expérience. La naissance et la mort d'un premier enfant (Jean-Paul, en 1894), suivies de la naissance d'une fille (Noële, en 1896). C'est autour du thème de la maternité que s'organise dès lors une édifiante série de compositions,

Mère au corsage noir.
Collection particulière.
L'arrivée dans le couple de Marthe et Maurice Denis d'un enfant est toujours une fête. S'il ausculte les premiers pas, ce n'est jamais pour en extraire une anecdote émouvante. Il en tire la matière d'une icône. D'une souveraine plénitude.

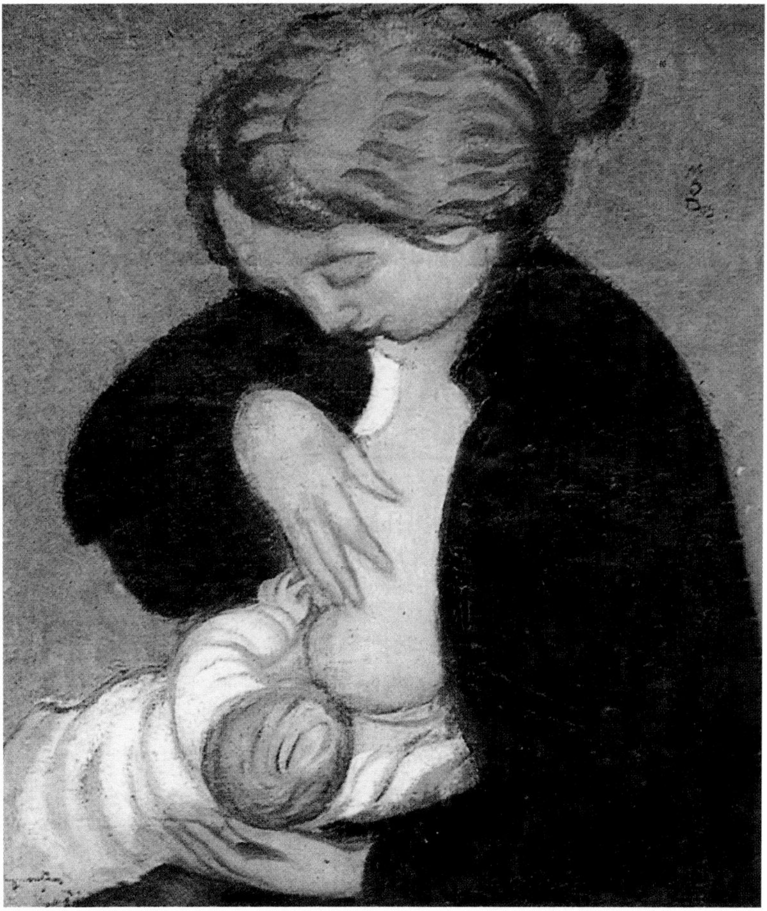

qui ont retenu la sinuosité finement décorative des exercices nabis et l'épuration progressive des figures jusqu'à cet effet de transparence devenant une permanence de sa facture.

Sa peinture est faite de ces menues choses que distribue le quotidien, de ces gestes dont la permanence tient au destin humain et qu'il transpose aisément du registre sacré au registre domestique, dans une alternance de compositions tenues dans le même respect des formes pour leur donner le plein sens d'une beauté qui est l'essence même de la vie.

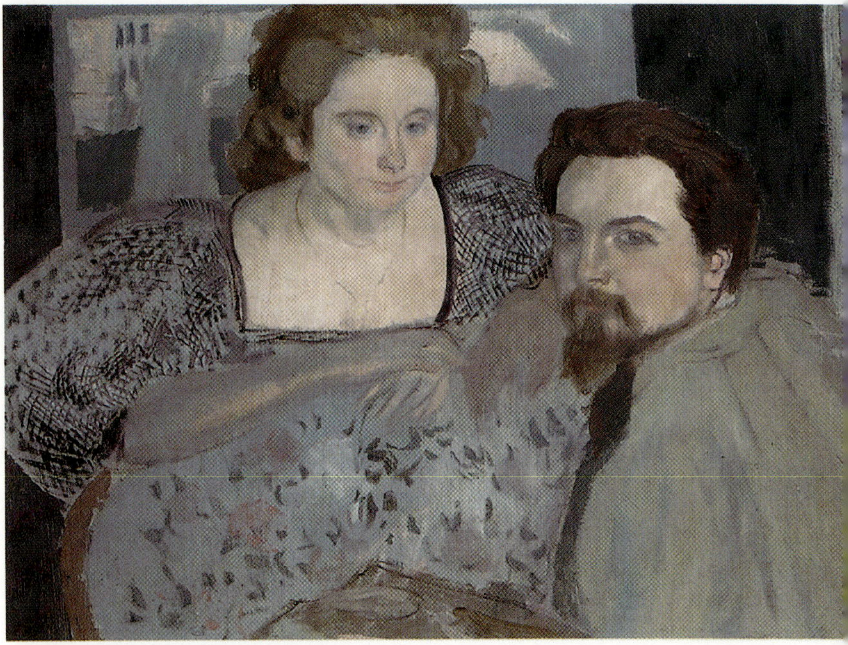

Portrait de Marthe et Maurice.
Collection particulière.
Autoportrait en duo. Maurice Denis affiche avec calme et certitude le caractère fécond et apaisant du couple.

Comment ne pas songer à cette tradition de la peinture religieuse qui voulait que les peintres d'autrefois, pour répondre à la commande d'une Madone ou d'une scène de Maternité à l'Enfant Jésus, faisaient poser leur compagne, leurs familiers, haussant leur quotidien à cette dimension de divinisation qui avait pour fonction de fortifier la foi des foules, la dévotion des fidèles ?

Tant par une certaine réserve des gestes, un sentiment partagé de pensive piété qui devient amour sous son regard, Maurice Denis fait passer dans toutes

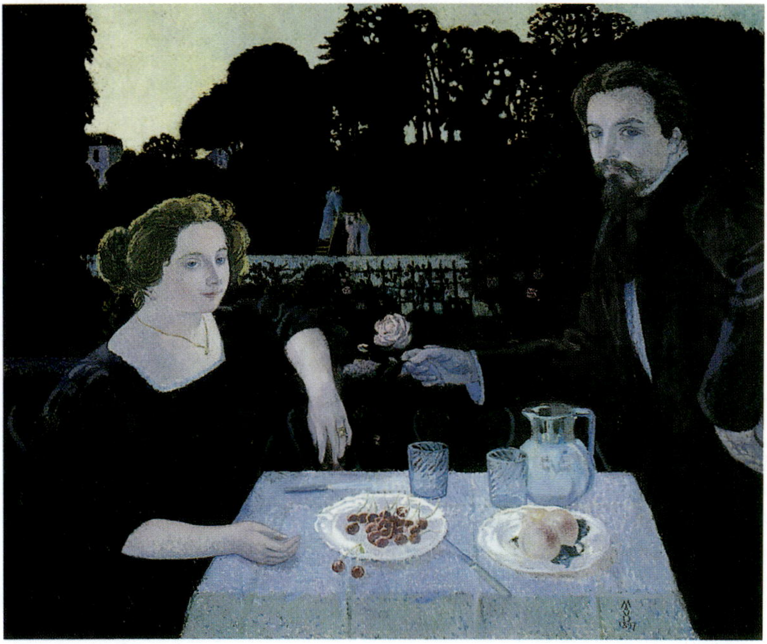

Le Dessert au jardin *ou* Portrait de Marthe et Maurice Denis au crépuscule.
Musée départemental Maurice Denis, Saint-Germain-en-Laye.
Revenant sur la célébration du couple, Maurice Denis le met en scène, s'attachant à la théâtralité d'un instant privilégié du quotidien avec l'allusion au don de la rose, signe d'un amour triomphant.

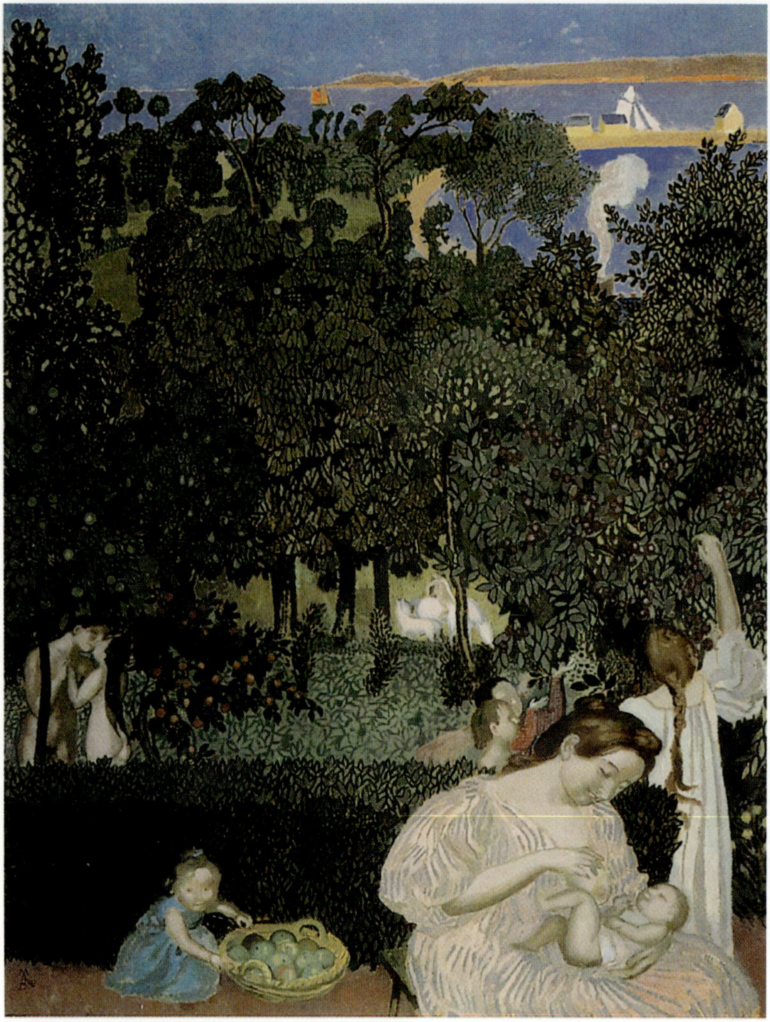

Le Monotone Verger *ou* La Récolte.
Rijksmuseum Kröller-Müller, Otterlo.
Comme son ami Vuillard, il exalte la joie ruisselante de riches végétations et en tire le cadre d'une succession de gestes liés à la maternité comme expression d'une nature bienveillante.

ses compositions cette ferveur qui l'arrache aux tares de cette réalité, et de ce Naturalisme dont il avait horreur et dont il avait su se détacher, portant la peinture au stade de la sacralisation des choses.

C'est de vouloir atteindre, jusque dans des sujets qui *a priori* ne s'y prêtent pas, « cette idée de gloire que nous n'avons plus » que Maurice Denis cherche de nouveaux exemples.

Il puise dans la fréquentation des musées, et sur le terrain lors de ses séjours italiens, des références, la force d'un regard et la leçon d'un enseignement qui ne l'éloignent pas des fulgurantes découvertes de sa jeunesse, de l'aventure nabie qui fut révélatrice de son tempérament, mais y ajoute cette grandeur tirée de nouveaux modèles, les Vénitiens, Primatice et l'élégance sophistiquée de l'École de Fontainebleau, ou encore, sans contradiction, Poussin ou Delacroix, celui-ci pour la rigueur, celui-là pour la force expressive.

Ce sera le stade de la *Conversion romaine*.

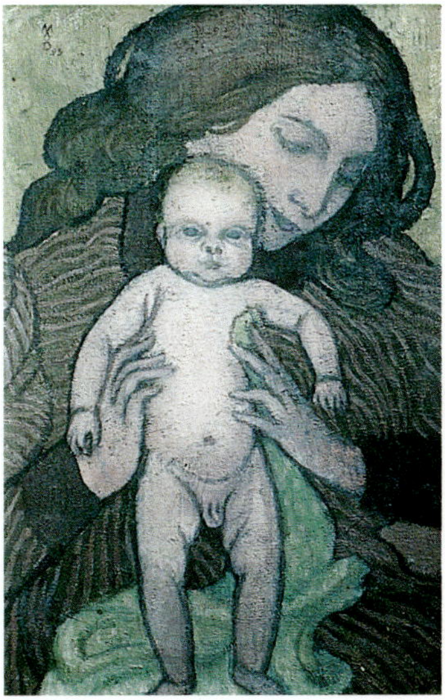

Maternité, Jean-Paul nu.
Hors collection Musée départemental Maurice Denis, Saint-Germain-en-Laye.
Il emprunte aux Vierges à l'Enfant l'attitude triomphale de la mère faisant l'offrande à la vue de son bébé. C'est l'option d'une dévotion à faire partager.

L'Annonce faite à Marie

(Paul Claudel)

Bien des œuvres se développent dans le compagnonnage qui unifie les trajectoires de la création, qu'elles se situent dans le domaine des lettres ou dans celui des arts plastiques. Il est toujours éclairant d'en chercher les points de rencontre. On y trouve une explication souvent intelligible sur le développement de l'une par rapport à l'autre, en un jeu de démarches parallèles qui auront fait étape dans la fécondante alliance de leurs pouvoirs. Peintres et poètes ont ainsi tracé toute une géographie de la pensée moderne. Le livre qui en témoigne, autant qu'il en marque les étapes prestigieuses, devient le lieu de la création, son objet.

Les rapports de Maurice Denis avec la littérature (mais aussi avec la musique) sont ceux que le hasard des rencontres, des affinités, propose à toute carrière. Mais il peut y avoir des oublis, des rendez-vous manqués, et c'est ultérieurement que se créera une lecture de l'œuvre dans ses affinités électives.

L'adhésion de la littérature à la pensée religieuse lors de ce tournant du siècle reste minoritaire, elle a cependant ses chantres puissants et solitaires, qui vont de la puissance verbale d'un Paul Claudel à la grâce bucolique d'un Francis Jammes en passant par le lyrisme abondant de Charles Péguy, sans pour autant répondre aux normes et aux règles d'un genre et ne participer de l'esprit religieux que par une forme d'engagement humain qui n'est pas toujours en conformité avec la tradition de l'Église. Un esprit religieux mais frondeur. Maurice Denis dépasse cette stricte adhésion à une pensée formulée et dont il serait l'héritier. Il façonne sa propre vision, module son adhésion à l'aune de cette notion d'amour qui cimente sa propre vie.

Marthe et Marie *ou* Intérieur.
Collection particulière.
Le visage de la femme porte en lui le poids de son âme et une douce expression mytérieuse, réfléchie, même dans l'action.

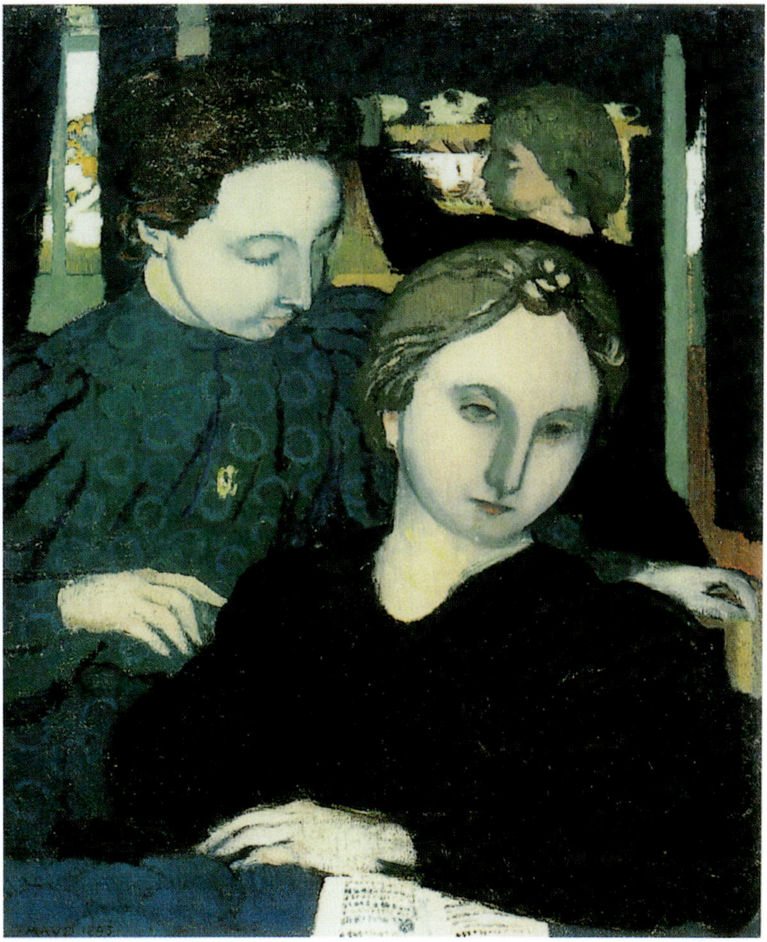

L'abondante collaboration de Maurice Denis à l'édition se referme assez rapidement sur le seul territoire de la pensée religieuse. Ce qui en atténue les promesses émises à ses débuts et l'entraîne à multiplier et banaliser une iconographie qui se doit d'être exemplaire.

Aux forces fécondantes de la littérature dans ses sursauts les plus secrets, ses ambitions les plus inconscientes, il préfère l'assurance d'une littérature qui se charge de l'enseignement qu'implique la propagation de la foi, et même son exaltation. Il y a beaucoup de rendez-vous ratés.

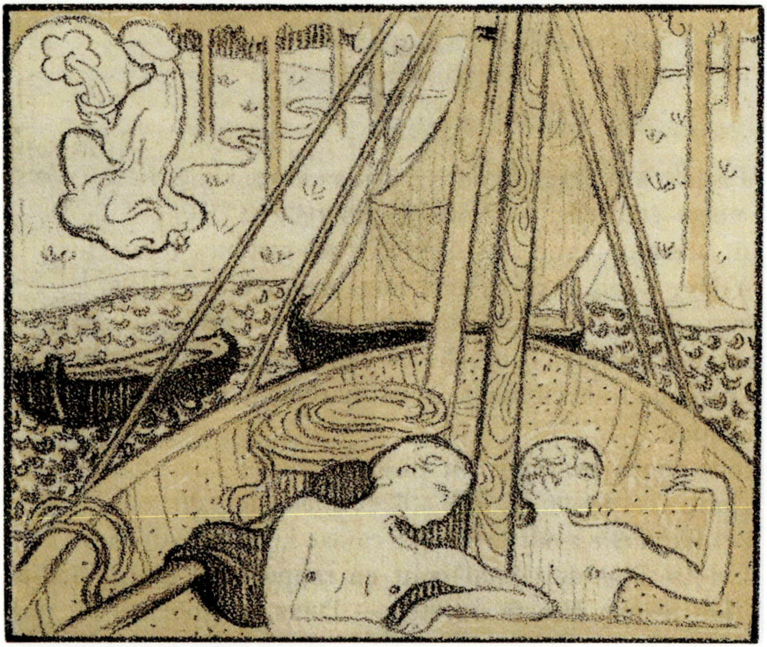

Illustration du livre *Le Voyage d'Urien* par André Gide.
L'illustration du texte d'André Gide (l'un des premiers d'une œuvre qui va largement se détacher de l'esprit partagé ici par le poète et le peintre) s'impose comme l'une des entreprises les plus osées et réussies dans le domaine. « Par leur graphisme fluide, l'emploi d'un nombre de couleurs très limité et la simplicité extrême du dessin, les vingt-neuf lithographies réalisées par Denis pour Le Voyage d'Urien *constituent un accompagnement sensible et fort au texte de Gide. »*

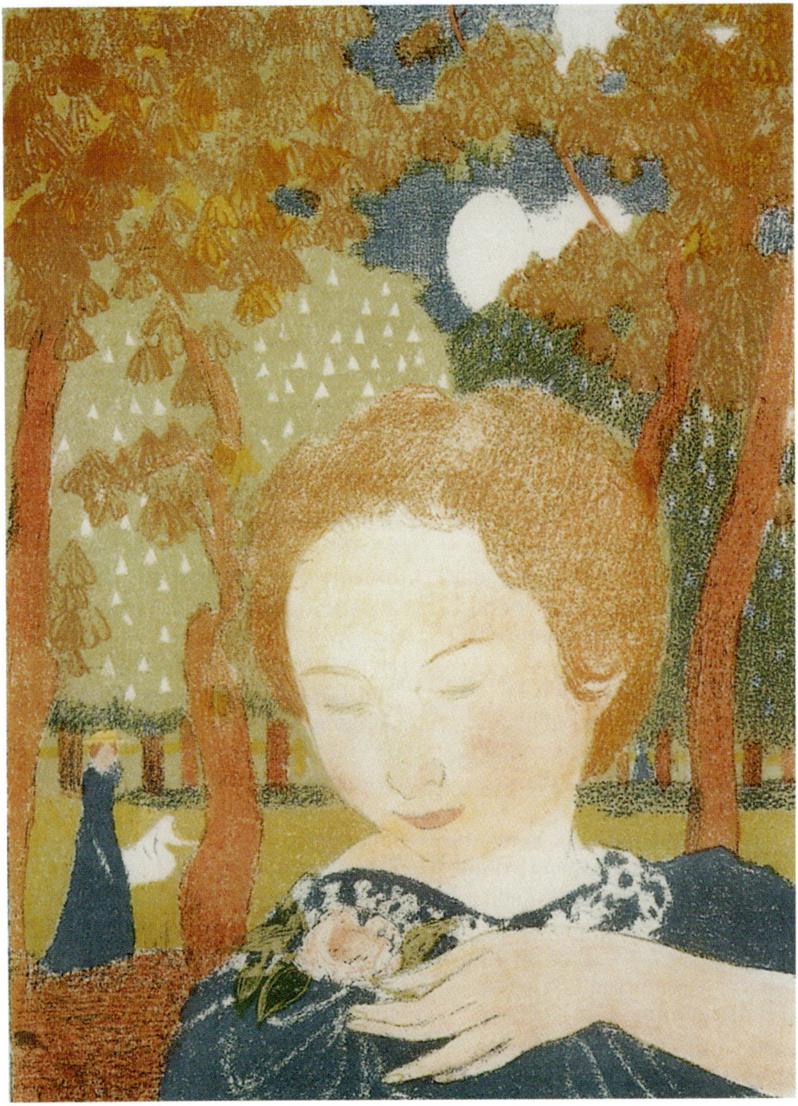

Les Attitudes sont faciles et chastes.
Illustration pour l'album Amour.

Le vice et la vertu

D'emblée, Maurice Denis aura opté pour la vertu. Nullement comme une figure opposée à son contraire, le vice, mais comme l'émanation naturelle, spontanée, nécessaire, d'une pensée qui la conçoit, lui donne forme. Le vice, il l'ignore. Son monde n'est pas celui d'un conflit, souvent celui d'une promesse, essentiellement celui d'une félicité.

C'est que, d'ordinaire, la peinture d'inspiration religieuse déploie le vice avec une ostentation exagérée, exigée par sa mission moralisatrice.

Pour Maurice Denis, le monde est admis comme le théâtre d'une sorte de béatitude sans équivoque et que rien ne vient entraver. On y médite, on y rêve plus qu'on y prie, on a la conscience apaisée et tranquille qui prête à la béatitude. C'est un monde qui réinvente l'Arcadie primitive dans une nature plus artificielle (conventionnelle) et réduite à l'essentiel de ce qui la compose. Et rien de cette figuration animalière, rustique et bucolique qui passe pour encadrer le bonheur des hommes. On la rencontre chez Poussin, et elle décline un monde détaché du péché, tout entier résumé à la simplicité des gestes, de la condition sociale des personnages qui s'y livrent aux plus innocentes occupations.

Maurice Denis ne met pas une note qui relève d'une observation sociologique. C'est une société indéterminée qu'il nous livre, et voudrait-on la situer dans une classe reconnue, on pencherait pour la bourgeoisie dont il était un produit et un membre éminent. Sans rien, cependant, qui d'ordinaire permet de l'identifier dans ses principes, et ses limites, sa spécificité.

On songe plutôt à la représentation codifiée d'un monde féminisé tel que l'Antiquité le décrivait, dans un climat de modestie, dans la fraternité d'une philosophie clémente aux hommes et facteur d'une sagesse partagée.

Il subsiste quelque chose de la dignité sereine du Puvis de Chavannes du *Bois sacré* dans le Maurice Denis disposant des jeunes femmes dans l'espace régulé (rythmé) par des arbres

Soir près de Binic.
Collection particulière.
Tout comme dans les scènes ayant pour cadre la terrasse de Saint-Germain-en-Laye, Maurice Denis adapte le paysage breton à cette théâtralité sommaire, résumée à quelques formes expressives, dans un jeu puissant de contre-jour qui souligne les silhouettes et leur donne une forte présence.

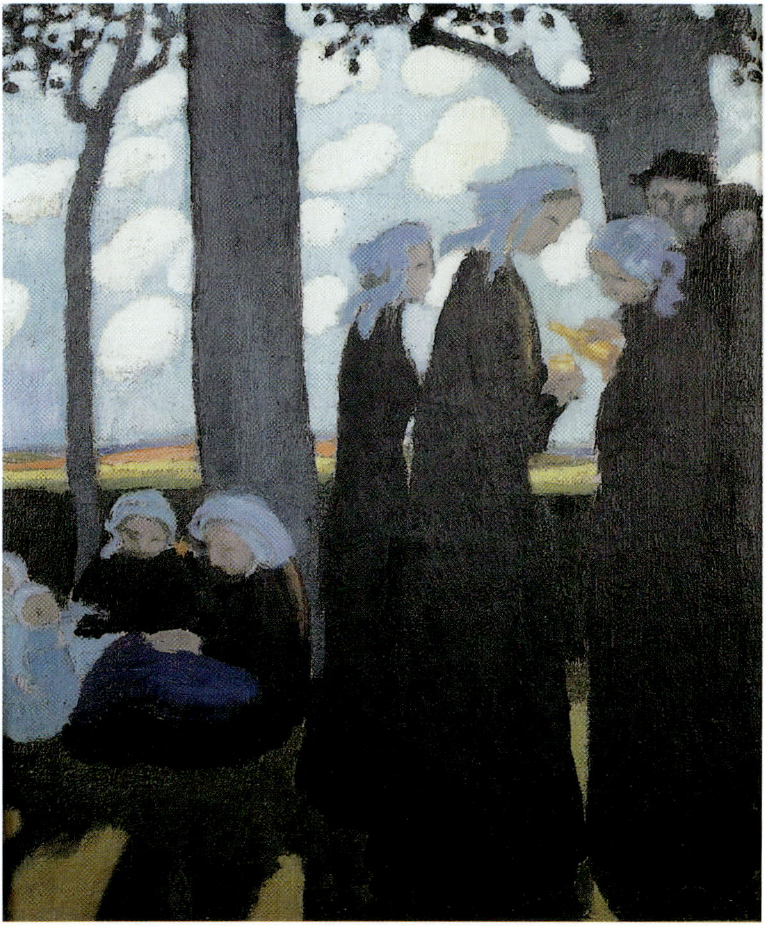

qui en définissent la nature, l'identifient (souvent les abords du parc de Saint-Germain-en-Laye). Figures silencieuses, réfléchies, pénétrées d'elles-mêmes, dans un jeu d'associations qui relève moins d'une situation sociale (la conversation) que d'une apparition qui les isole chacune, même si elles participent d'un acte collectif.

Elles s'y inscrivent dans la fluidité des lignes qui les désignent, mais avec une dignité d'icône, dans un hiératisme souple et tendre.

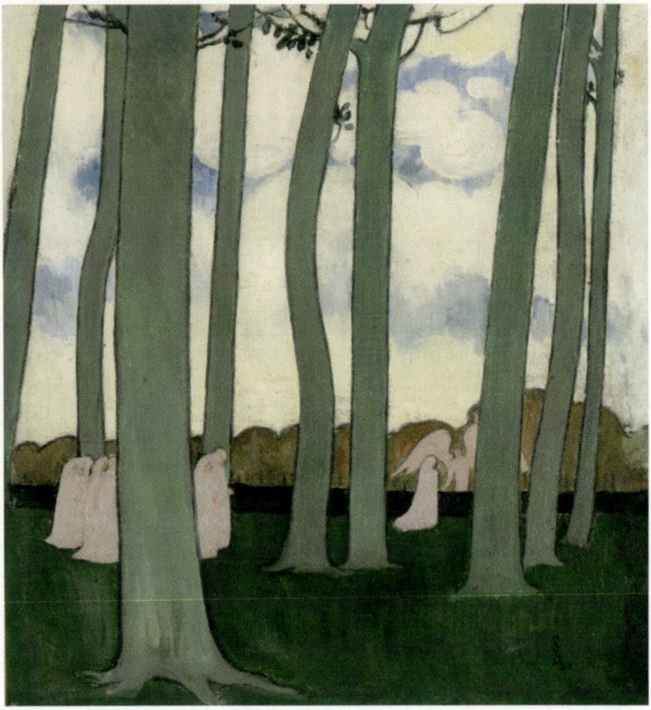

Les Hêtres de Kerduel *ou* Les Arbres verts.
Musée d'Orsay, Paris.
Une légende locale veut que le roi Arthur vécut au château de Kerduel dans les environs de Perros-Guirec. Maurice Denis aime s'appuyer sur un matériel littéraire médiéval sans jamais tomber dans l'illustration ni la reconstitution. Dépouillé, le paysage n'est ici qu'une montée vibrante d'arbres comme des colonnes.

Elles ont quelque chose d'irréel, tant dans leur formulation simplifiée que dans leur gestuelle toujours très mesurée, harmonieuse, sans l'emphase de la démonstration, un souci de réalisme pour les rendre crédibles. Apparitions elles sont, elles le restent.

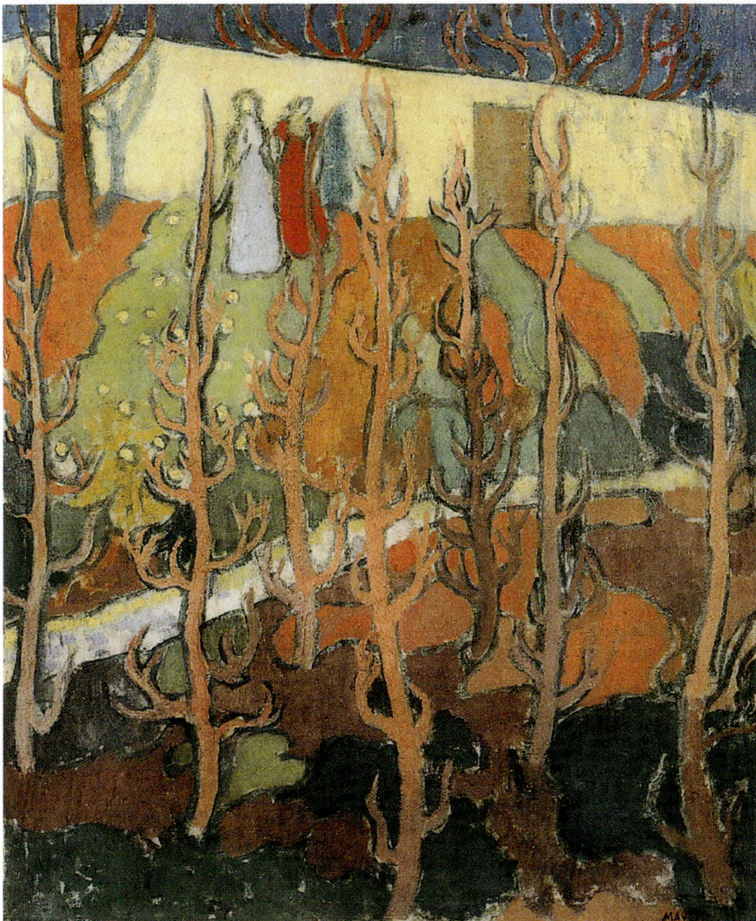

Verger à l'Hermitage *ou* Le Verger.
Clemens-Selz Museum, Neuss.
Refusant tout détail architectural qui identifie le sujet, Maurice Denis ne fait que célébrer la gloire de l'arbre prometteur de richesses. Une vision du Paradis avant le péché.

Un esprit de légende

Figure de promesses aussi. La femme est souvent l'enjeu des épreuves qui attendent le chevalier à la quête de son Amour.

Dans cet espace légendaire, Maurice Denis se livre à d'innombrables variations, comme les exercices d'une identique mélodie ou les divers aspects d'une même histoire.

Qui dit chevalier (surtout s'il est celui de la légende) dit menace. Pratiquement toujours absente du monde de Maurice Denis, elle n'est que suggérée par l'arrivée (ou sa promesse) du cavalier de la légende, en des horizons lointains quand la femme (quelque figure « d'Anne, ma sœur ») se tient toujours dans l'attente au cœur d'un enclos fermé. Allusion aux délices du jardin médiéval, centre du monde, miroir du ciel.

Entre le thème processionnel et celui de l'attente, il crée toute une imagerie dominée par la femme, figure centrale de son univers qui, curieusement, n'aborde jamais la part de sexualité qui est si fréquente en son temps et si abondamment, par tant d'autres, explorée. Il n'exprime pas le désir dans sa force destructrice et maudite (alors en faveur depuis Baudelaire), mais affiche une sorte de sérénité pieuse et méditative qui confère aux figures, quelle que soit la tâche à laquelle elles se livrent, une sorte de légèreté, cette spiritualité qui les fait sacrées.

La chronique familiale en est une preuve qui, restant fidèle aux sujets les plus traditionnels, tient à la fois par sa nature aux pages intimistes d'une Berthe Morisot ou d'une Mary Cassatt et trouve une nouvelle définition

La Princesse dans la tour.
Collection particulière.
Léon-Paul Fargue, curieux d'art comme bien des poètes de sa génération, peut vanter « la nette clarté de ses vues, d'un agencement idéal instruit sans détour – d'une connaissance de son devoir tranquille, d'une légende un peu sobre qui se maintient et se guide, aux figures de héros et d'intimes vestales ».

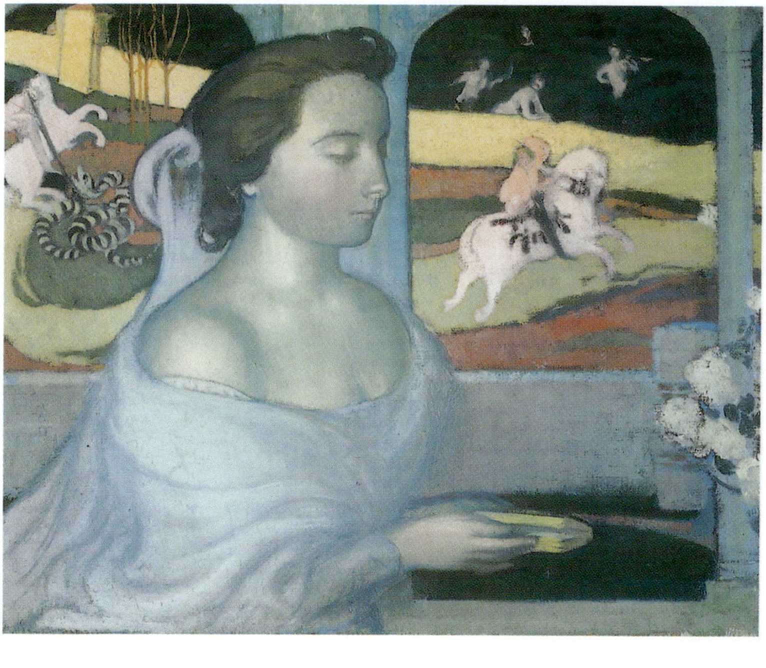

graphique, plus onctueuse dans ses développements, assurée en ses rythmes, aux effets décoratifs cependant sans gratuité.

Mais, au-delà de la spontanéité délicieuse des expressions, des situations, il fait passer quelque chose de la grandeur de toute chose, dépassée en son quotidien par un esprit porteur d'une grande sagesse. De la légende à la chronique familiale, il emporte ses sujets dans une dimension qui, sans refuser le réel, lui donne sa beauté d'âme.

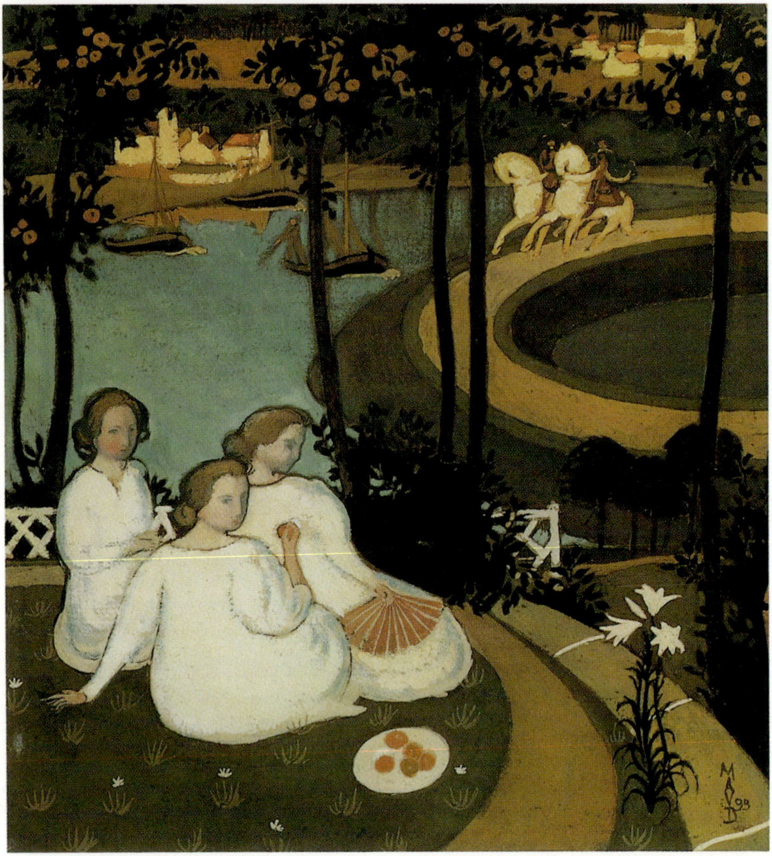

Légende de chevalerie
ou Trois Jeunes Princesses.
Collection particulière.
Marthe, triplée en figures de fée, et sous la lumière d'Urien et ses étapes initiatiques.

Jeu de courbes s'élançant, se développant en harmonie comme figures de conciliation. L'inscription du paysage participe de la tradition médiévale de la tapisserie.

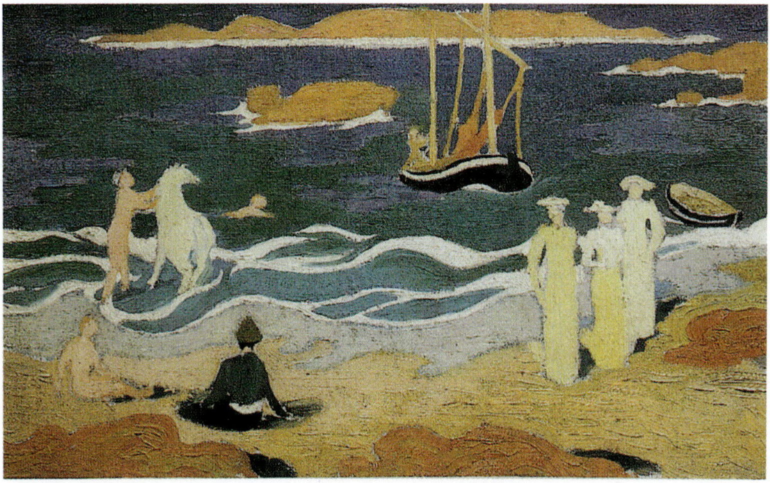

Ils virent des fées débarquer sur les plages.
Collection particulière.
Il existe une autre version de ce tableau. L'œuvre est contemporaine du travail d'illustration du livre d'André Gide, Le Voyage d'Urien, *qui propose un thème semblable.*

Grand Portrait de famille bleu et jaune.
Collection particulière.
Coutumier des portraits collectifs, puisant dans son quotidien, Maurice Denis rehausse la moindre scène arrachée à l'intimité familiale vers une définition enthousiaste de la maternité comme clef d'un bonheur sur la terre.

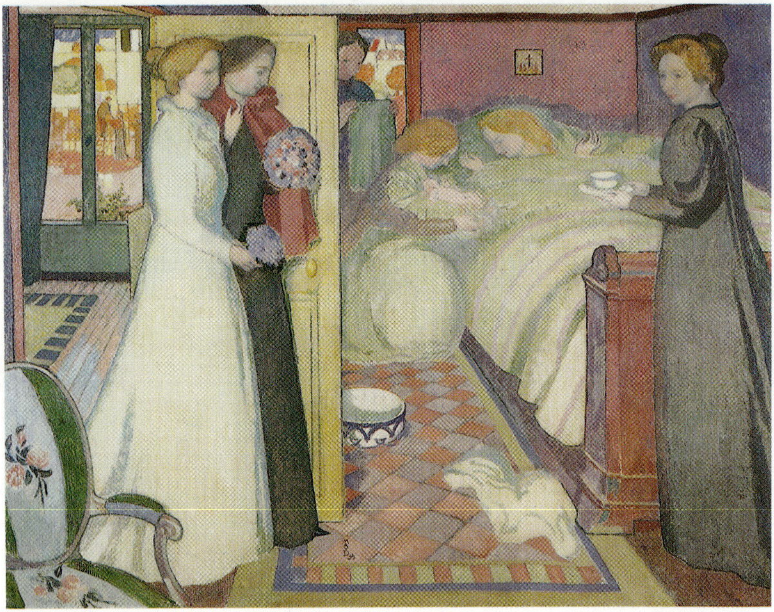

Nativité de Jean-Paul *ou* Visite à l'accouchée.
Collection particulière.
L'inscription de la scène dans un décor familier à l'artiste, et une régulation des formes ramenées à leur essence géométrique. L'expérience théâtrale joue encore pour beaucoup dans l'habile suggestion des deux pièces et le sens profond du franchissement.

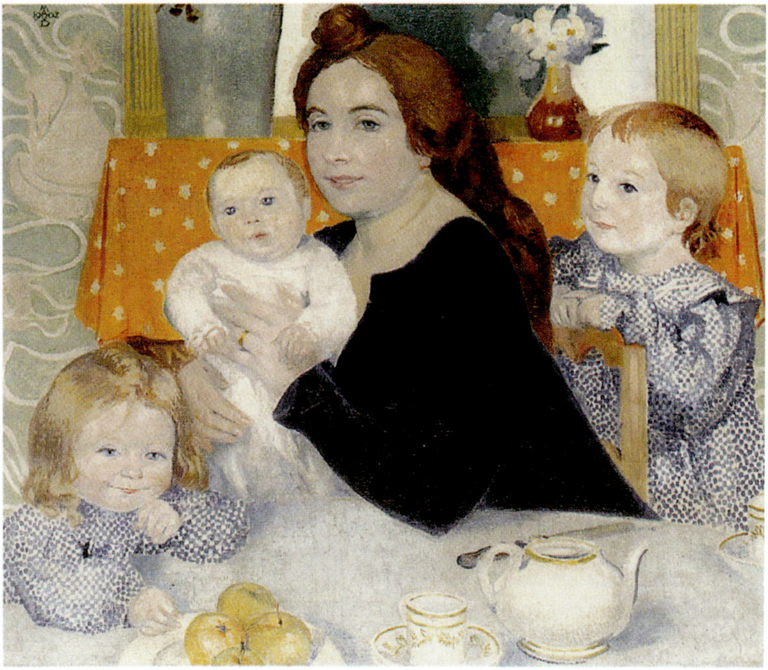

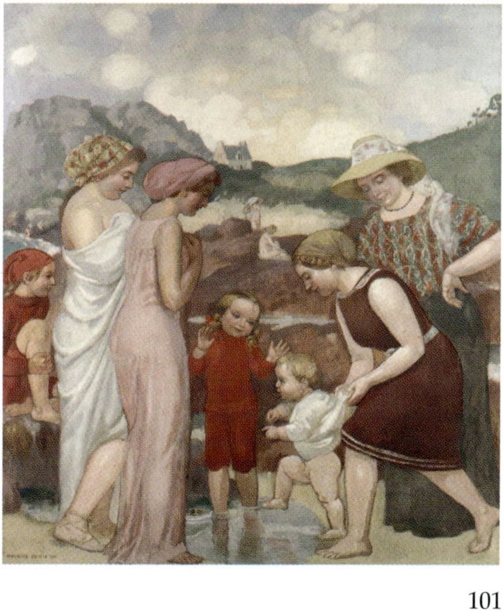

Les Premiers Pas.
Musée des Beaux-Arts, Rennes.
Pourrait se transposer dans un récit mythologique, évoquant les premiers pas d'un jeune dieu de l'Olympe. Les plis des tuniques ont un caractère antique et soulignent le caractère sacré de la scène.

De vibrantes colonnes

La prise de possession de la nature ne passe pas chez Maurice Denis par le souci de la représenter. Il s'est affranchi de tout souci de ressemblance réaliste. La réalité s'est mise au service d'une pensée, d'une émotion, d'une sensation. Mais, loin de la traduire dans la spontanéité revendiquée par les artistes de son époque, à ses yeux ravageuse parce qu'elle entraîne ses caprices et ses doutes, il l'ordonne, lui donne une *allure*... Elle est son style.

Peindre c'est réinventer le monde, tout en y puisant l'essentiel de ce qui nourrira un exercice aux seules ambitions plastiques. Une réalité prétexte pour certains, théâtralisée pour lui. Sans emphase ni gratuité, mais avec un sentiment de dignité qui est de l'ordre d'une pensée épurée, supérieure, portée à la sacralisation.

Comme pour Poussin, la peinture est pour lui affaire d'esprit autant que de cœur. Une volonté plastique s'affiche. Un esprit d'ordre.

Valery est passé par là. C'est *Le Cantique des colonnes.*

Douces colonnes, aux
Chapeaux garnis de jour,
Ornés de vrais oiseaux
Qui marchent sur le tour.

Douces colonnes, ô
L'orchestre de fuseaux !
Chacun immole son
Silence à l'unisson.

– Que portez-vous si haut,
Égales radieuses ?
– Au désir sans défaut
Nos grâces studieuses !

Nous chantons à la fois
Que nous portons les cieux !
Ô seule et sage voix
Qui chante pour les yeux !

Les Muses.
Musée d'Orsay, Paris.
Si Marthe se démultiplie pour représenter les muses, c'est qu'elle est entrée dans la vie de l'artiste par la grande porte de la poésie et d'un amour sacralisé qui donne à la femme le statut d'inspiratrice. Vaillante autant que réfléchie (plus que rêveuse selon la tradition symboliste), elle incarne cette force qui, ajoutée à celle de la foi chrétienne, va désormais guider le peintre.

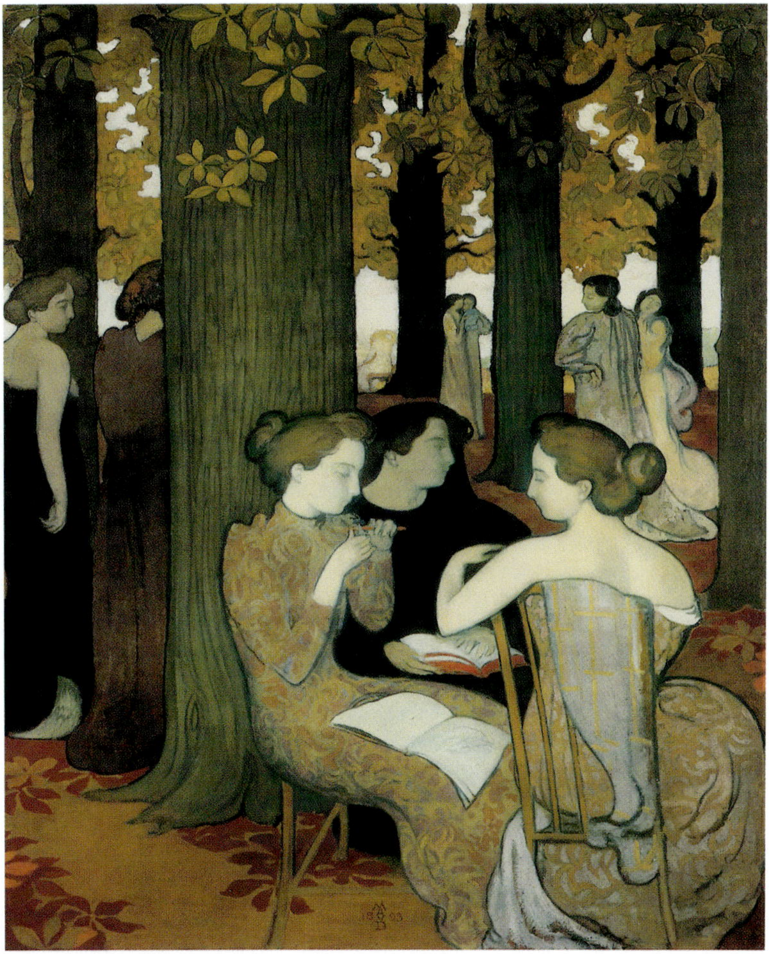

Vois quels hymnes candides !
Quelle sonorité
Nos éléments limpides
Tirent de la clarté !

Si froides et dorées
Nous fûmes de nos lits
Par le ciseau tirées,
Pour devenir ces lys !
...

Il peut, dans ce décor idéalisé, faire se mouvoir, réfléchir dirait-on, rêver assurément, des femmes-fleurs, des jeunes filles en fleur, porteuses d'un puissant et pudique mystère. C'est là tout le prestige, et la fascination que peuvent exercer ces compositions qui émargent aussi

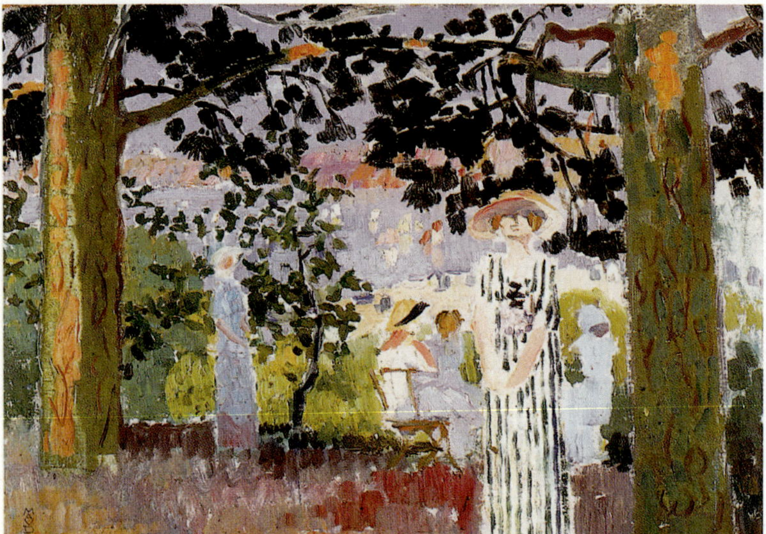

L'Été.
Niedersächsisches Landesmuseum, Landesgalerie, Hanovre.
La généreuse croissance végétale dit l'été, et la grâce d'une femme fait écho à l'innocence première d'Ève au paradis.

bien des pages de la *Bible*, et content quelque légende propre à éclaircir l'âme du lecteur, mais ne sont, palette et pinceau en main, que la transcription d'instants arrachés au quotidien du peintre. On y retrouvera, sans nécessairement les reconnaître, la terrasse de Saint-Germain-en-Laye et sa conviviale invitation à se réunir entre femmes. On est loin des groupes galants de Manet, réunis sous les frondaisons des Tuileries, des gazouillages de Saint-Amand, dans le fol XVIIIe siècle, mais dans un temps qui n'est de nulle part ni d'ailleurs, mais de la pensée

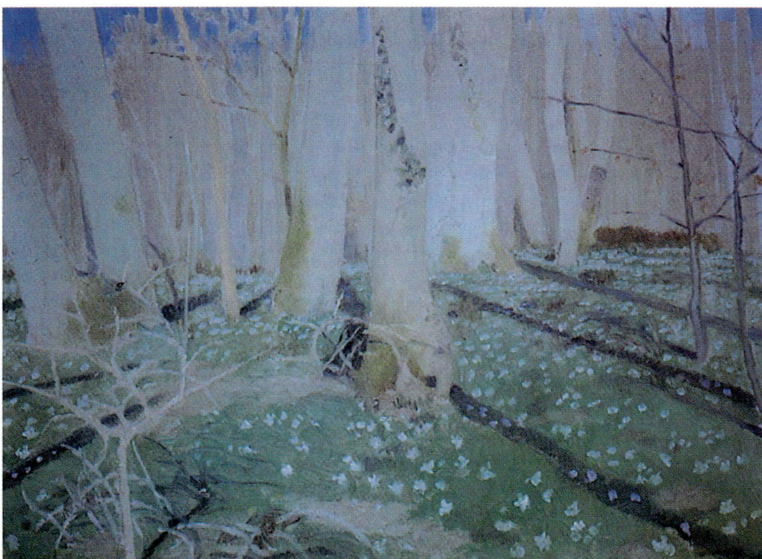

Forêt aux anémones.
Collection particulière.
Plus qu'un paysage nommé, c'est une certaine idée de la nature que Maurice Denis exprime dans ces morceaux strictement cadrés comme par un photographe. C'est aussi sa modernité de vision.

même du peintre, d'un idéal de jardin d'Éden.

La femme serait-elle la réponse aux questions que se pose l'homme face à son destin? Il conviendrait de sortir Maurice Denis de son climat de religiosité progressivement asservie aux commandes de l'Église, et s'éloignant d'autant de ce qu'il fut, jeune et solidaire d'une action communautaire (celle des nabis), et sans doute trouver le meilleur de lui-même dans cette vision épurée et édulcorée de toute empreinte du mal, qui fait vaquer femmes et consciences dans un jardin d'Éden, un paradis retrouvé.

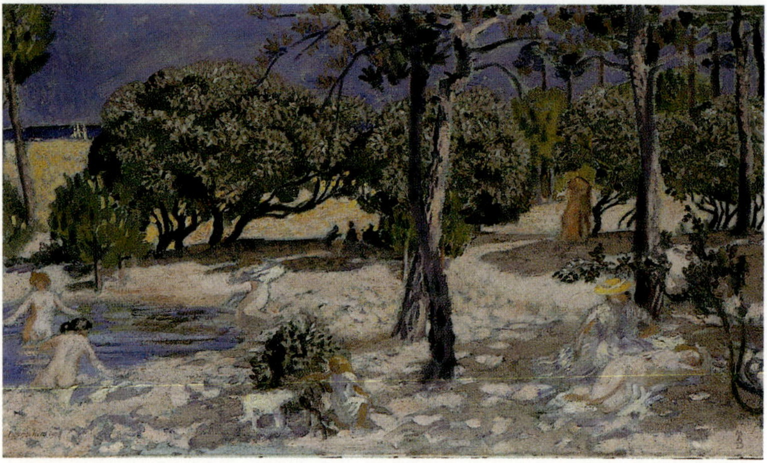

Plage sous les pins à Noirmoutier.
Neue Pinakothek, Munich.
Après le choc de Gauguin, c'est un contact direct avec le paysage breton et sa diversité. Le visitant à bicyclette, Maurice Denis en rapporte une multitude de notations pleines de verve et de saveur.

Chemin dans les arbres.
Musée départemental Maurice Denis, Saint-Germain-en-Laye.
Une puissante impression de profondeur et de mouvement soulignée par l'alignement nocturne des arbres. Un chemin est toujours celui d'une quête.

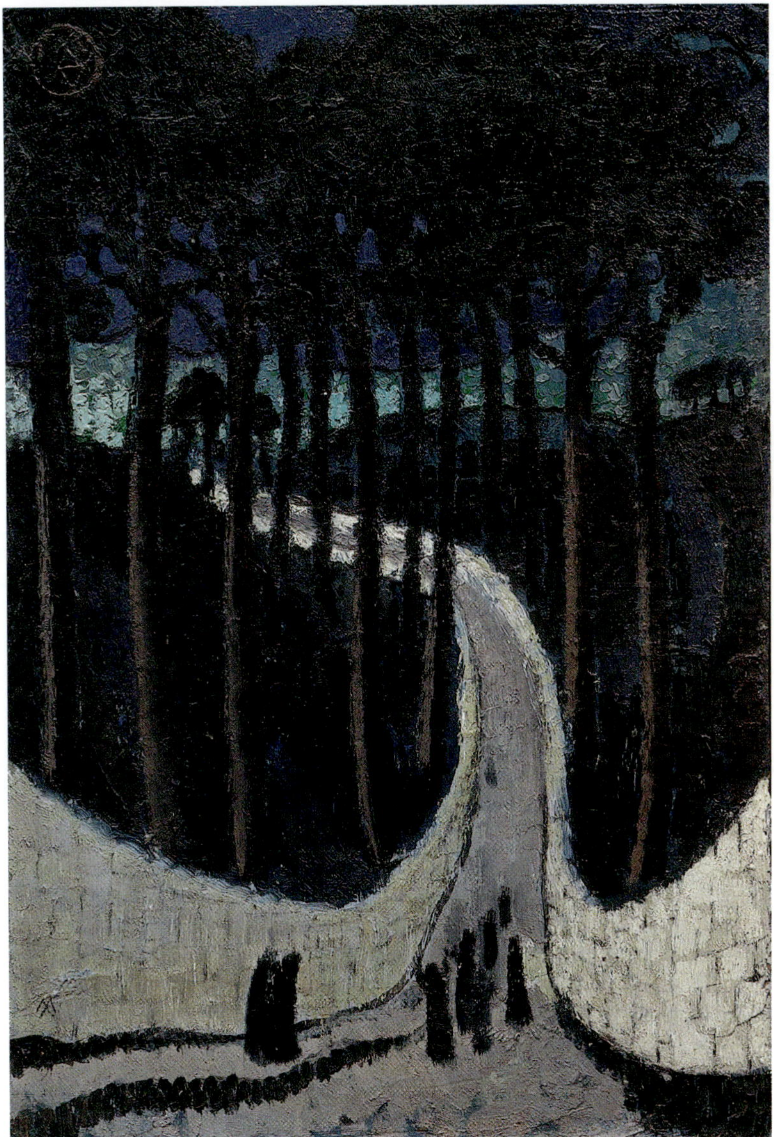

Sous l'abat-jour

L'invention d'une forme de nature spirituelle se poursuit et se développe tout naturellement dans un objet strictement décoratif. Maurice Denis, qui se trouve par l'expression de ses ambitions premières à la croisée du spirituel et du décoratif, peut déployer ce qui pourrait passer pour une contradiction dans une imagerie répondant à l'une ou à l'autre de ces ambitions.

Son renouveau de l'iconographie religieuse passe par cette liberté prise à l'égard de l'image et cette volonté d'user de l'art comme d'un instrument de « plaisir visuel ».

Sa manière allège l'imagerie sans en dénaturer la signification et, quand elle s'éloigne furtivement de ses sujets d'ordre et de spiritualité, elle souligne avec délicatesse les rites de l'intimité. D'où cette large production dédiée à la vie familiale, et son regard attendri sur la femme et les enfants. Cet extraordinaire « esprit de famille ».

De l'éventail à l'abat-jour se poursuit l'accompagnement rituel des noces, depuis le temps des promesses (dont n'est pas absente une forme de coquetterie : celle des bals, de la rencontre illuminante) à celui de « l'accomplissement conjugal ».

En dépit des limites et des exigences d'un support qui, dans sa réduction et sa forme même, perturbe la mise en place d'une scène, Maurice Denis parvient à faire passer toute la poésie teintée de légende qu'il affectionne et peut développer dans l'objet supplétif à des rites, qu'il charge ainsi d'une qualité relationnelle d'une rare délicatesse. Elle s'inscrit dans un mode de vie qui n'est plus celui de l'artiste dans la charge de son discours, mais celui de l'homme dans sa vie quotidienne, et surtout dans ses rapports avec la femme.

Ils sont, chez Maurice Denis, exempts de tous fantasmes propres à son époque et largement développés par ses contemporains symbolistes. Dans une fluidité de discours, une approche tendre et émerveillée qui conduit l'expression du quotidien vers le sacralisé. D'où ce caractère familier des

Nos âmes ont des gestes lents.
Illustration pour l'album Amour.
On y retrouve la grâce tranquille et la quiétude d'intérieurs douillets, dans le voisinage de Vuillard, mais avec une volonté de découper les figures comme des ombres.

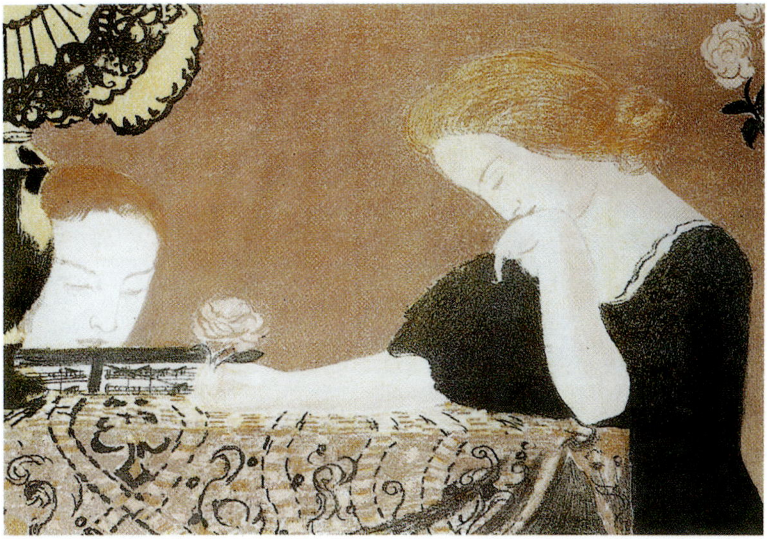

scènes religieuses et leur angélisme jamais mièvre parce qu'intensément vécu.

La recherche de l'idéal passe par de complexes arcanes d'esprit souvent débridés, chauffés à blanc par des concepts trompeurs, toute une bimbeloterie mentale qui brasse le temps, bouscule la raison, englobant religions et cultures, mythes et étranges croyances dont certaines ne sont pas éloignées de la charlatanerie.

Le Sâr Péladan va dominer de sa silhouette entièrement fabriquée (falsifiée), dans un esprit de travestissement frôlant le ridicule, cette fièvre artistique hantée par la femme

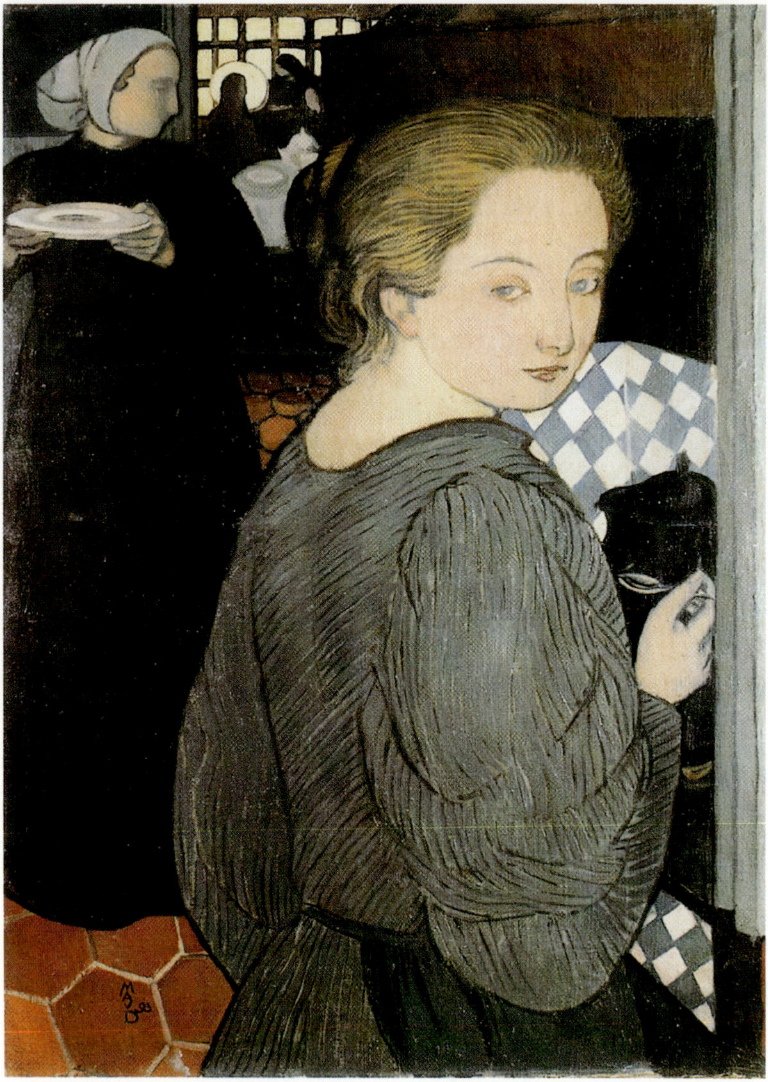

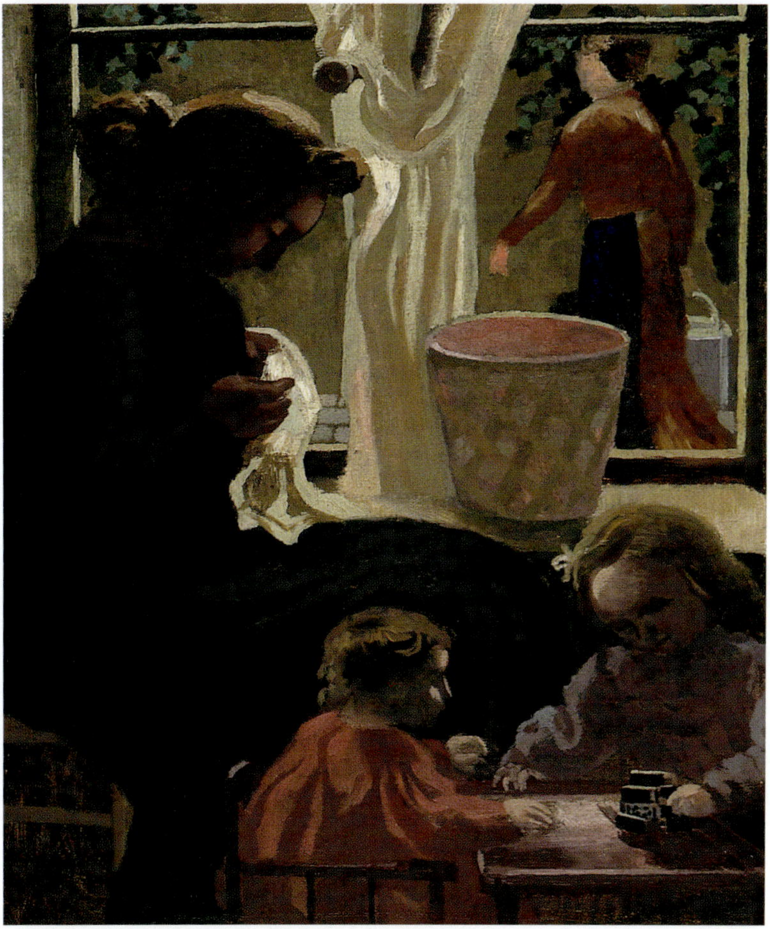

La Cuisinière.
Collection particulière.

Intimité.
Musée du Petit Palais, Paris.

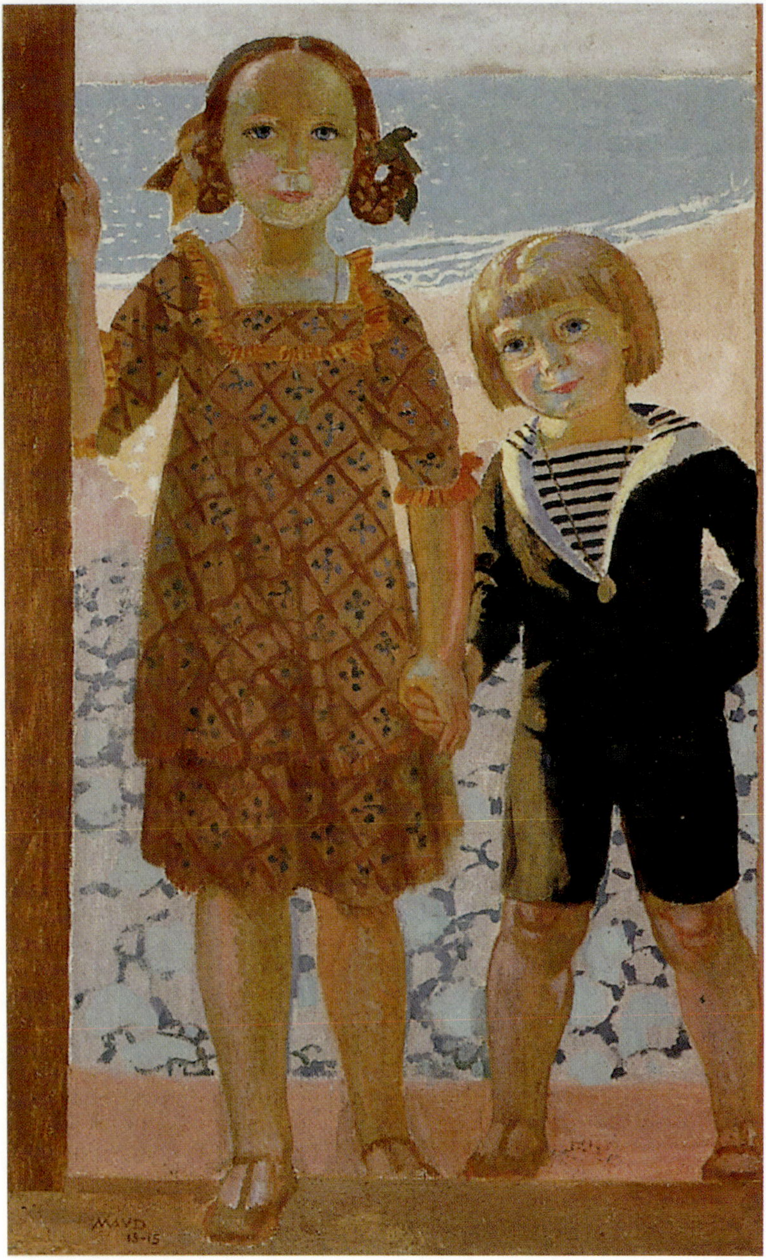
MAVD
15-15

La Cabine de bains.
Collection particulière.
Un souci de ressemblance avec le modèle n'interdit pas les variations graphiques du décor, dans la tradition de l'Art Nouveau.

objet de désir et de terreur, d'une théâtralité à la fois naïve et provocatrice. Maurice Denis échappe totalement à cette infection mentale qui déploie ses fastes, ses atours et ses séductions aux franges mêmes d'une époque portée à l'inquiétude qui ne l'atteint pas, qu'il a vaincue sans violence.

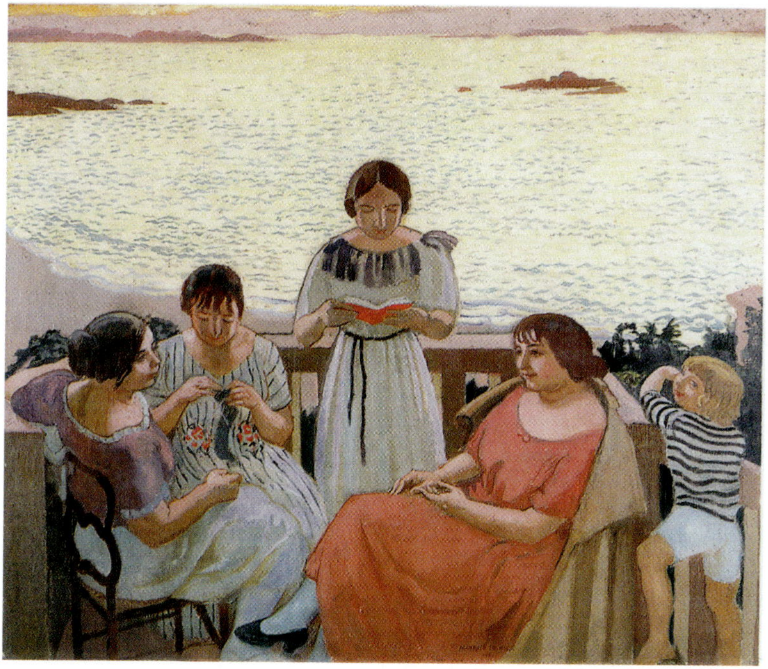

Soir sur la terrasse.
Musée départemental Maurice Denis, Saint-Germain-en-Laye.
Une sorte de portrait de famille avec, par exception, le souci de mieux personnaliser chacun des participants.

Une mesure d'ange

Il prit une mesure d'homme
et c'était une mesure d'ange.
(Apoc. XXI, 17).

L'ancien « prophète » intronisé dans le monde des nabis n'aura pas oublié la dignité de sa fonction. Et l'idée qu'en peignant il pénétrait les secrets du monde. Ceux de l'être.

La grande marche processionnaire du Symbolisme s'est articulée sur de multiples figures. Et diversifiée, et sacrifiée à tous les instincts humains. À toutes ses déviances. À ses cauchemars mais aussi à ses rêves. Non qu'il y alla à larges brasses comme un Odilon Redon au regard de langueur et d'extase. Mais en le reconstituant, laborieusement. En écrivant, d'une main légère, la légèreté du cours de la vie quand elle est sanctifiée par la grâce de l'amour.

De l'idylle il donne la chronique. Ses familiers en assurent la figuration. D'où cette étroite imbrication d'une tradition muséale et du quotidien.

Toute femme peut poser pour la Vierge en maternité.

C'est le regard du peintre qui l'a dotée de cette spiritualité dont autrefois le commanditaire faisait usage pour l'édification des foules.

Maurice Denis n'entre dans ce jeu de la commande de peinture murale qu'avec précaution. Il n'y est pas au meilleur de lui-même, et rattrapé par une utilisation de la peinture qui la menace, de l'intérieur même, de sa conception, de sa nécessité, et en fait un instrument de propagande.

La délectation se porte bien à s'allier à cette dévotion du sujet. On aura vu, sans tenir compte pour l'apprécier du type de style choisi des peintres, atteindre le sacré à partir de plus simples objets, les plus méprisés.

Plus que dans un objet de commande, Maurice Denis aura atteint cette grâce que l'on dit céleste dans le plus ordinaire des sujets, le plus quotidien. Il met ses pas dans un monde de pure délectation.

Le choix des nabis aura été de donner un sens nouveau à la banalité du quotidien. D'où l'extraordinaire séduction de la

Soir florentin : le concert.
Musée du Petit Palais, Paris.
Les lois imposées par l'intégration du motif dans un élément d'architecture ne contredisent pas l'effet théâtral donné à la distribution des figures hiératiques. La pratique de la musique ouvre les portes du ciel.

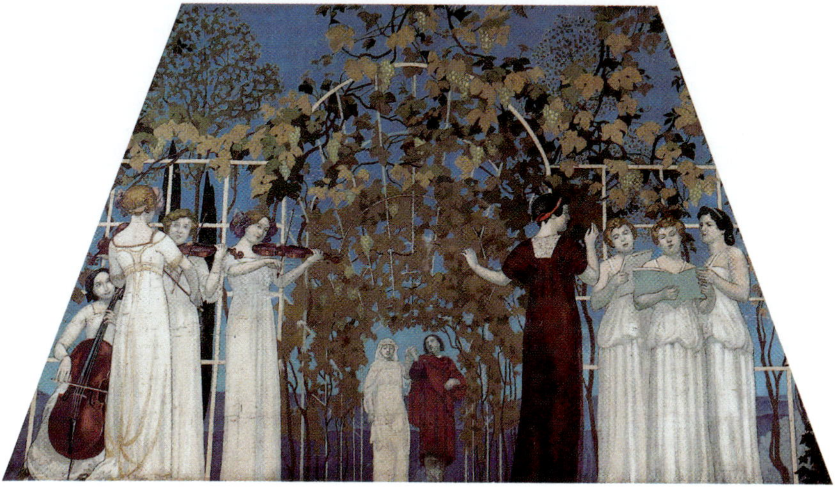

moindre parcelle peinte, toute palpable de cette relation si nouvelle avec le monde, si diversement sensible.

Là où l'Impressionnisme colle à la réalité sans rien lui demander de son mystère, le peintre nabi s'attelle à cette quête. Il donne au Symbolisme la part magique du réel.

Dans un regard pensif tient tout le secret d'une vie. Ils sont multiples dans une peinture qui s'est calée sur le monde du murmure. Un silence habité.

Point d'éclat, qui serait de mauvais aloi et une entorse à un cérémonial entraînant la participation de tous ceux qui en composent une forme de cercle ou de procession, d'assemblée marquée par le même destin.

En toute foule il y a la colère qui se prépare, en toute procession il y a l'alliance d'une complicité, et déjà la perfection d'un chant propre à unifier tout en laissant chacun possesseur de son âme, lecteur furtif, mais pénétré de gravité, de son destin.

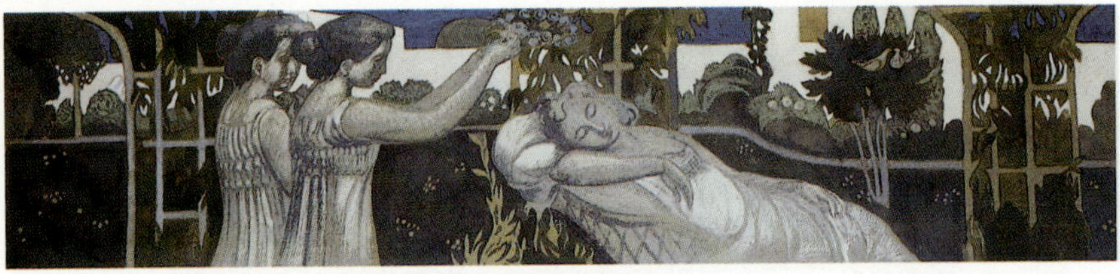

L'Amour et la vie d'une femme : la couronne de fiançailles.
Musée départemental Maurice Denis, Saint-Germain-en-Laye.
Le caractère narratif d'une frise est subtilement orchestré dans une alternance de figures et d'éléments du paysage. Une harmonie heureuse en découle.

La démonstration d'une peinture puisant dans le catalogue mythologique s'égare souvent dans l'anecdote. Elle met en scène des personnages dont le discours déjà connu (on l'attend) l'y quête et se désespère de n'y voir qu'une parodie. La peinture d'essence symboliste met en scène une parole à découvrir. Parce qu'elle a le sens du sacré elle a celui du mystère.

À la limite du silence se formulent de grandes choses. Simplement murmurées. La peinture est alors celle du murmure autant que du rêve.

Un rêve n'est-il pas un monde en suspens qu'il est interdit d'enfermer dans des définitions, le carcan d'une « traduction » ? Il tient son prestige de sa fugacité, du fait d'être inaccessible. Même la mémoire peine à le retrouver.

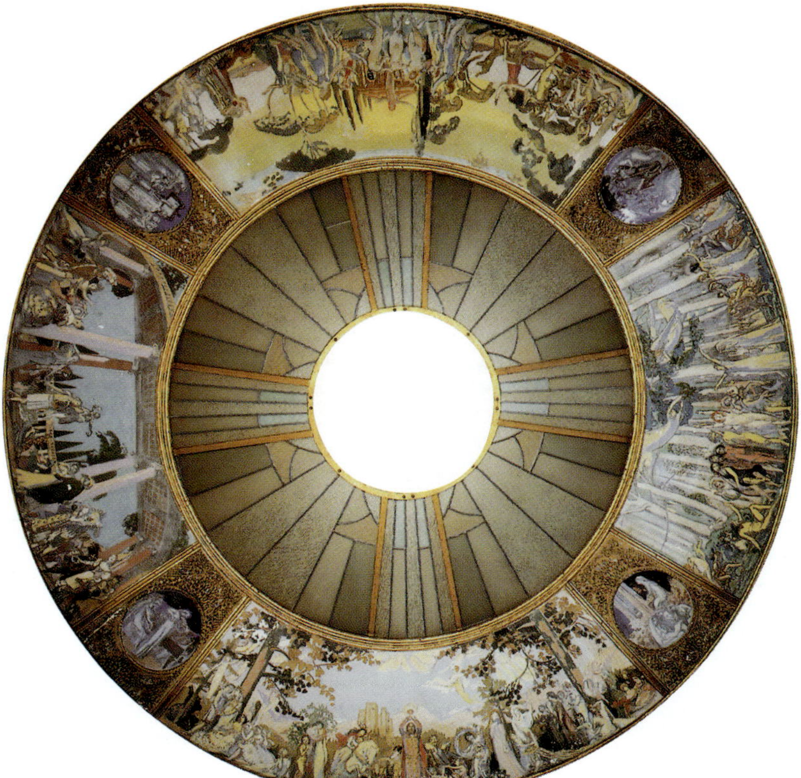

Coupole du Théâtre des Champs-Élysées *(maquette)*.
Musée d'Orsay, Paris.
Le peintre a travaillé à son décor en étroite collaboration avec son ami le musicien Vincent d'Indy. Ils partagent une multitude d'idées communes et des admirations. L'allusion à l'Antiquité donne droit de passage aux divinités liées aux arts musicaux. Apollon et Orphée, mais aussi Bacchus, au nom de la symphonie.

Mallarmé and Co.

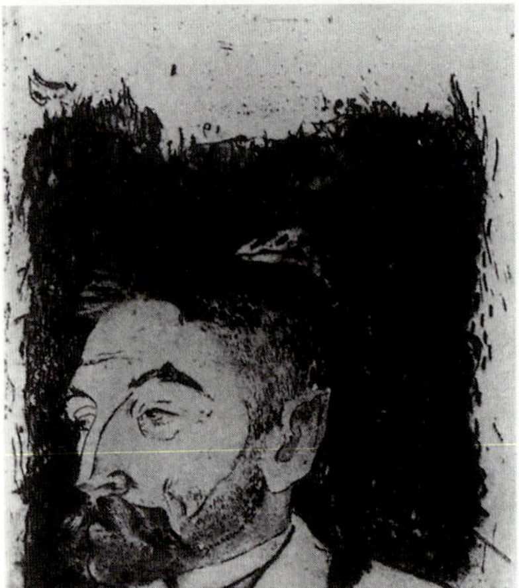

PAUL GAUGUIN. Portrait de Stéphane Mallarmé.
Bibliothèque Nationale, Paris.
Comme bien des écrivains de sa génération, Mallarmé est à l'écoute des arts qui, selon lui, s'harmonisent et dialoguent avec la poésie. Il sera un admirateur passionné de musique (dont celle de Wagner). Comme Whistler, et Gauguin, Redon ou Manet, Maurice Denis aura des rapports de sympathie avec celui qui cherche « l'or des mots ».

Le culte qui s'établit autour de Mallarmé se concrétise par quelques réalisations d'ordre bibliophilique et la participation à l'univers verbal du poète, dont quelques artistes privilégiés sont à la fois les artisans et les bénéficiaires.

La mise en image du poème n'est pas le but premier de ceux qui se sont essayés à la confrontation avec le verbe, si épuré et souvent elliptique, de l'auteur d'*Hérodiade*.

De Manet à Redon, en passant par Whistler et Gauguin, ceux qui ont approché le poète le feront en répondant à ce qu'il a d'unique, de singulier, et dans l'esprit de cette intransigeance qui rend toute interprétation au premier degré impossible, mais ouvre, en revanche, l'entreprise de l'artiste à toutes les équivalences possibles dans un dialogue et le jeu des correspondances où se répondent les forces d'émergence du graphisme et du verbe, menant identiquement au bord du gouffre de la page, de l'espace à vivifier.

Pour Mallarmé, la lutte pour donner son équilibre à l'exposition des mots dans le vertige du blanc du papier, le vide qui se crée autour de la marque de la pensée.

Nul ne pouvait être mieux disposé que Maurice Denis à approcher la versification de Mallarmé, non pour l'illustrer mais pour lui donner un cadre, un contrepoids.

Quelconque une solitude
Sans le cygne ni le quai
Mire sa désuétude
Au regard que j'abdiquai

Ici de la gloriole
Haute à ne la pas toucher
Dont maint ciel se bariole
Avec les ors de coucher

Mais langoureusement longe
Comme de blanc linge ôté
Tel fugace oiseau si plonge
Exultatrice à côté

Dans l'onde toi devenue
Ta jubilation nue.

Dans la logique de son assertion qui conduit l'évolution de son art, Maurice Denis trouve une application propre à s'accorder au voisinage d'un poème, son assimilation, une réponse imagée (mais non réduite) de sa signification.

« ... trouver cette décoration sans servitude au texte, sans exacte correspondance du sujet avec l'écriture, mais plutôt une broderie d'arabesques sur les pages, un accompagnement de lignes expressives. »

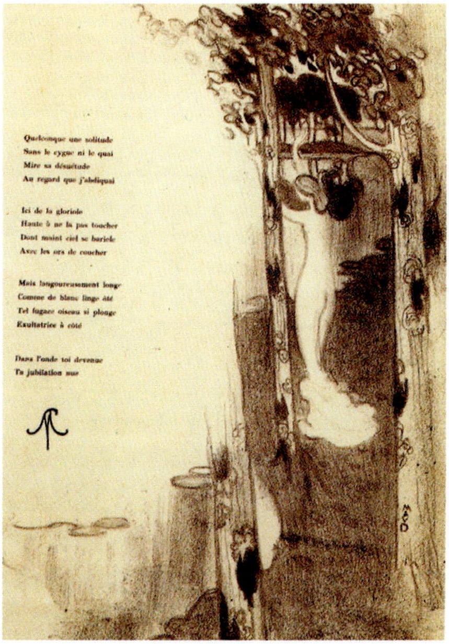

Illustration pour le poème Petit Air, *de Mallarmé. Musée départemental Maurice Denis, Saint-Germain-en-Laye.*

Carnet de route en Italie

Bien qu'ils conservent entre eux des liens amicaux, les membres du groupe nabi vont peu à peu se dissocier d'une unité de ton qui fut brève, mais nécessaire et fascinante.

Après cette plongée dans l'expérimentation picturale sous le parrainage de Gauguin, le passage par le théâtre (Lugné-Poe) et la musique (Debussy, Chausson), Maurice Denis va pratiquer le pèlerinage traditionnel qui permet au peintre d'acquérir des éléments techniques, un esprit de classicisme qu'il va développer en un périlleux équilibre avec ses audaces premières, ses incursions dans une peinture d'un intimisme rêveur et d'une puissance de suggestion assez unique. L'esprit du sacré qu'il avait conservé jusque dans le traitement des sujets les plus ordinaires, tout ce que sa peinture pouvait relever du « journal » quotidien, nourri des rapports d'élection avec une jeune mère et le charme de l'enfance qui l'accompagne, va se développer sous l'influence directe d'une école picturale qui a largement participé à l'élaboration d'une peinture d'esprit religieux.

Nouvelles références, Maurice Denis à sa manière va devenir un néoclassique.

Il est intéressant de noter qu'un grand nombre d'artistes de ce début du XXe siècle (activé par l'épreuve de la Première Guerre mondiale) vont procéder à une identique remise en question de la modernité, comme pris de vertige devant le gouffre qu'elle ouvre devant eux.

Après l'éblouissement florentin, et une pratique encore fidèle de la notation propice à la conservation de l'impression première, garant de cette fraîcheur inculquée par l'exemple de Gauguin, Maurice Denis

Annonciation à Fiesole
ou Annonciation aux chaussons rouges.
Collection particulière.
Avec sa large ouverture, depuis la terrasse de la villa qu'habite le peintre, l'œuvre traduit le bonheur simple des sujets florentins. Le jeu des ombres y fait écho aux premières expériences nabies, encore que la composition retrouve le modèle classique, et un scrupule réaliste plus souvent négligé.

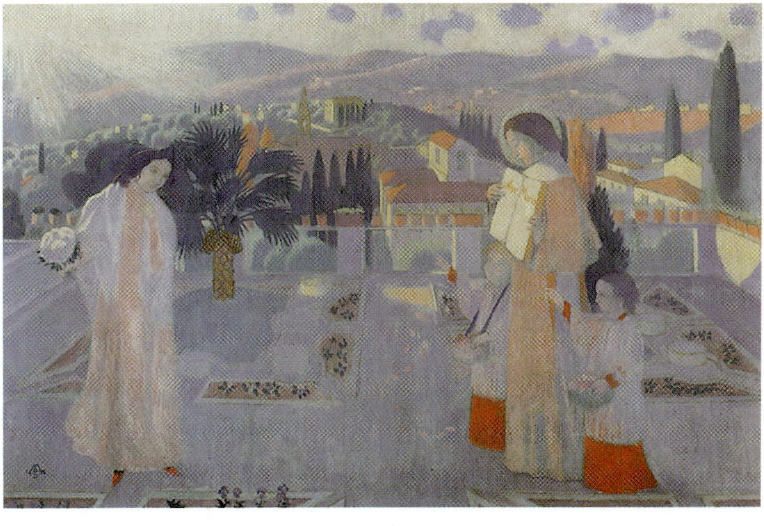

affronte Rome dans sa gesticulation propre à le troubler, mais que tempère la rencontre inopinée d'André Gide et la fréquentation amicale de celui-ci alors même qu'il est en pleine mutation. Étrange dialogue entre celui qui prône l'épanouissement inconditionnel des sens, et un Maurice Denis pénétré de piété savoureuse et familière.

Germe alors l'idée que l'art est surtout un effort, une ambition qui dépasse le stade de l'immédiate et sensuelle sensation. « L'art classique est fait de sacrifice, aux dépens des dons naturels, du travail instinctif et en faveur du raisonnement et de l'idéal. »

« Je proscris le réalisme, parce que c'est de la prose et

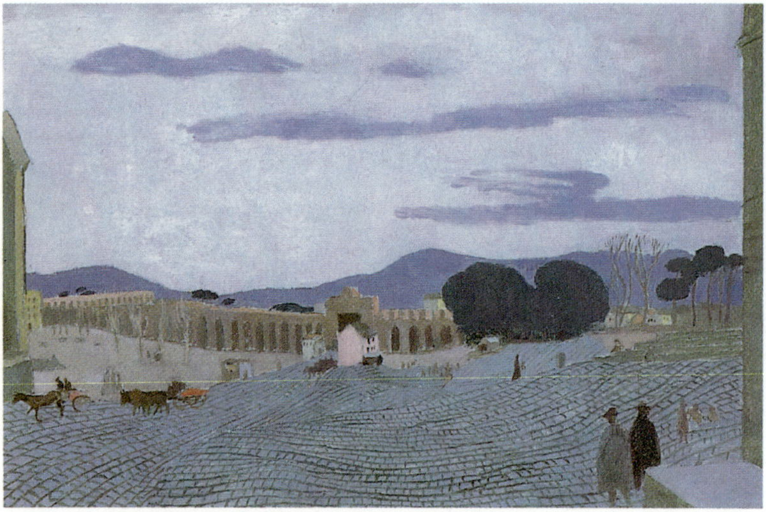

Place Saint-Jean-de-Latran à Rome.
Collection particulière.

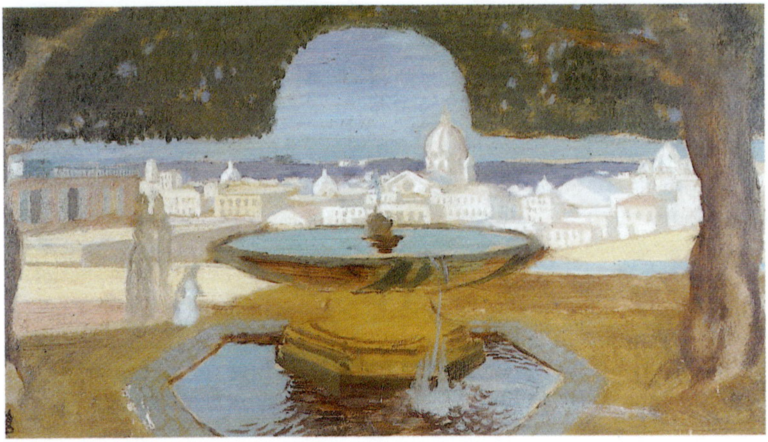

La Vasque de la Villa Médicis.
Musée départemental de l'Oise, Beauvais.
Dans son admirable sobriété, l'œuvre renvoie à Corot qui traita le même sujet. Une étrange lumière semble naître de la matière même, créant un air de mystère. L'idée du temps suspendu.

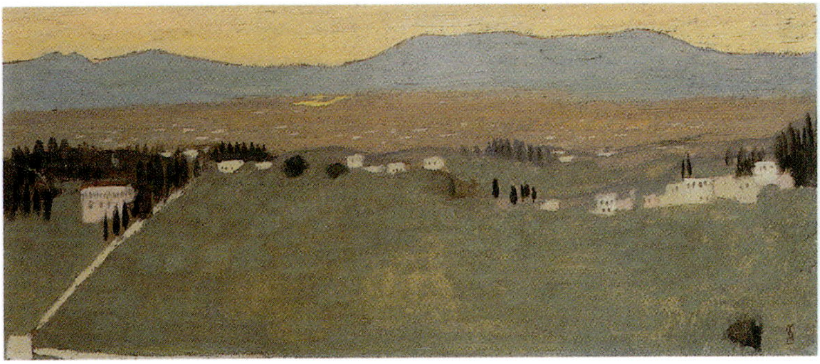

Vue des environs de Fiesole.
Neue Pinakothek, Munich.

que je veux de la musique avant toute chose. » Affichant un refus catégorique, Maurice Denis se maintient – en dépit des exigences des commandes auxquelles il répond surtout sur la fin de sa trajectoire artistique – dans la droite ligne de ses premiers principes exprimés dans le cadre de l'aventure nabie. Il est fidèle à cette théorie des correspondances que Baudelaire avait énoncée et qui insuffle à l'art une vitalité qui les unit. Si le réel subsiste (peut-il en être autrement ?), ce n'est jamais au premier degré, au stade de la banale observation et représentation imitative, mais dans une recréation qui la purifie, l'aménage à de nouvelles fonctions, la conduit vers une musicalité des formes et de la couleur. Ce qui explique le passage progressif de Poussin à Delacroix dans ses références historiques.

Faut-il voir une heureuse coïncidence dans le fait que les Ateliers d'Art sacré, dont il est le promoteur, sont situés 8 rue de Furstenberg, près de l'atelier du maître vénéré ? Et Maurice Denis ne rejette plus systématiquement le baroque, et l'excès du moment qu'il porte à la marque du rêve intérieur. La peinture peut aussi être éloquente. Elle trouvera son application dans le décor de théâtre. Maurice Denis est alors justement invité à dessiner ceux de *La Légende de saint Christophe*, un opéra de Vincent d'Indy monté à l'Opéra (1920). Maurice Denis y fait passer la ferveur de la foi et le sens du sacré confondus dans un hiératisme qui rejoint en fait celui des arts les plus anciens. Maurice Denis se trouve là au cœur des ambitions qui marquent l'élan artistique des années 1930. Avec le risque d'une emphase déclamatoire dont la politique ne fera pas toujours un bon usage. Entre nationalisme et foi chrétienne, Maurice Denis jongle avec les périls.

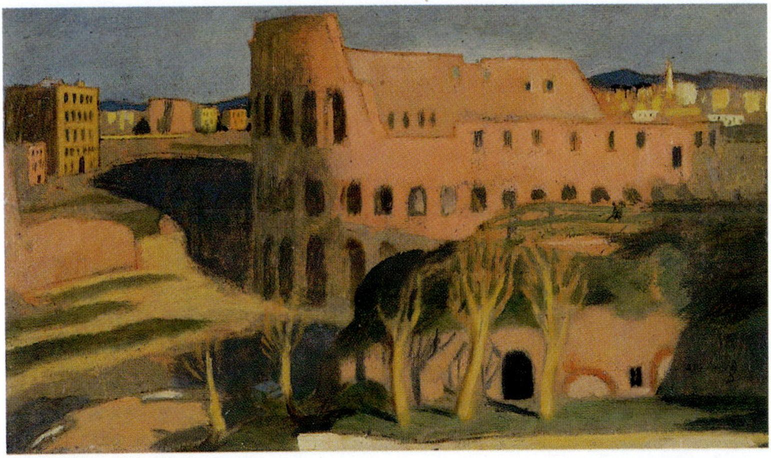

Le Colisée.
Collection particulière.
Loin de se laisser entraîner par la turbulence romaine Maurice Denis applique au motif ce sens de la plénitude qui confère à son paysage un caractère d'irréalité. À noter la promptitude de la notation, une exquise perception de la lumière.

Piazza Pretoria à Palerme.
Hors collection Musée départemental Maurice Denis, Saint-Germain-en-Laye.

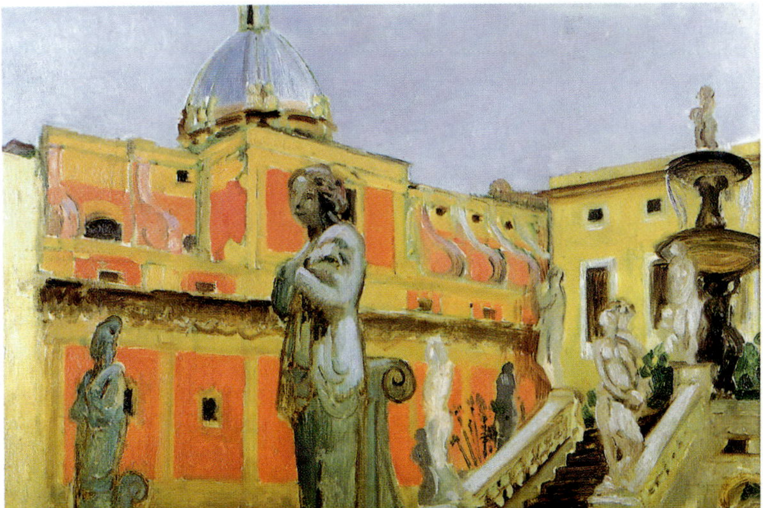

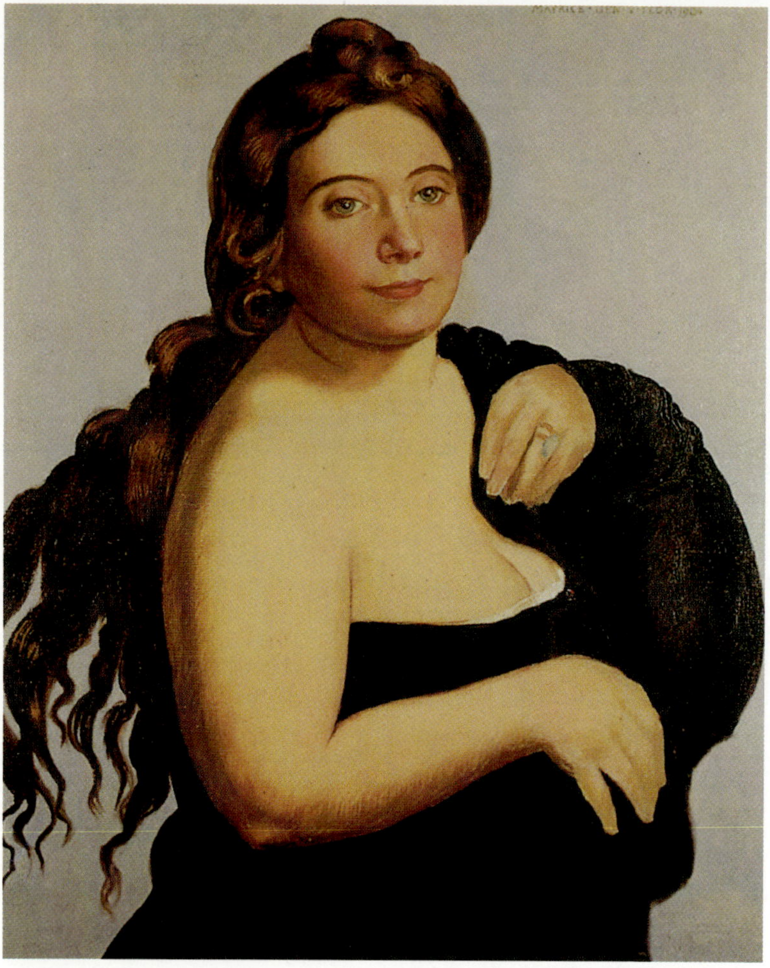

Portrait de Marthe, Florence.
Collection particulière.
D'une tranquille majesté et d'une sculpturale grandeur. Il est dans le registre d'une figuration libre et volontiers sommaire que Picasso abordera après la guerre.

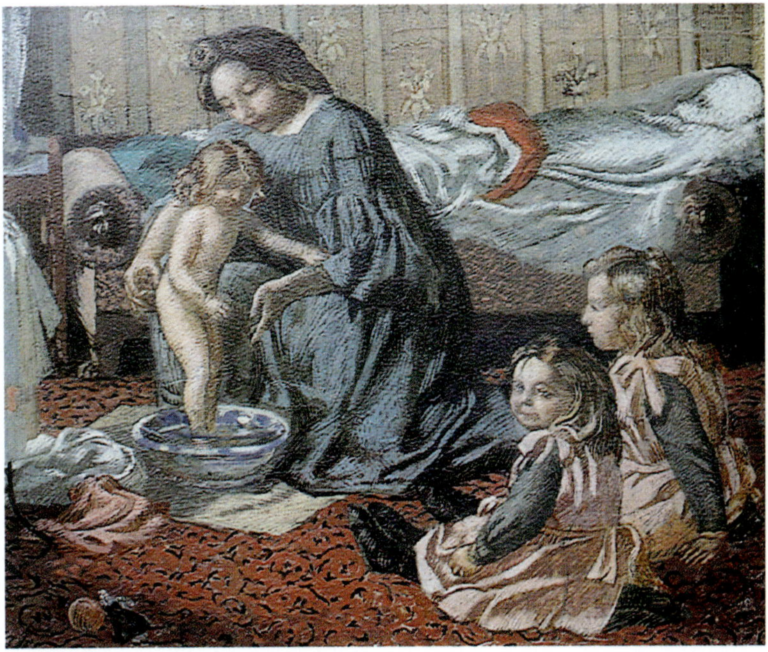

Chambre d'enfants via Sistina
ou Le Tub dans la cuvette bleue.
Collection particulière.

Et Cézanne vint

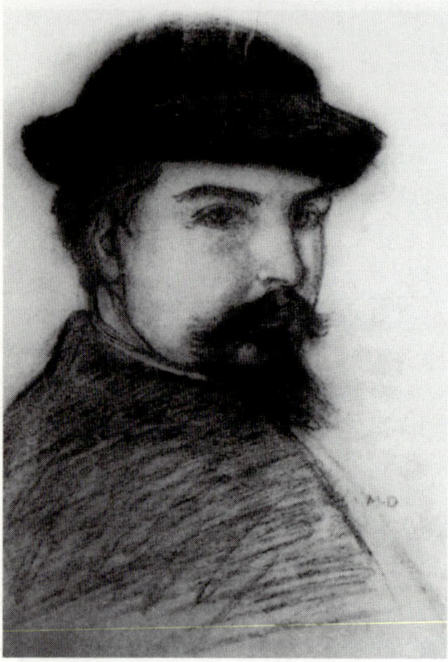

Portrait de l'artiste au chapeau noir.
Collection particulière.

Si la période nabie s'appuie sur l'exemple de Gauguin, celui qui va confirmer Maurice Denis dans son choix pour le style, au détriment de l'agrément, va se trouver au-delà de Raphaël (« qui a dû plus qu'un autre se tenir en garde contre lui-même, pour tenter l'aventure d'une beauté plus consciente, plus délibérée ») sous l'égide de Cézanne.

Le maître aixois va l'aider à se conforter dans un esprit classique amorcé lors de son séjour romain. Il ne s'agit pourtant pas de déduire sa peinture de celle de Cézanne. Il n'y quête point un catalogue de formes mais une leçon de maîtrise. La grandeur morale d'une peinture qui va vers l'exigence de ses moyens, la retenue de ses effets. Démarche d'autant plus exemplaire chez Cézanne qu'elle va contre son tempérament d'essence baroque et une certaine naïveté de facture qui lui interdit le brio cher alors aux amateurs.

Au sentimentalisme porteur d'excès d'un Gauguin, il préfère désormais la totale maîtrise de l'émotion pour atteindre le

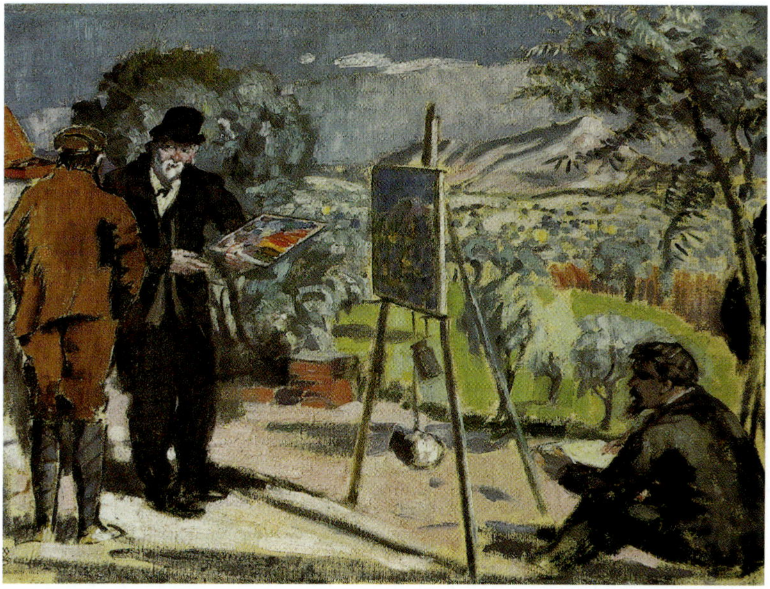

La Visite à Cézanne *ou* M. Cézanne au motif.
Collection particulière.
Après une vie de mortification et d'incompréhension, Cézanne rencontre à la fin de son existence un réel succès d'estime auprès d'artistes et d'écrivains ouverts à la nouveauté (de Joachim Gasquet à Léo Larguier). Comme eux, Maurice Denis rend visite au « maître d'Aix ». La leçon de peinture en plein air retrouve la convivialité des cercles d'intellectuels comme on l'imagine dans l'Athènes de ses années de gloire.

style : « Une certaine grandeur obtenue par des sacrifices volontaires, de l'expression par la simplification. »

Cézanne, c'est finalement une certaine manière de concevoir la peinture. À le suivre dans son *Journal* on voit combien il est une sorte de fil conducteur pour une « lecture de la peinture ». Devant les Le Nain de Laon il évoque une certaine gaucherie, mais « le fort établissement par valeurs, âpre saveur de sincérité », il trouve « du Cézanne dans les Greco de l'Escurial », de même que chez Titien à Madrid ou à l'Academia de Venise, ou encore chez Tintoret.

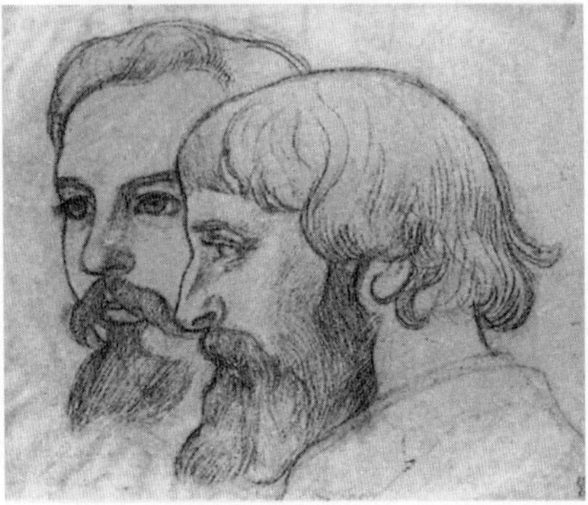

Portrait de Maurice Denis et Paul Sérusier.
Collection particulière.
Une amitié intellectuelle qui sera grandement profitable à Maurice Denis, comme pouvait l'être celle qui avait lié Cézanne à Pissarro.

Par Cézanne, Maurice Denis retrace une véritable ligne de confiance à travers l'histoire de la peinture. Il en hérite et la médite.

Suivra le pèlerinage, il est vrai fort étendu dès lors que le maître d'Aix avait été enfin reconnu. On va consulter Cézanne comme une sorte de gourou. « Le but de ce pèlerinage était, pour moi du moins, d'entendre de la bouche du vieux maître l'exposé des idées que je me croyais fondé à lui attribuer. »

La volonté de Maurice Denis de recueillir de ses prédécesseurs l'exemple le conduit à se constituer une collection d'autant plus intéressante qu'elle représente une sorte de musée idéal de ce vers quoi lui-même tendait.

Que peut être la collection d'un peintre, sinon le reflet de ses admirations et de ses amitiés ? Par le jeu des échanges, la confrontation directe avec l'œuvre d'un confrère, d'un ami, un terrain de réflexion sur l'art et la manière d'assimiler les influences, d'enrichir son propos, de progresser dans la quête entreprise pour s'affirmer tel qu'en soi-même reconnu.

La collection de Maurice Denis est significative pour autant qu'elle entoure sa propre démarche, constitue une sorte de géographie sentimentale où se tissent souvenirs, complicités et admirations, enfin elle croise son travail de théoricien et de critique.

Cézanne y est en place d'honneur avec une composition de la série des *Baigneurs*. Maurice Denis aura donné du maître d'Aix une analyse qui reste d'une grande lucidité : « En réaction perpétuelle contre l'art de son temps, sa forte individualité en tira l'aliment ou le prétexte de ses recherches de style : il y puisa les matériaux de son œuvre. À une époque où la sensibilité de l'artiste était tenue

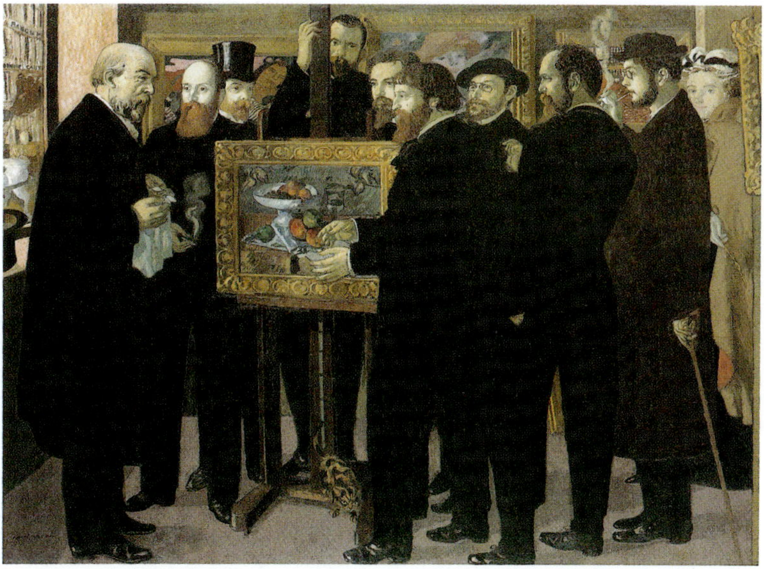

Hommage à Cézanne.
Musée d'Orsay, Paris.
Le thème de l'atelier, comme culte rendu à l'art ou à un maître, circule tout au long du XIXe siècle depuis L'Atelier *de Courbet, et celui de Manet ; et c'est encore Cézanne qui fait l'objet d'une réunion d'admirateurs et de disciples pour Fantin-Latour.*

presque unanimement pour l'unique raison de l'œuvre d'art, et où l'improvisation, "ce vertige spirituel provenant de l'exaltation des sens", tendait à détruire en même temps les conventions surannées de l'Académisme et les méthodes nécessaires, il arriva que l'art de Cézanne sut garder à la sensibilité son rôle essentiel, tout en substituant la réflexion de l'empirisme. »

Mais l'emprise première de Gauguin demeure, que confirme la présence de *Fête à Gloanec*. Maurice Denis maintient l'allégeance à celui qui lui a ouvert les yeux. « Il voulait avant tout rendre le caractère, exprimer la pensée intérieure, même la laideur. Il était encore impressionniste, mais il prétendait lire le livre où sont écrites les lois éternelles du Beau. »

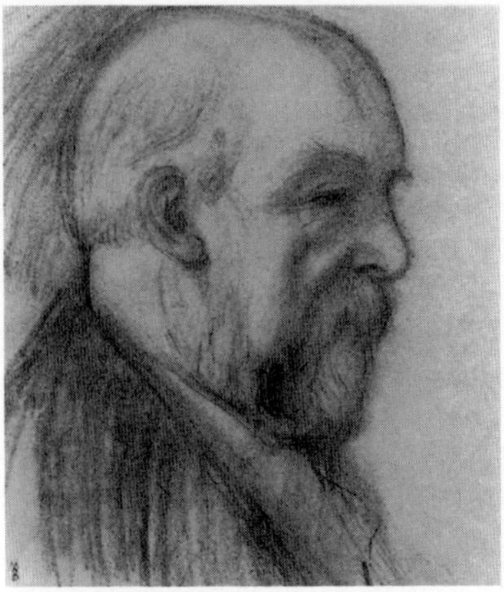

Portrait d'Odilon Redon.
Collection particulière.

Odilon Redon est le troisième larron de cette triade souveraine qui marque au front l'avenir du jeune Maurice Denis et lui permet de mieux baliser son champ d'action. *Le Captif* tire l'essentiel de son attrait de son climat de mystère qui est une des clefs de l'artiste.

Naturellement, ses compagnons de lutte et anciens du mouvement nabi sont dans la mouvance de sa propre démarche poétique. Paul Ranson avec *Le Réveil* : « Son imagination abordait des régions du fantastique, du satanisme et de la sorcellerie, tout en l'autorisant à des approximations plus analytiques de la forme humaine et de la nature » ; Édouard Vuillard avec *Le Café au Bois de Boulogne* : « Vuillard aimait le milieu où il vivait pour l'imprévu, le mordant des spectacles que sa mémoire retenait au jour le jour et dont il composait ces impressions si nombreuses et si variées du fond de son atelier... Il lui fallait ces salles de théâtre, ces restaurants, ces salons, ces éclairages pour alimenter sa mémoire, satisfaire sa curiosité » ; Pierre Bonnard avec *Boulevard de Clichy le soir* : « On ne se lasse pas de voir des Bonnard, on ne se lasse pas non plus de les discuter. Il est le régal des délicats et la curiosité des esthètes. Il charme, il déconcerte, il scandalise » ; Émile Bernard avec *Bretonne dans la prairie*, provenant de la collection de Paul Gauguin et qui n'est pas étrangère non plus à l'évolution de ce dernier, et tout naturellement le fameux *Talisman* de Sérusier, clef de voûte de sa propre carrière et dont il fut le meilleur analyste.

Tout aussi significative est la présence du songeur Eugène Carrière, d'Armand Seguin, cette « illustration didactique des théories de Pont-Aven », enfin du fameux *Autoportrait à l'estampe japonaise* de Van Gogh, que Maurice Denis regardait comme une icône de son musée intime.

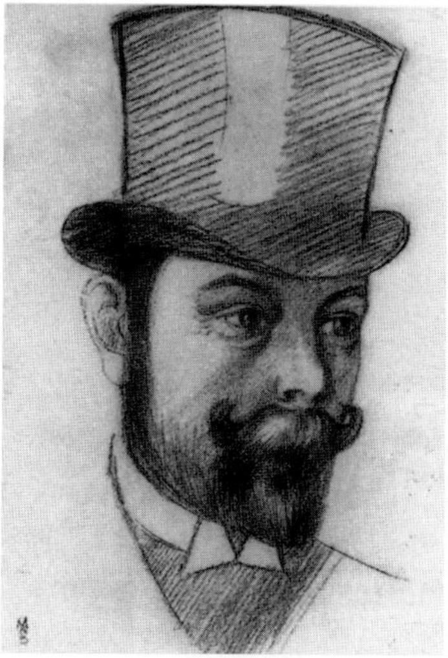

Portrait d'André Mellerio.
Collection particulière.

Un festin estival

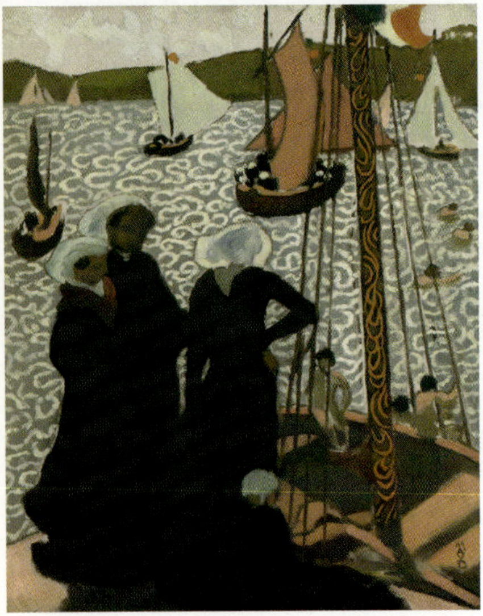

Régates à Perros-Guirec.
Musée d'Orsay, Paris.
Maurice Denis se plaît à tirer de « la vie locale » des notations qui sont l'amorce d'une transposition plus ambitieuse ; c'est la première étape des récits mythologiques qu'il situe dans son quotidien.

L'histoire de la peinture se confond avec celle des déplacements géographiques des peintres, l'attrait d'une ville, d'une région, d'une lumière entrant souvent dans l'évolution de leur manière.

De ses voyages, le peintre rapporte des visions qui auront enrichi son propre regard, mais souvent il aura aussi adopté une région, se sera confondu avec une couleur locale.

La Bretagne aura été en cette fin de XIXe siècle un lieu prédestiné favorable à la vie des peintres, tant par les avantages matériels qu'elle pouvait leur apporter que par un certain état du paysage, mieux protégé qu'ailleurs, d'une farouche étrangeté aussi.

L'attrait de Pont-Aven résume cette aventure. Mais c'est la Bretagne dans son ensemble, dans la multiplicité de ses aspects, coins cachés, inédits, qui offrait des sites propres à séduire les artistes, à jouer dans l'évolution de la peinture.

Pins à Loctudy.
Collection particulière.

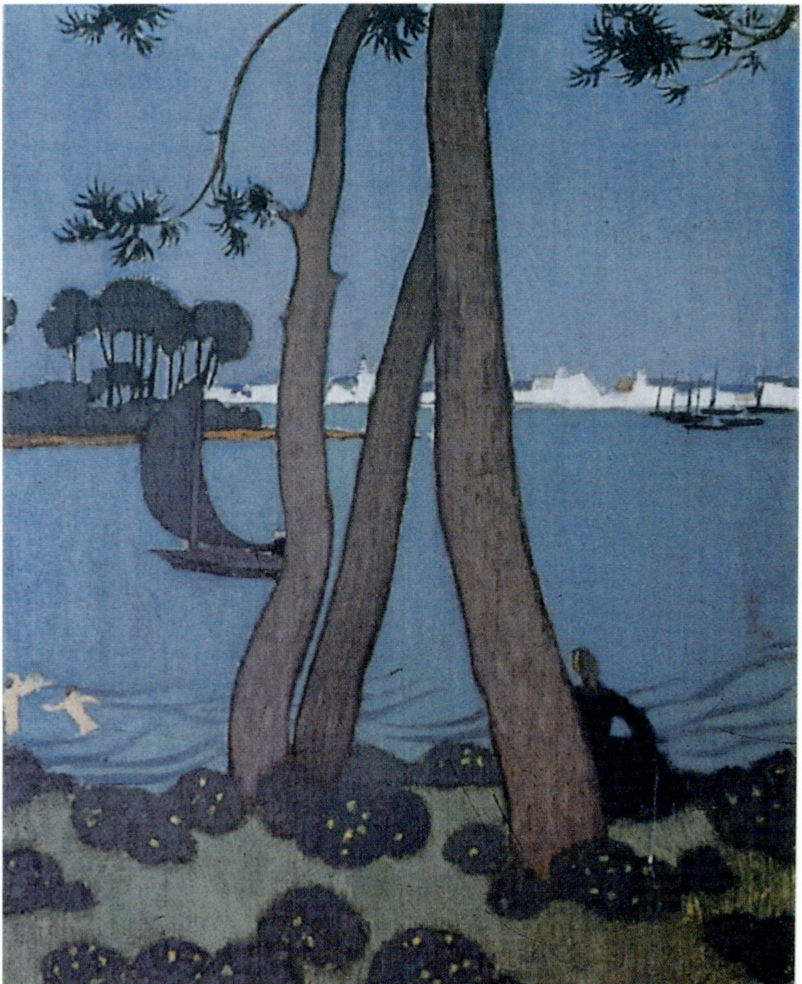

Outre le fait que son accès à la modernité passe par l'exemple de Gauguin, Maurice Denis va lui-même pratiquer avec une fidélité exemplaire une approche du paysage breton, une observation féconde de son folklore lors de séjours, principalement à Perros-Guirec où il aura bientôt sa maison qui servira de cadre à de subtiles compositions exaltant les plaisirs de la vie de famille.

L'importance accordée aux traditions locales, à la richesse de son folklore et la ferveur religieuse qui y est, plus que partout ailleurs, persistante, rencontre chez Maurice Denis un écho favorable à l'essor de son art.

Sa profonde religiosité y trouve des éléments et un cadre susceptibles de s'y épanouir, et d'échapper ainsi à la mode saint-sulpicienne qui domine alors la

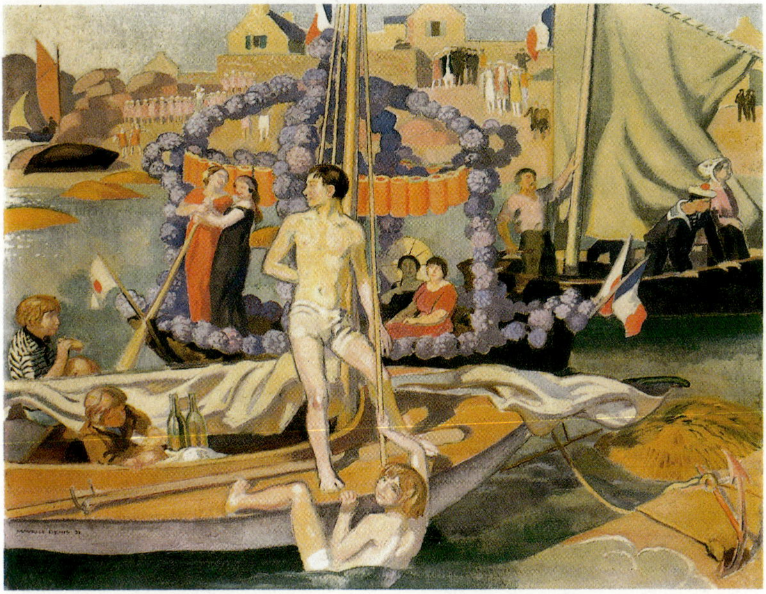

Le Bateau fleuri *ou* Régates à Ploumanach.
Musée Ohara, Kurashiki.
Maurice Denis affiche ses idées traditionalistes tant dans la facture que dans l'accumulation des détails qui exaltent le culte de la famille, de la patrie, et les valeurs tangibles qui vont trouver dans l'entourage de Charles Maurras un écho favorable, aliment de la propagande diffusée par Action Française.

Le Pardon de Perros-Guirec.
Collection particulière.

« production » commercialisée par l'Église.

Le meilleur de l'œuvre picturale de Maurice Denis reste dans cette alliance fondamentale avec la terre bretonne qui fut sienne. La référence religieuse s'y confond avec celle des mœurs locales, la couleur d'un paysage qui justement avait des rapports naturels avec une vie intérieure, Gauguin l'aura admirablement montré.

Elle entrait dans sa peinture, la nourrissait, lui donnait ce caractère à la fois grave et parfois jovial, une prodigieuse dimension humaine.

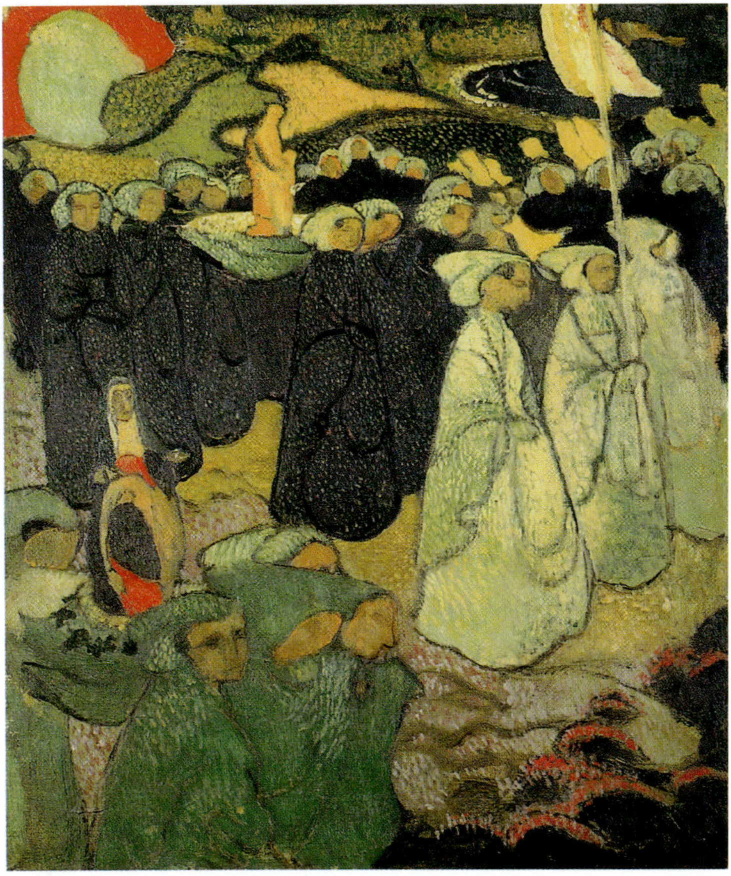

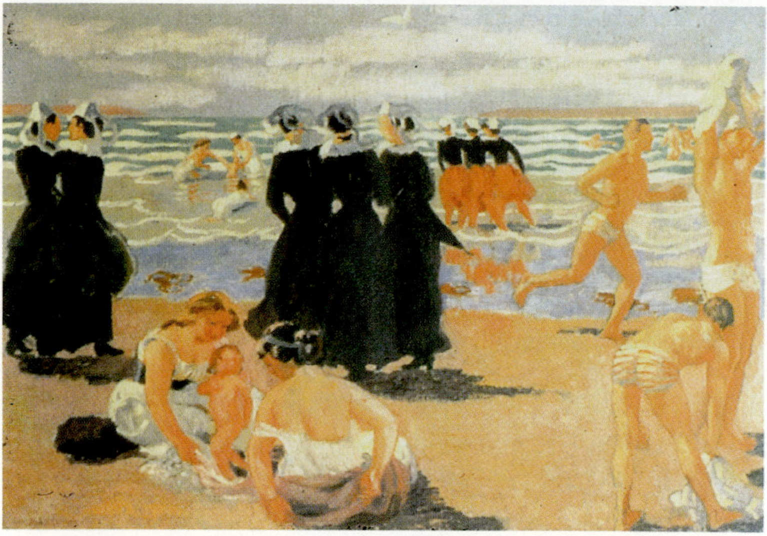

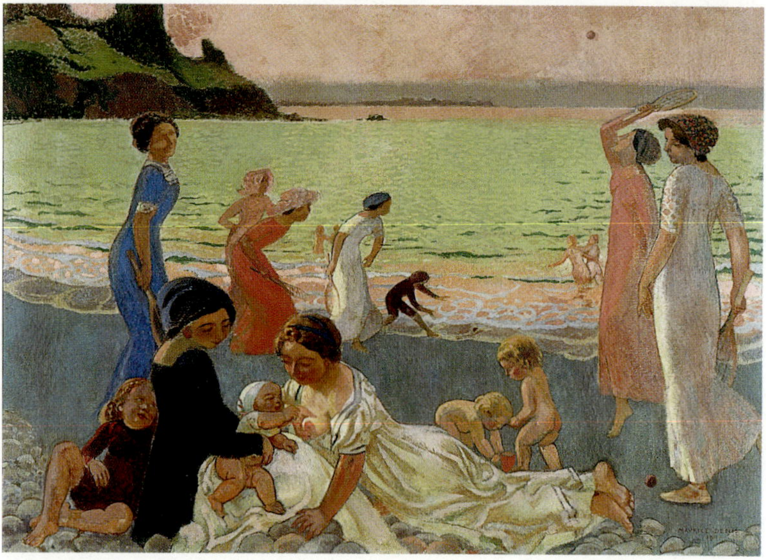

Baignade au pardon de Sainte-Anne-la-Palud.
Collection particulière.
Résulte d'une randonnée à bicyclette à travers la Bretagne. Entre Perros-Guirec, comme port d'attache, au Pouldu, lieu chargé de sens pour avoir été celui de la mission de Gauguin, Maurice Denis pratique un véritable retour aux sources du pays qui alimente son inspiration.

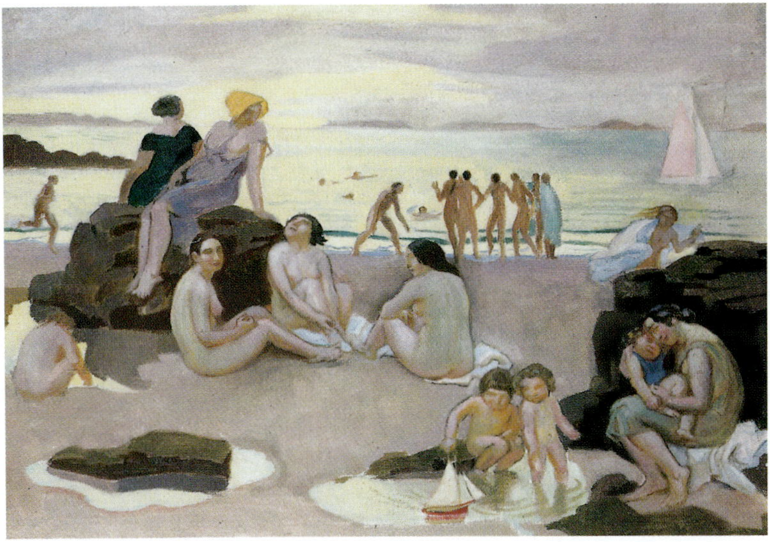

Soir de septembre *ou* La Plage ensoleillée.
Musée des Beaux-Arts, Nantes.
Rien de la spontanéité de la première notation n'est oublié ni perdu dans la finalité de l'œuvre composée à l'atelier. Le passage de « l'instant » à sa définition plastique se fait dans un souci de style. Ce que Gide avait défini comme « un système de subordination ».

Plage à la mer jaune.
Collection particulière.
La distribution des groupes sur une plage aux couleurs crépusculaires obéit au principe, qui est familier au peintre, de distribuer des assemblées, chacune dans son unité, sans perdre de vue la composition générale.

La ferveur de Francis Jammes

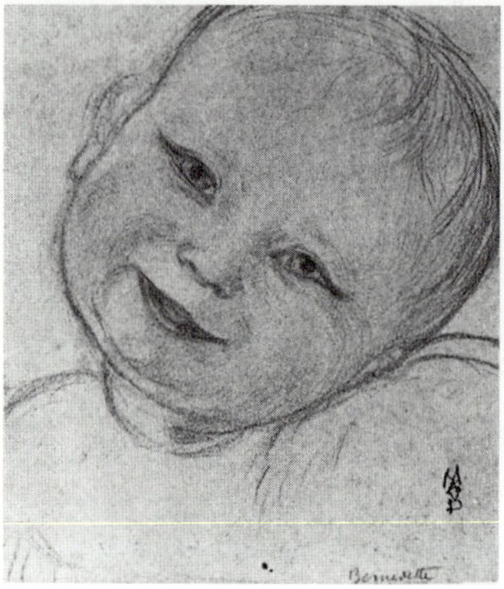

Portrait de Bernadette.
Collection particulière.

Après un pèlerinage au château de Cayla, dans le Tarn, où il allait à la rencontre de Maurice et Eugénie de Guérin, « ce frère et cette sœur qui, après une vie de tendresse douloureuse, s'étaient trouvés réunis par la mort dans le même amour de Dieu », Francis Jammes reçoit une lettre d'une lectrice enthousiaste (Ginette Goedorp) avec laquelle il entame une correspondance « à la fois affectueuse et protocolaire ». Il en naîtra un étrange amour, scellé par un mariage « dans une église habillée de fleurs » à Bucy-le-Long, près de Soissons, auquel assisteront André Gide et Odilon Redon.

L'enfant qui allait naître va inspirer à Francis Jammes un ouvrage « imprégné d'angélisme » : ce sera *Ma fille Bernadette*, que Maurice Denis

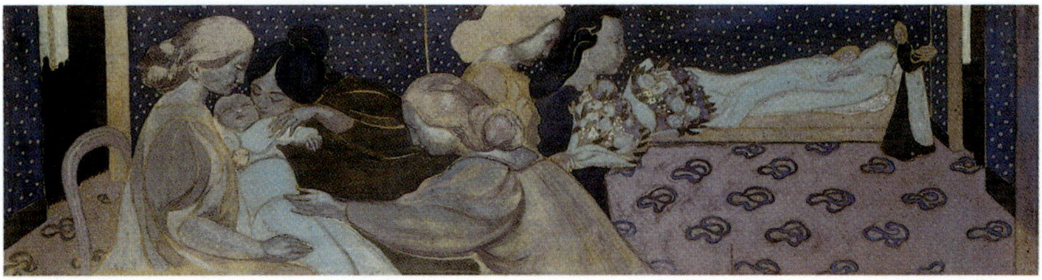

L'Amour et la vie d'une femme :
la naissance.
Musée départemental Maurice Denis, Saint-Germain-en-Laye.
Lié aux incidents, drames et tragédies intimes, le développement de l'œuvre du peintre prend acte d'une volonté d'en tirer un parti positif. « L'art reste le refuge certain, l'espoir d'une raison de la vie dans la vie d'ici-bas, et cette pensée constante qu'un peu de beauté se manifeste ainsi dans notre vie, que nous continuons l'œuvre de la création, l'harmonieuse loi de la vie universelle. »

ornera de chaleureuse compositions.

C'est que les deux hommes avaient tout pour s'accorder, ne serait-ce que ce regard ébloui devant l'amour et la maternité qui en découle.

Et comment ne pas imaginer que les héroïnes du premier (Clara d'Ellébeuse, Almaïde d'Étremont, Laure d'Anis, Guadalupe de Alcazar, Jonquille, Lucie, Sylvie, Dominica, Pentecôte) puissent devenir celles du peintre, qui en décline la délicate émergence dans un monde rêvé et doucement bucolique ? Ce sont des adolescentes dont « le sang vermeil coule sous leurs nuques si nues », le rêve d'une créature virginale, entre rire et songe.

L'un et l'autre participent du même élan d'amour divinisé qui assimile la chair non dans le sens du péché mais dans une harmonie bienheureuse avec l'esprit. Une conscience intime de cette dimension particulière, qui reste assez unique dans une société et à une époque marquées par le déferlement d'une angoisse existentielle.

Et Jeanne d'Arc est passée par là

On peut s'étonner que Maurice Denis ait « raté » une collaboration avec Charles Péguy, alors que celui-ci exaltait la force sacrée de certaines images devenues icônes de l'Histoire de France. Exempt de toute autorité de l'Église, Charles Péguy entonne la voix d'une ferveur qui sacralise les valeurs, les vertus des figures qui façonnent la mémoire d'une Nation, qui fédèrent des peuples. Il y a dans sa prosodie quelque chose de la prose sacrée, celle qui exige la lecture à haute voix, et porte haut et loin l'image forte d'une exemplarité résumée à une figure. Celle de Jeanne d'Arc par exemple.

Elle s'inscrit, exemplairement, dans l'anthologie des figures qui firent la France et s'imposent dans la majesté de leur courage, de leur sanctification volontaire et féconde. Tous les aspects de sa vie sont favorables à un développement graphique. Jeune bergère parmi ses moutons, modestement vêtue et humble, toute à l'attention des voix qui l'incitent à sortir de sa condition, marquée par le destin. Des épisodes glorieux de sa vie ardente et fulgurante, il se dégage une silhouette résumée en diverses étapes d'un programme décoratif que Maurice Denis met au service d'une technique propre à vivifier les couleurs, aimanter le sens donné aux images. Quand, ici et là, dans l'immense iconographie qu'elle inspire, Jeanne d'Arc est mise en situation d'aventures, elle est scellée dans l'iconographie que Denis lui consacre, donnant un bon exemple de son savoir-faire technique pour couronner l'image de son rôle de parabole. Et Péguy, qui aurait été là à sa place, affirmant :

Jeanne d'Arc.
Musée départemental Maurice Denis, Saint-Germain-en-Laye.
L'iconographie consacrée à Jeanne d'Arc déploie les forces mystiques de la sainte en la mettant au service des vertus civiques qu'elle est censée revitaliser. Ce qui avait été le chemin d'une vie spirituelle, tracée par son exemple, devient celui d'une France qui se cherche une grandeur menacée. Une énergie nationale.

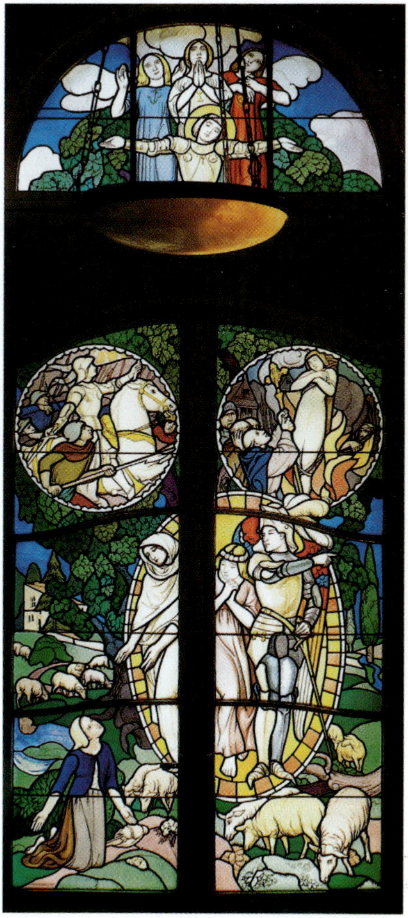

Tenant tout un royaume
en sa ténacité,
Vivant en plein mystère
avec sagacité,
Mourant en plein martyre
avec vivacité.
La fille de Lorraine
à nulle autre pareille.

Elle entre tout naturellement dans le monde féminin de Maurice Denis, entre processionnaires, suppliantes et femmes au bord du rêve. Figure d'action, menée à la mort quand tout l'univers de Maurice Denis illustre la félicité.

L'œil mange la tête

L'Impressionnisme n'aura été qu'un œil vorace, amoureux, enthousiasmé par ce qu'il voit. Maurice Denis s'en sera méfié et, fortifié par sa conversion dans le cadre d'une Rome dont le rebutent la gesticulation, l'effet de la passion et la volubilité baroque, il s'appuie sur de tout nouveaux exemples.

Il va doucement, mais fermement, vers une formulation qui « échappe à l'empirisme et l'improvisation et concentre sur un monde de motifs restreints les effets et les sensations quotidiennes ».

Il évoque, pour s'en prévaloir, aussi bien Raphaël que Delacroix (ce qui n'est pas chez lui paradoxal), et naturellement Poussin, dont il n'est pas si loin quand il ordonne sa vision pour en faire, tel le musicien en composant, la quintessence de ce que l'œil a vu, l'esprit analysé et le cœur doté d'une dimension humaine.

En fait, il tourne surtout le dos « au frisson de l'émotion ». Les formes féminines (car la femme est omniprésente) sont mieux saisies dans le contour du dessin avec des grâces à la Botticelli. Dans une verticalité plus volontariste qui donne encore plus d'expression aux enveloppements, inclinaisons des corps jamais inspirés par la désolation d'une prière de contrition, mais dans la plénitude des gestes naturels du quotidien.

Maurice Denis met celui-ci dans le sillage des pages bibliques.

Dans les secousses sociales qui marquent le début du XXe siècle, les épreuves subies par l'Église, ramenée à un rôle d'auxiliaire dans le déroulement de la vie d'un citoyen scellé aux valeurs de la démocratie qui prévaut sur tout autre modèle, l'art religieux connaît une crise qui l'atteint aussi bien dans ses programmes que dans la reconnaissance de sa nécessité.

La grandeur de l'art religieux aura été à la mesure de l'élan populaire qui l'avait suscité

Moïse sauvé des eaux.
Musée d'Orsay, Paris.
Se serait inspiré d'un tableau attribué à Poussin, du musée de Quimper, ou d'un Véronèse « tout aussi hypothétique » de Dijon. On y perçoit aussi un retour à l'influence de Renoir, en jouant moins sur le poids charnel du modèle (une sensualité à fleur de peau) que sur une gestuelle heureuse, épanouie, alliant les corps.

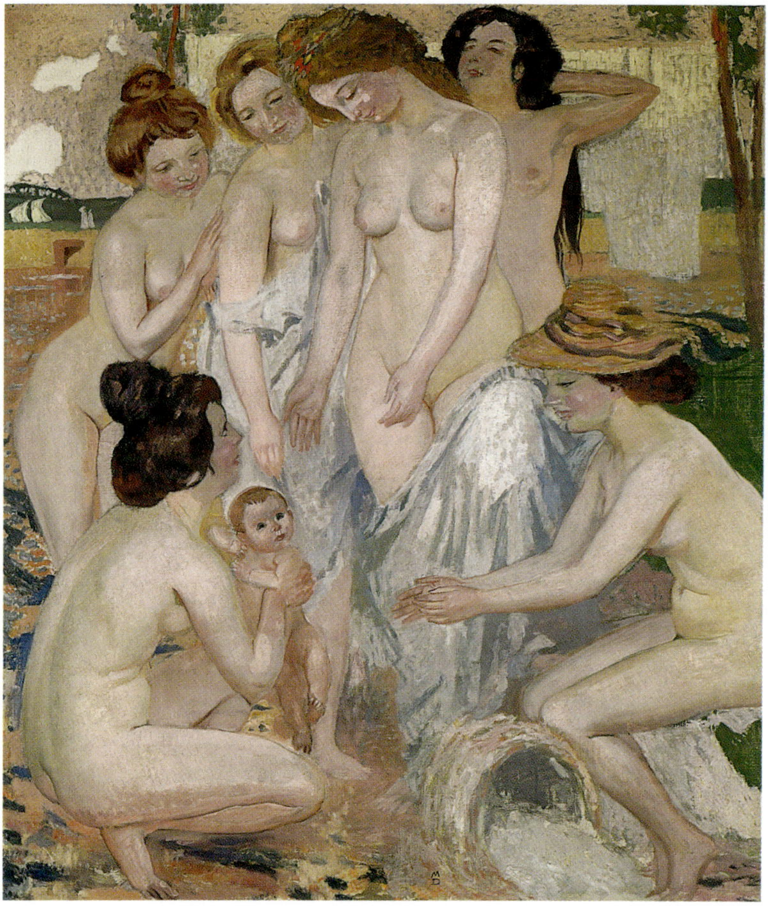

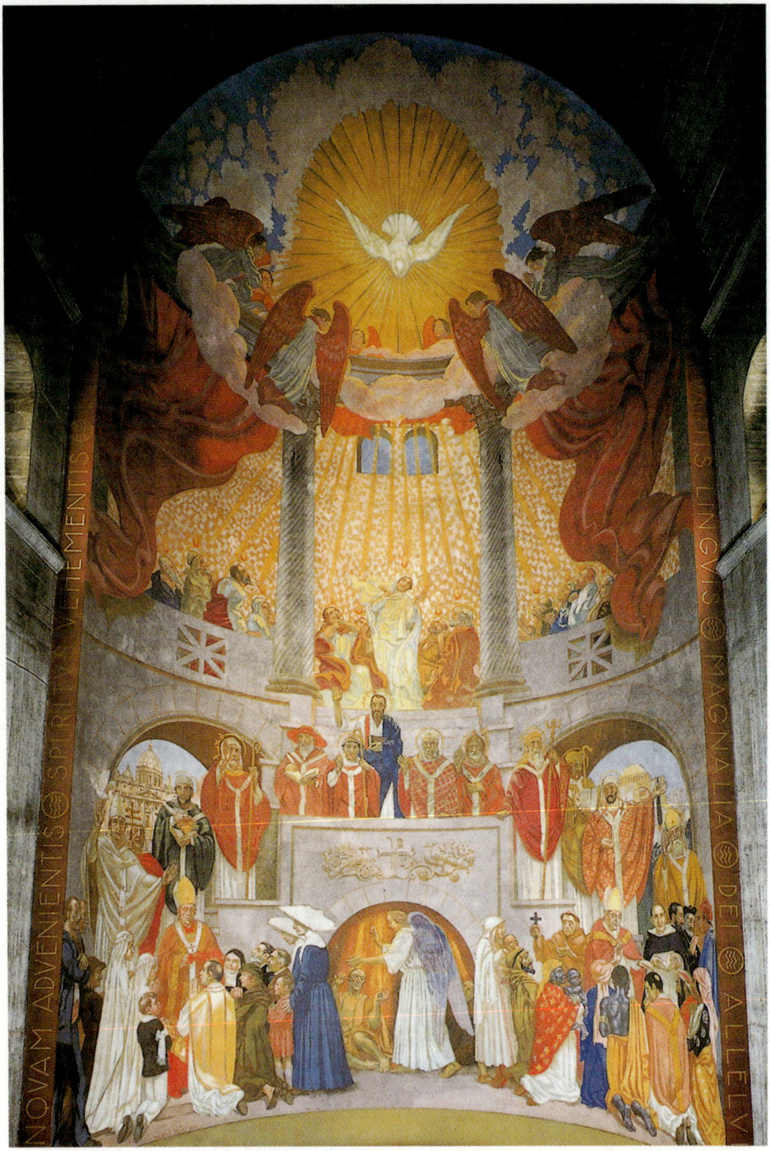
NOVAM ADVENIENTIS SPIRITVS VEHEMENTIS
LINGVIS MAGNALIA DEI ALLELV

La Pentecôte (*décoration murale de l'abside de l'église du Saint-Esprit, Paris*).
L'adaptation du sujet à son cadre architectural va conduire Maurice Denis à multiplier les expériences, jouant ici sur l'ampleur offerte par l'abside, avec le jeu triomphal et d'une vigoureuse expression des rideaux qui s'ouvrent sur une scène de félicité.

Magnificat.
Collection particulière.
Le subtil maillage de l'iconographie sacrée avec la chronique familiale trouve son accomplissement dans une œuvre finement élaborée. On est à la croisée des chemins empruntés par l'artiste, sous la lumière italienne et bretonne, en écho à la Bible *et accordé au quotidien, le tout enveloppé de la plus mystérieuse lumière.*

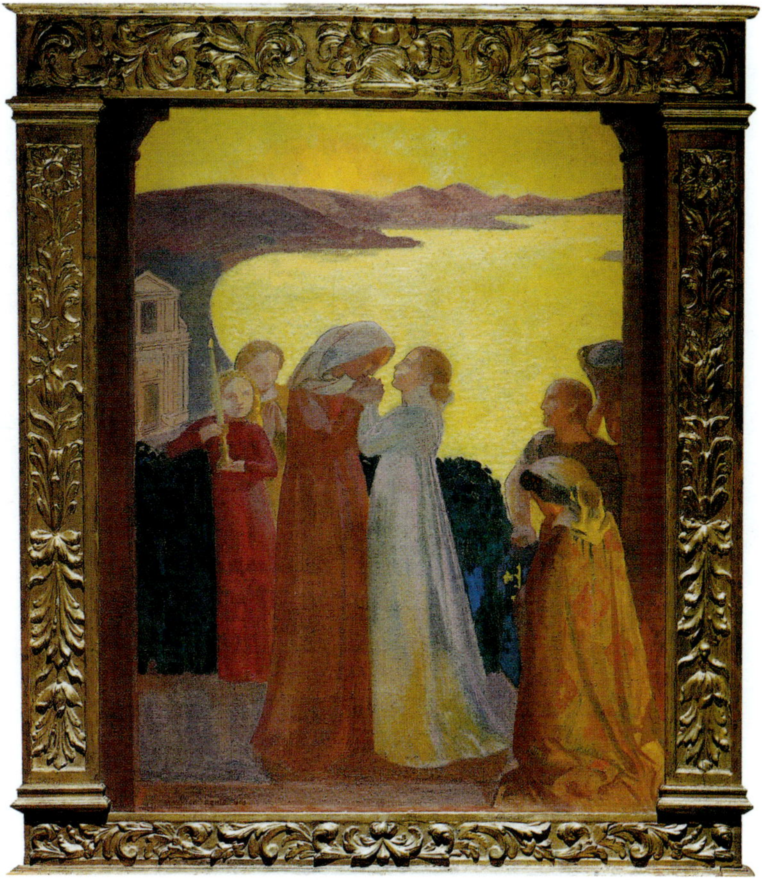

(comme au Moyen Âge), le pouvoir politique et financier de l'Église grandissant, elle avait été le moteur de la vie artistique.

L'ère du scepticisme religieux va déplacer l'élan populaire des autels vers les usines, et la foi chrétienne vers celle du socialisme.

L'architecture n'est plus celle des cathédrales, des basiliques et des abbayes, mais des palais d'une administration en qui s'incarne un nouveau pouvoir.

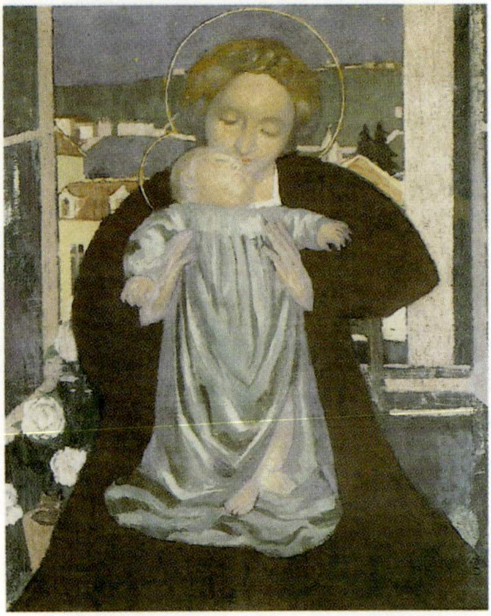

Vierge au baiser.
Folkwangmuseum, Essen.
On retrouve dans le thème de l'enfant exposé à la vue par sa mère une mise en scène habituelle aux peintures religieuses. On passe chez Maurice Denis alternativement du thème de la Vierge à l'Enfant à celui de son quotidien de père entourant l'enfant de toute sa tendresse admirative.

Être peintre religieux revenait alors à mettre sa foi dans sa vie, et dans son œuvre, quels qu'en fussent la destination et le sujet...

Outre qu'il a été prématurément marqué par l'élan de la foi, Maurice Denis n'a jamais dissocié l'activité artistique d'une connaissance intime de la parole évangélique. N'aurait-il pas été amené à donner des preuves de sa foi dans son travail de décorateur (le plus contestable de son œuvre) qu'il aurait laissé deviner par sa peinture, inspirée par le quotidien, combien il était proche de la parole sacrée, d'une foi intimement assimilée. Et rien n'est jamais dissocié d'une haute idée de la beauté.

La beauté telle que la définit Louis Gillet dans son admirable *La Cathédrale vivante* : « Tout ce qui est beau est une image de ce qui occupe votre cœur. C'est le principe des litanies, les Fleurs, le Jardin secret, la Myrrha. »

Cette dualité d'une œuvre si précocement aventureuse et inspirée à ses débuts, et qui semble s'essouffler sur les décors d'église qui constituent l'essentiel de son travail à la fin de sa vie, n'aura pas servi son insertion dans l'Histoire de l'Art de ce siècle.

Elle aura, bien au contraire, chargé d'un certain discrédit l'ensemble de l'œuvre. Peut-on parler d'injustice ? Maurice Denis n'a jamais caché qu'il souhaitait une réussite sociale.

Il a longtemps espéré des commandes officielles. Il a connu le succès. Il s'est plié aux lois de l'art de commande. Il fallait une habileté extrême pour répondre aux aspirations qui jalonnent une carrière réussie et la préservation de ce qui fait l'essentiel de sa personnalité.

La peinture de chevalet, qui accompagne, précède ou découle des grands travaux de décorateur, aura jusqu'à la fin conservé quelque chose de

C'est que Maurice Denis aura parié sur le mythe de la beauté. D'où qu'elle vienne, là où elle se présente et, l'ayant trouvée, tout simplement au cœur de sa propre vie, il en traduit, avec un sens assuré de la pérennité des valeurs fortes qu'il défend, le suc le plus intime. Il mise sur la ferveur. Une sorte de prière adressée à la Création.

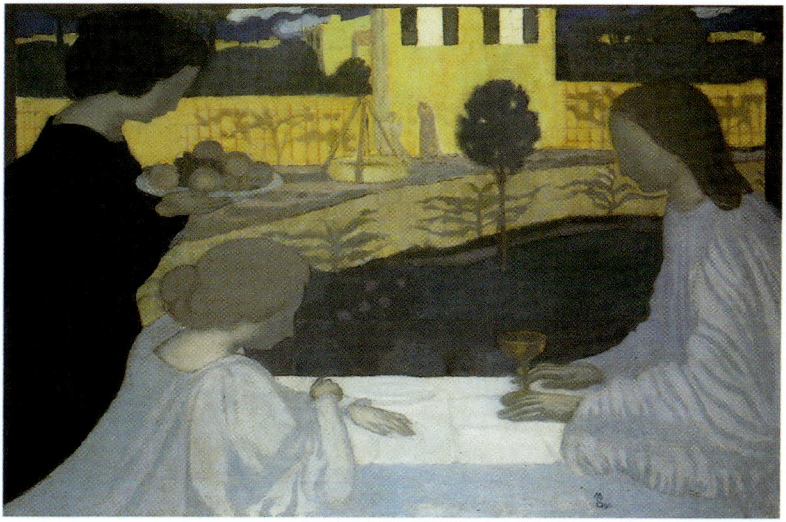

cette fraîcheur la sauvant de l'effondrement qui a atteint plus généralement la figuration face à la force novatrice (mais parfois suicidaire) des arts d'avant-garde.

Marthe et Marie.
Musée de l'Ermitage, Saint-Pétersbourg.

L'art religieux, un piège ?

L'œuvre de Maurice Denis se développe sur la crête d'une avancée ostentatoire de la modernité, le progrès en art, l'esprit de recherche jouant un rôle moteur et devenant le but, voire son contenu. Dans les bouleversements sociaux et historiques de cette fin du XIXe siècle et la tragédie de la Première Guerre mondiale qui en est comme la logique conséquence, l'Histoire de l'Art se confond avec la remise en question de son savoir-faire, des matériaux qu'il utilise, moins pour exprimer un courant d'idées qu'une démarche personnelle, ou plus simplement l'affrontement direct avec le piège du langage, la découverte de son autonomie. Les débuts de Maurice Denis sont dans l'esprit de recherche qui pouvait supposer que toute son œuvre en serait marquée et qu'elle y trouve même sa finalité.

Plus audacieux que ses compagnons, prenant par les mots le parti d'en défendre la légitimité, voire la pertinence, Maurice Denis va pourtant évoluer, surtout lorsqu'il sera amené à travailler au décor des églises, et dans le cadre de la création des Ateliers d'Art sacré avec Georges Desvallières en 1919, vers une peinture qui retrouve les règles du Classicisme, un esprit de tempérance que rien n'annonçait dans le contexte du mouvement nabi, et, comme bien d'autres, il aurait pu user de son art pour en exploiter les possibilités en un circuit limité, sur des sujets de pure convention, relevant de son quotidien au premier degré de la perception.

L'élan religieux de son adolescence y trouve le terrain idéal pour s'exprimer, répondant aussi au souci (déjà formulé par les nabis) d'un art pour le plus large public.

Maurice Denis s'est souvenu que le grand art religieux, celui qui de siècle en siècle a fourni toute l'iconographie peinte et sculptée faisant la richesse de son patrimoine, obéit à une mission exigeante : instruire et éclairer le spectateur qui est un lecteur attentif de ce discours intimement codé, simplifié, dont l'impact doit être immédiat, naturel.

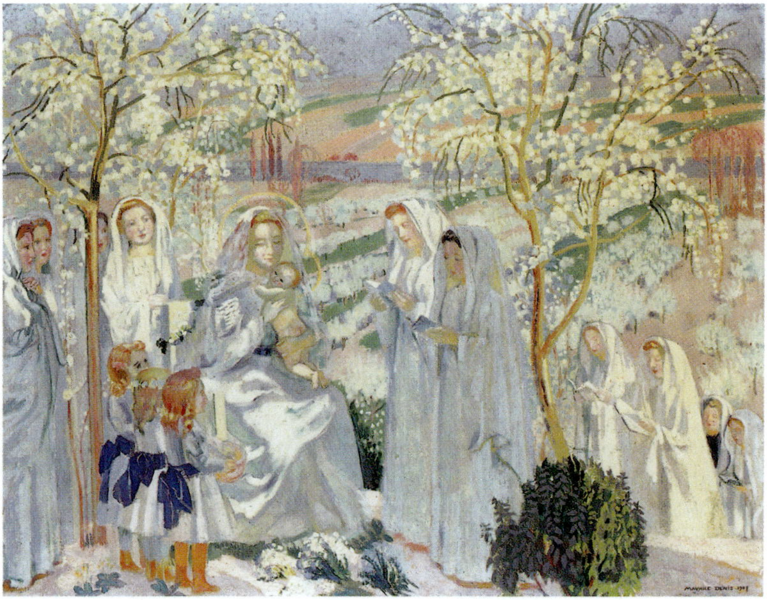

Le Mois de Marie.
Collection particulière.
On passe de la synthèse aux sonorités parfois crépusculaires de Gauguin à la lumière transparente de Saint-Germain-en-Laye, en regardant du côté de Renoir dont la peinture est « issue de la tradition de notre XVIIIe siècle, qui célèbre si parfaitement les joies du soleil, et les femmes de l'Île-de-France ».

Par goût, il sera allé à l'art le plus simplifié en ses formulations, le plus clair en ses développements, le plus limpide en ses références, s'éloignant tout à la fois des « doloristes » et des suavités qui entretiennent une vision mièvre et édulcorée de la merveilleuse légende chrétienne.

Légende ? Il paraît bien évident que, pour conter les grandes pages de l'Histoire Sainte, donner avec clarté le sens profond de la *Bible*, rendre vie à un Christ dont la figure est écrasée par les subtilités théologiques, l'art religieux doit suivre des consignes qui peuvent être considérées comme autant de contraintes, de freins pour l'originalité d'une traduction picturale (et plastique en général).

C'est l'un des grands problèmes de l'Histoire de l'Art que celui d'une conformité à des consignes données et la liberté d'expression qu'il peut revendiquer et sur quoi s'affirme sa qualité. De là la différence entre une image pieuse, fade et sans génie, et une représentation toute chargée de l'émotion de celui qui la conduit vers sa lisibilité. Exigerait-elle alors une initiation, un accompagnement historique, un décodage qui devient un handicap pour une lecture « populaire », un enseignement le plus large possible de la parole sacrée ?

Semé d'embûches, de pièges, l'art religieux va paraître en porte-à-faux avec les ambitions de l'art moderne qui privilégie l'expression de celui qui le fait, la recherche toujours plus hardie des moyens mis en œuvre pour y parvenir, butant enfin sur ce qui peut paraître comme une contradiction fondamentale. Maurice Denis n'a pas toujours su déjouer ce piège, ces problèmes inhérents à l'art même qu'il pratique et veut privilégier, et trouver pour répondre à la tradition de l'art religieux une écriture à la fois issue des expériences de sa jeunesse, de ses choix esthétiques, et s'inscrivant dans une tradition sans la copier ni la pasticher.

En surplus des sujets qui relèvent du quotidien (qu'il tend à sacraliser) et des chroniques tendres et savoureuses de la vie familiale, Maurice Denis est entraîné au développement des thèmes religieux.

Rares, parmi ses contemporains, sont ceux qui l'abordent sans choir dans l'imagerie affadie qui les disqualifie radicalement en regard d'un art qui se cherche des voies nouvelles, une nouvelle facture. On ne voit guère, au premier plan, que Georges Rouault, ce vociférateur d'une foi ardente et inquiète quand celle de Maurice Denis est toute illuminée d'une confiance

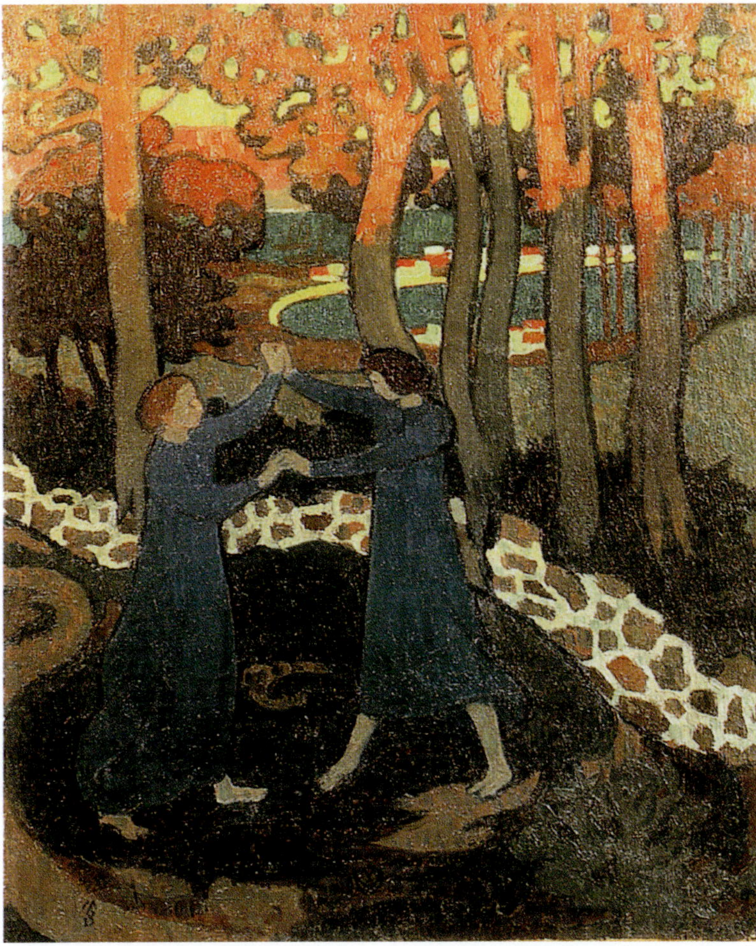

Lutte de Jacob avec l'ange.
Hors collection Musée départemental Maurice Denis, Saint-Germain-en-Laye, collection Samuel Josefowitz.
Loin de l'envolée lyrique de Delacroix, lorsqu'il traite le même sujet, retrouvant le Gauguin d'une Bretagne âpre, Maurice Denis fait intervenir une signification symbolique dans une composition d'une exceptionnelle harmonie et d'un parfait équilibre de conception. Léon-Paul Fargue, faisant référence à l'alliance de Marthe et Maurice, précise : « On dirait un mariage, des serments de fiancés accordés ». Loin d'être une lutte, ce serait l'image d'un pacte sacré.

et d'une sérénité qui passent par la totalité de son œuvre, et lui confèrent ce regard porté vers les êtres et les choses qui est celui de la grâce. Mais elle n'est pas pour autant une réponse à ses débuts qui furent ceux de toutes les audaces. Quelque chose de convenu y vient gommer l'élan premier, et même la fraîcheur de la vision.

Ce n'est pas sans risques que Maurice Denis dédie son art à sa foi. L'intensité de ses intentions, de ses convictions, nécessite un art à un stade moins tourmenté et dans des convictions mieux établies parce qu'appuyées sur une tradition. Dynamisé par la contestation, l'art moderne s'accomplit au rythme même du monde dont il est le reflet. L'appel à la foi chrétienne, auquel une poignée d'irréductibles restent fidèles, n'avait plus le langage pour répondre à cette mission.

Il s'était créé une sorte de désaccord entre l'art évoluant vers de nouvelles formules et le sens du sacré qu'il ne pouvait trouver qu'au-delà des sujets imposés par la tradition.

L'idée du sacré est concomitante aux sujets qui s'en prévalent sans passer par l'imagerie chrétienne, dans le même temps largement exploitée par les médiocres, les faiseurs de cet art saint-sulpicien tant décrié.

Au-delà de l'Impressionnisme qui avait mis à disposition du peintre l'usage de sa totale liberté vis-à-vis du passé, l'art s'organise, se développe autour d'une idée élevée de sa mission. Il s'identifie chez les nabis au rôle du prophète, sans pour autant imiter les anciens et puiser dans le même arsenal de sujets et de thèmes.

Maurice Denis, avant même de choisir des sujets qui littéralement exprimaient le sens du sacré (et se développent surtout dans le sens de l'art mural), avait su en sécréter la saveur intime dans les plus modestes, les plus anodins, les plus familiers des sujets. En regardant autour de lui, suivant la vie et l'évolution des siens, entre femme-mère et enfants, il compose un espace tout imprégné de cette sacralisation qui immortalise l'instant. Comme une défense contre l'état de perdition menaçant l'homme dans sa misérable condition. Un refus de la mort. De la pourriture qui entre dans le langage religieux comme élément de pédagogie, de conviction et pour faire appel à ce que l'homme a de meilleur en lui.

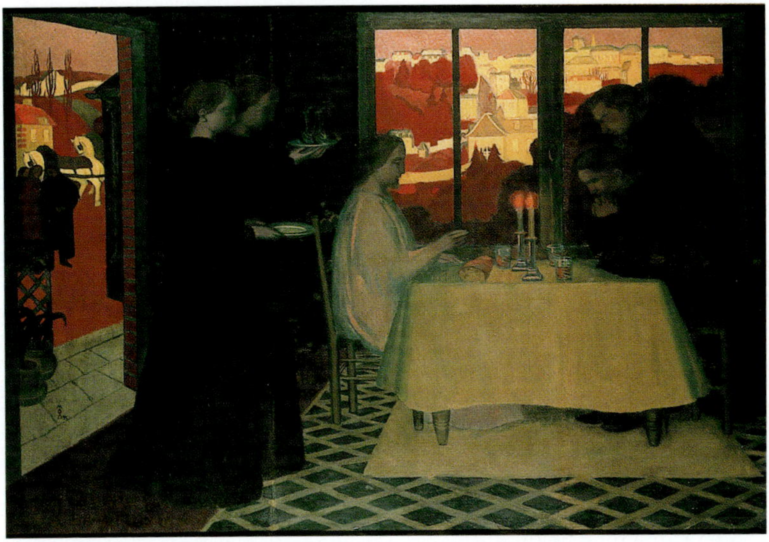

Les Pèlerins d'Emmaüs.
Musée départemental Maurice Denis, Saint-Germain-en-Laye.
On y retrouve la dignité des figures de la Nativité, dans une toute autre lumière, et une mise en scène plus dramatisée, avec le même parti pris d'une entrée dont est souligné le caractère cérémonieux, les mains chargées de cadeaux (ici de victuailles).

Balzac le disait

« *L*e christianisme, et surtout le catholicisme, étant un système complet de répression des tendances dépravées de l'homme, est le plus grand élément d'ordre social. » L'affirmant avec cette autorité qu'il prête volontiers à ses déclarations, Balzac, qui ne peut être taxé de se faire le strict propagateur d'une foi religieuse, met le doigt sur l'un des problèmes qu'aborde la peinture quand elle s'inspire de la liturgie ou s'appuie sur la légende biblique.

Modèle d'organisation sociale autant que livre de sagesse, et, pour qui veut en faire une lecture détachée des liens créés par la foi, merveilleuse épopée de l'homme cherchant à dominer ses peurs, ses fantasmes, ses mauvais penchants et choisissant l'harmonie des relations humaines à l'expression exclusive de ses élans propres. Maurice Denis ne choisira pas, dans les multiples pages que lui offre la *Bible*, et l'Histoire religieuse en son ensemble, des épisodes troubles ou dramatiques (sinon la Crucifixion qui est l'étape obligée, mais placée sous le signe de la fusion des âmes), et recueille plutôt les moments de tendresse et de gravité qui accompagnent les mystères de la naissance (Annonciation). Il regarde du côté de Fra Angelico, de l'école italienne qui prêche l'innocence des corps, la sanctification de gestes sociaux. Sans pour autant négliger la part de tendre mystère qui peut accompagner ces rapports idéalisés des êtres, dans la pénétration de leur âme qu'il rend palpable.

Annonciation à San Francesco del Deserto.
Grand séminaire de Reims.
La religiosité de Maurice Denis passe par l'évolution de sa peinture, outre qu'elle se réfère au Classicisme dont l'Italie est gavée, mais aussi par une certaine simplicité. Dans son Journal, *il en vante « l'attitude sincère, naïve, virginale, humiliée en face de la nature. C'est le caractère religieux de son objectivité ».*

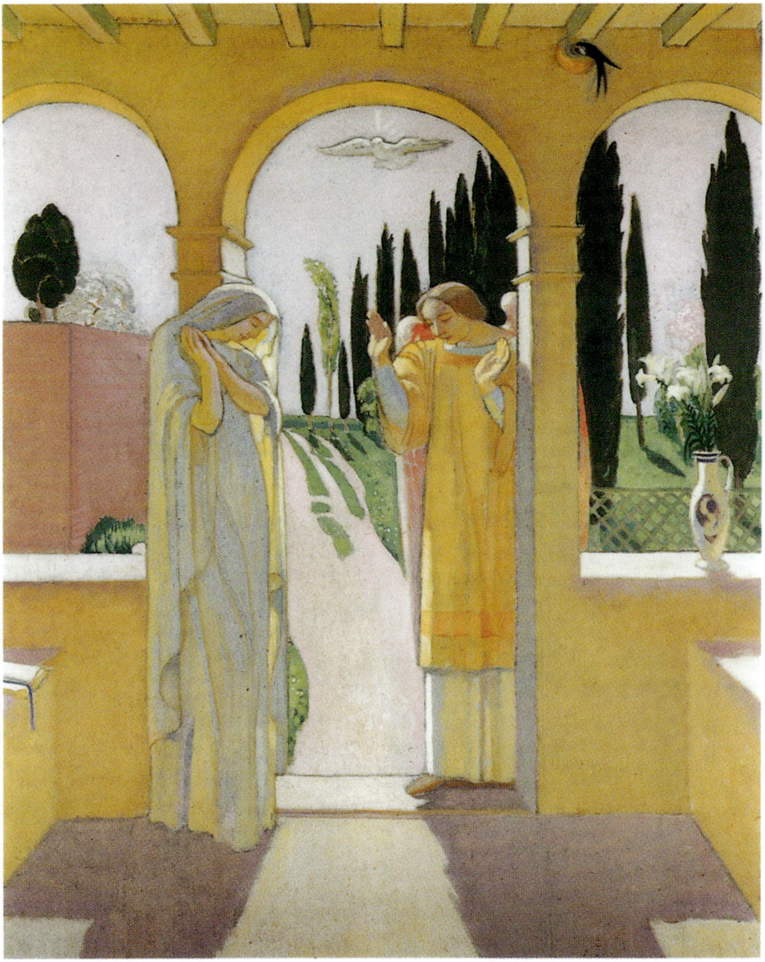

Les jeunes filles en fleur

Outre ses décors d'église, dans lesquels il s'essaie à ne pas tomber dans la lisibilité dogmatique, accordant à la peinture une primauté sur l'évidence d'un sujet, restant ainsi fidèle aux préceptes énoncés dans le cadre de l'aventure nabie, Maurice Denis aborde des sujets dont il pourrait se faire une lecture païenne. On ne s'en est pas privé, en allant, en raison de leur insertion dans de vastes ensembles décoratifs chez des intellectuels d'une Allemagne qui redécouvrait l'Antiquité sous le signe de Nietzsche, leur trouver une référence furieusement païenne.

Autant sa vie familiale nourrit d'une féconde exploration le thème de la Maternité qu'il est ainsi aisé de transposer dans la tradition biblique, autant son amour de la femme en sa grâce première trouve son écho et son épanouissement dans des évocations de fêtes bucoliques. On est là dans le sillage du Puvis de Chavannes du *Bois sacré*.

Du Puvis tenant de l'ample exploitation horizontale, une vision panoramique ; mais le délié graphique des figures qui s'y meuvent a des grâces précieuses de Boticelli.

C'est une version néoplatonicienne du monde, une plongée dans un monde virgilien. Une Antiquité aimable et sans ombre. Ce qui l'entraîne à évoquer au besoin la saga d'Homère tout en conservant cette intimité entretenue par le peintre avec son entourage. Y puisant ses modèles, en y évoquant les menus incidents de la vie quotidienne. Un jeu d'alternance, de va-et-vient, entre le mythe d'Eurydice, d'Ariane ou de Bacchus et les plaisirs de la plage à Perros-Guirec, le lieu de prédilection de Maurice Denis pour ses séjours estivaux.

La lumière en est douce et tendre. Expression spontanée d'une joie simple et surtout d'une vitalité tranquille, sans ombre ni remords. Le jardin des délices ne contredit pas les pages sanglantes de la *Bible* (parfois évoquées), Maurice Denis leur confère un caractère si familier qu'on se trouve toujours à la frontière d'une page historique (littéraire ?) et de la chronique familiale.

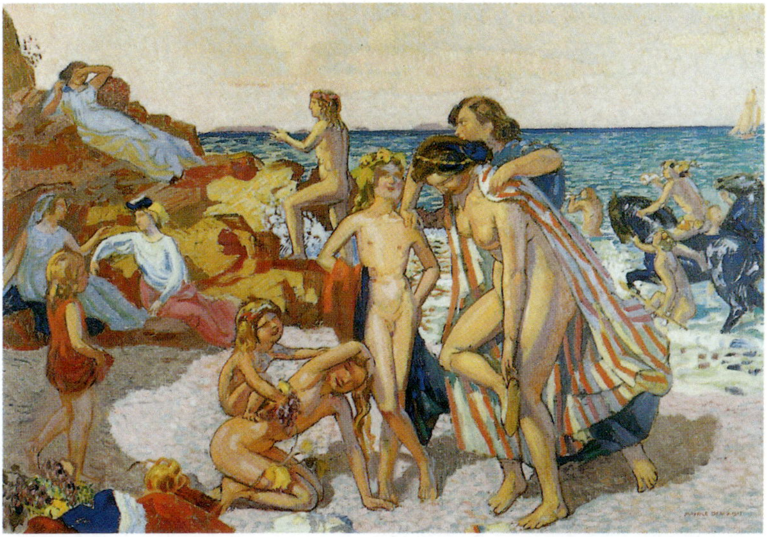

Bacchus et Ariane.
Musée de l'Ermitage, Saint-Pétersbourg.
Maillol, qui admire Maurice Denis, pouvait évoquer « son don classique » de la simplicité et de la synthèse. Et il lui écrit : « Je voudrais bien être là, avec vous, voir les enfants patauger dans le sable, et vous tranquilles, à l'ombre, regarder la mer. » D'une scène familiale le peintre fait une illustration de la légende antique.

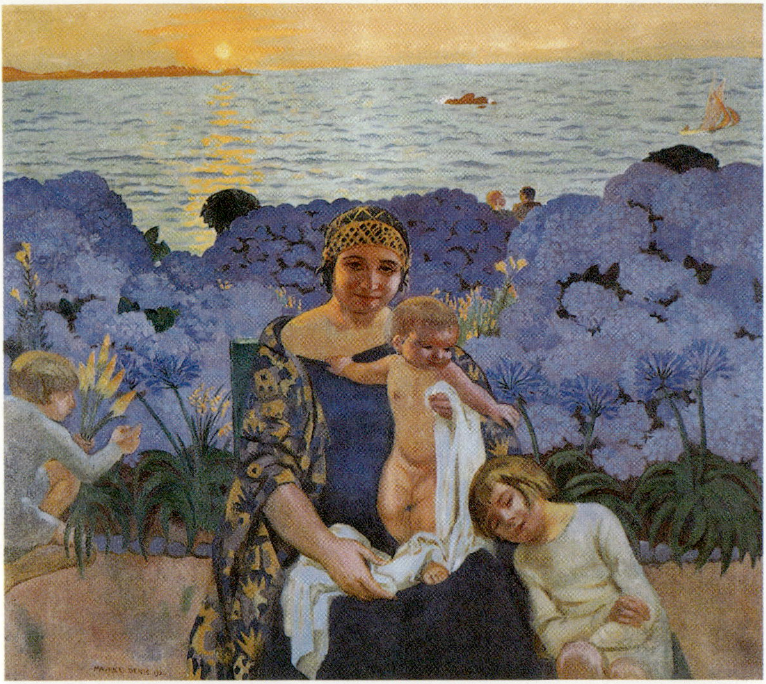

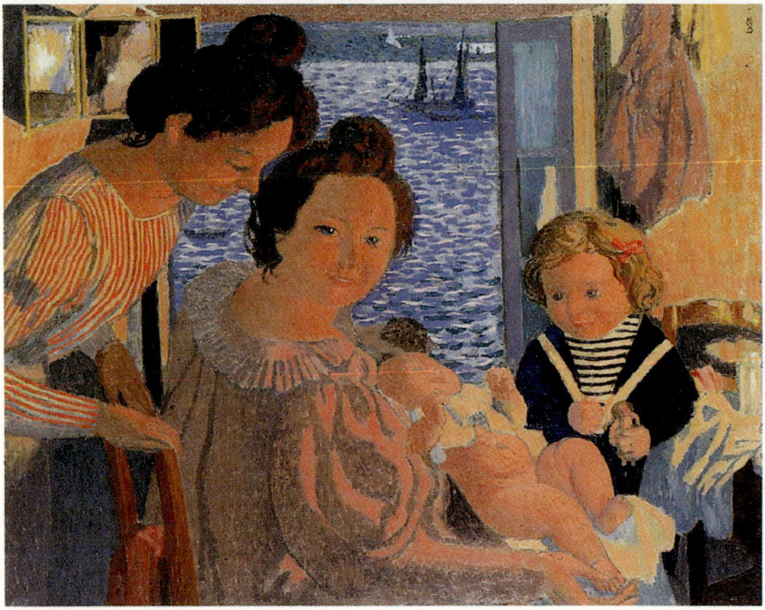

Madone aux hortensias.
Collection particulière.

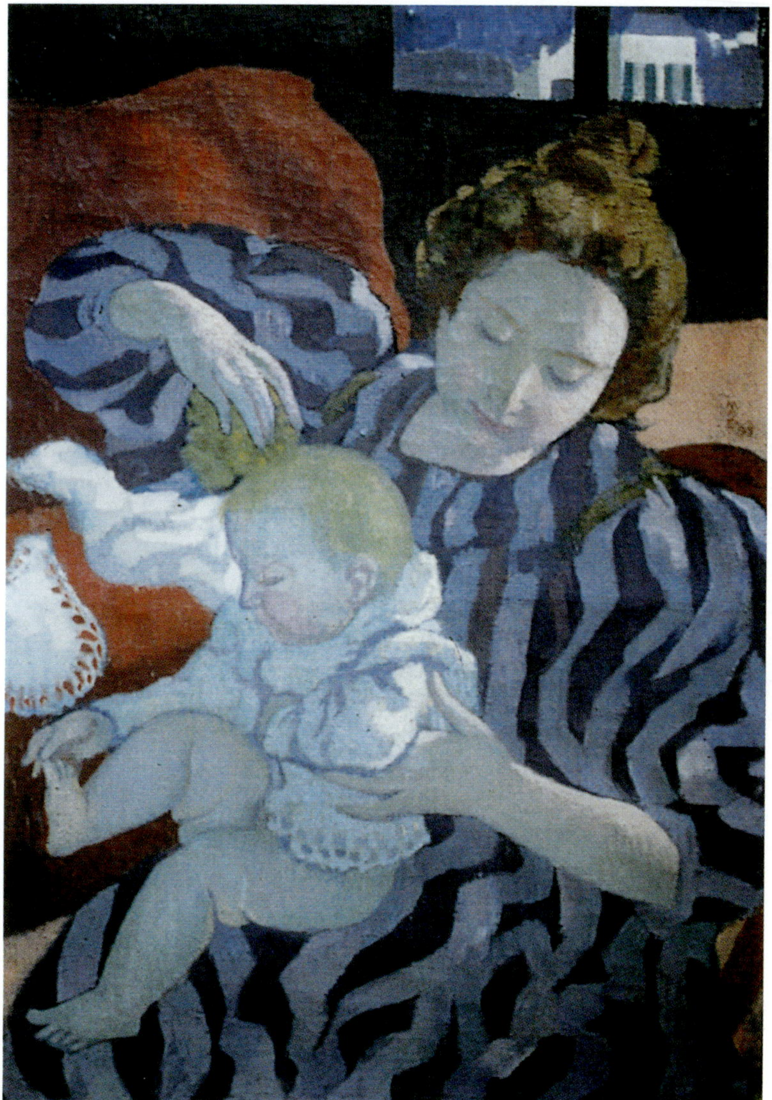

Maternité au Pouldu, le soir.
Collection particulière.

La Toilette de l'enfant.
Collection particulière.

Grands décors, un art triomphant

À l'heure où les soubresauts politiques vont dégénérer dans une nouvelle guerre, des entreprises artistiques de grande envergure mettent en confrontation esthétique des peintres, sculpteurs, architectes, sur des chantiers qui restent exemplaires dans leur cohérence esthétique, leur volonté d'affirmer un style d'époque, de donner toute la mesure de l'art comme langage pour les masses. Non dans une vulgaire démocratisation qui lui est toujours préjudiciable, mais dans une maîtrise d'ensemble organisée comme l'avaient été les grandes entreprises de la Renaissance vers lesquelles il n'est pas rare que les artistes qui s'y risquent reconnaissent s'être ressourcés.

Maurice Denis participe ainsi à quelques grands chantiers qui rassemblent une frange des artistes convaincus de la légitimité d'un art de grande audience, en dépit de la course folle vers la contestation qui tente de lui trouver des substituts, au nom d'une incursion progressive vers la connaissance de soi, une mise en forme d'une intériorité ravagée par le doute, l'angoisse et le mal de vivre. Les tenants de la figuration étant ceux qui proposent les visions les plus révélatrices d'une pensée collective, d'un état d'âme général, de l'ordre du monde, fût-il menacé.

Maurice Denis, pour sa part, croit en la force d'un message.

S'il avait amorcé la montée du spirituel dans l'art, il ne pouvait se contenter de le voir justifier un refus de la figuration qui pouvait l'illustrer.

Là où un Kandinsky ancrait les forces d'une abstraction qui va progressivement privilégier l'état d'âme du peintre au détriment d'un discours reposant sur un héritage commun (la leçon de la *Bible* par exemple), Maurice Denis va, au contraire, multipliant les décors peints qui en

La Légende de saint Hubert : le miracle.
Musée départemental Maurice Denis, Saint-Germain-en-Laye.
Maurice Denis avait à répondre à une commande de sept panneaux et un plafond sur le thème de saint Hubert. Il y déploie toute sa science bien rodée de la peinture monumentale, usant d'audaces de mise en page retrouvant celles de la photographie et annonçant celles du cinématographe.

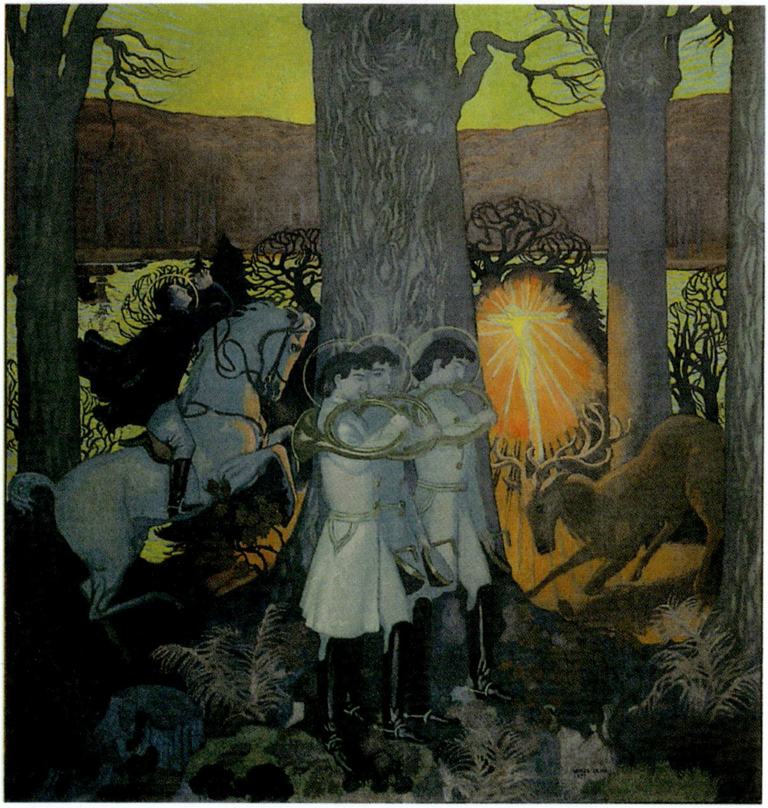

constituent l'application la plus évidente, redonner forme à un enseignement que la peinture a charge (le pense-t-il) de diffuser. Allant dans un sens diamétralement opposé à celui de sa génération, privilégiant l'expression intime, l'abstraction s'en nourrissant, et militant pour l'Art sacré alors que l'Église perdait son crédit auprès des foules, et s'enfermait dans ses traditions souvent impropres à répondre aux aspirations nouvelles que justifiait et privilégiait le progrès.

Il devenait l'objet d'un culte, il avait ses chantres, ses servants, ses disciples et ses églises.

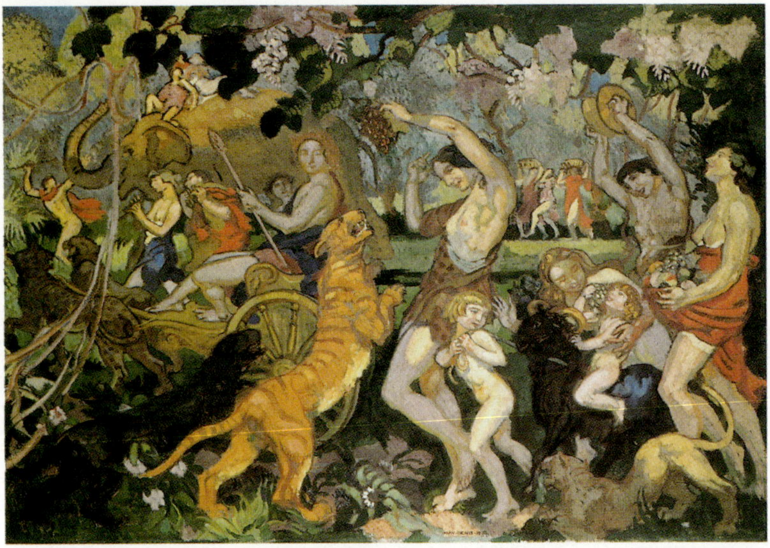

La Bacchanale (*esquisse pour le panneau du magasin Le Tigre Royal*).
Bridgestone Museum of Art, Tokyo.
On a pu évoquer le souvenir de Delacroix et de Poussin dans cette constance d'une dualité qui pourrait passer pour paradoxale, voire suicidaire. Maurice Denis résout le problème des divergences et des entreprises de ces deux prestigieux exemples. Ordre et chatoyance s'y conjuguent.

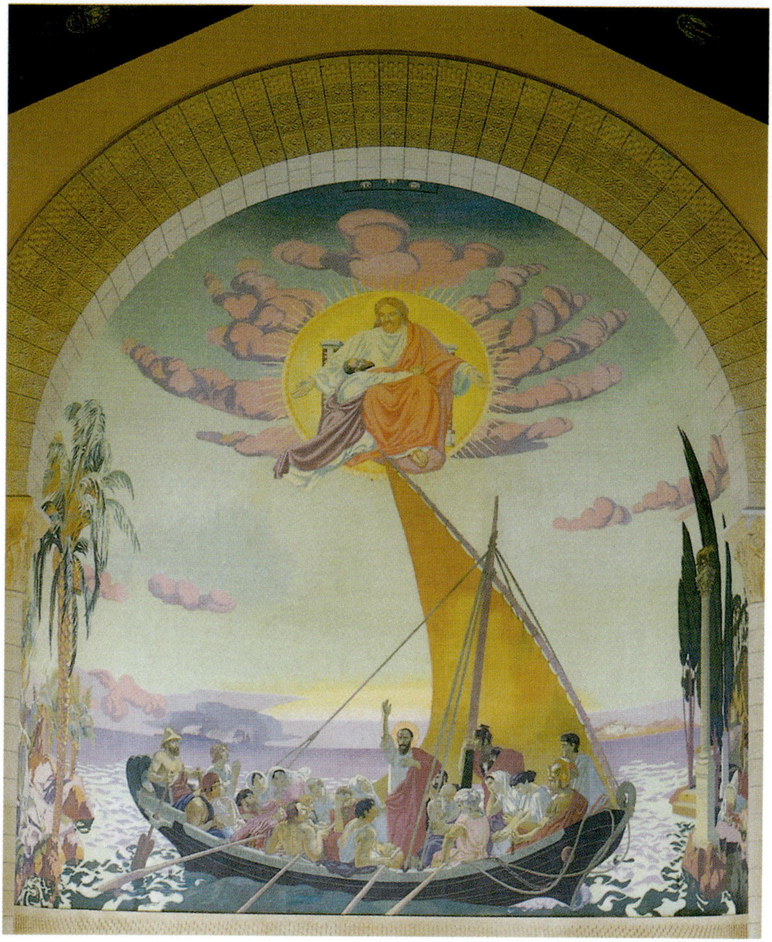

Saint Paul (*décoration murale pour l'abside de l'église Saint-Paul, Genève*).
De l'application aux lois du mur d'une peinture qui trouve sa dimension éminemment décorative.

La figuration en question

Grande est la question de la figuration alors que l'art, en sa force vive, s'est précipité vers des interrogations qui la nient, la pourfendent, lui tournent le dos.

Non que l'art dans son ensemble la méprise, mais l'histoire qu'on en donne depuis met en marge une permanence de la figuration tenue comme démodée.

Il est significatif, pourtant, qu'après la Seconde Guerre mondiale, ceux-là même qui avaient le plus contribué à la « dépasser », à force d'en contrarier les effets, d'en contester les pouvoirs, semblent parfois marquer un temps d'arrêt, une sorte de remise en cause de ce qui pouvait passer pour des certitudes et lui accorder un droit de retour dans l'espace de la création vivante. Et l'affirmation de certaines entreprises, parmi les plus représentatives de ce que fut l'esprit de l'entre-deux-guerres (les Années Folles), va dans le sens d'une réflexion sur les pouvoirs reconnus d'une figuration revitalisée par les mouvements qui terminent le XIXe siècle et jettent les fondements d'une révolution du regard.

Maurice Denis a sa place dans cette situation générale qui englobe, et confronte, aussi bien un Picasso néoclassique, un Derain de retour à la peinture de musée, un Matisse épanoui parmi des odalisques, sans oublier la cohorte de ces artistes qui vont vivifier la figuration en conservant l'essentiel de ce qu'est la nature du créateur et la primeur de sa personnalité sur le dynamisme du « progrès » en art. Ils travaillent en un ordre dispersé, si bien qu'aujourd'hui une vision d'ensemble est difficilement accessible, qui reste à faire et qui additionne des individualités plus qu'elle résume une théorie, un courant.

Ce sera bien la caractéristique de la peinture, telle qu'elle se fera en ces années ardentes, de ne plus répondre à des aspirations collectives, illustrer une école ou obéir à des théories, mais signifier des mondes aussi

Portrait de l'artiste à 18 ans.
Musée d'Orsay, Paris.

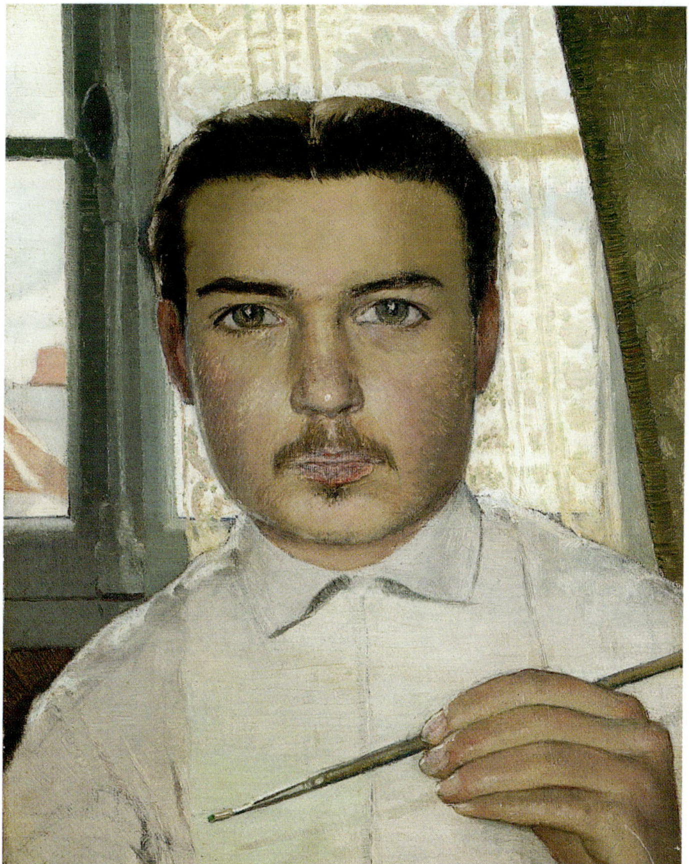

différents qu'il est possible. Le Cubisme dans son prolongement s'est affadi, il a donné tous ses feux, le Surréalisme illustre en lui-même justement cette contradiction entre vue d'ensemble (théorisation) et respect de l'individualité créatrice, l'Abstraction filant droit sur ses perspectives et se fermant sur elle-même, annonçant les vastes soubresauts qu'elle va connaître ultérieurement et une saturation inévitable de ses procédés.

Le « retour » à la figuration ne se fait pas dans la douleur, mais bien au contraire comme l'aboutissement logique d'une évolution bien réfléchie et surtout motivée par le contenu.

Elle n'est plus un simple constat du réel, mais l'écriture d'une réflexion sur le monde, sur le sens de la vie, l'orchestration intime et intériorisée d'acquis et d'appétits qu'elle rend lisible, car l'ambition du peintre alors, en priorité, est d'être clair. Déchiffrable à qui va à sa rencontre.

Refusant tout hermétisme, tout codage qui ne peut que l'éloigner de son public, le peintre figuratif donne à voir une expérience personnelle, le résumé de ses connaissances et de ses rencontres, un monde en soi, et chaque fois par chacun revisité. Réinventé.

Au terme de sa vie, Maurice Denis peut écrire : « Je n'ai aucune illusion. Seuls les dons de composition, une certaine sensibilité et le profit de mes efforts de réalisation pourront défendre une partie de mon œuvre de décorateur. »

Aveu moins amer qu'il peut y paraître, exercice de lucidité qui lui permet de sortir indemne d'un procès que ne manqueront pas de lui faire les observateurs, dénonçant l'écart prodigieux qui s'est créé entre l'évolution de la peinture et le retour à un classicisme qui, chez lui, pourrait passer pour un renoncement à ce que furent ses débuts dans l'avant-garde de l'époque, une audace qui s'est si intimement assimilée au savoir, à l'acquisition d'une technique par ailleurs assez peu pratiquée de son temps, qu'il maîtrise admirablement dans

Portrait de l'artiste.
Collection particulière.

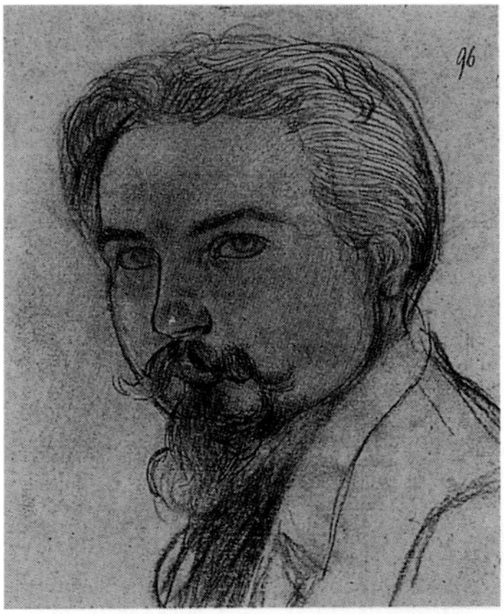

son travail. Et, justement, l'art est mis ici au service d'une cause, de la foi pratiquement négligée par ses contemporains ou portée sur d'autres causes, de nouvelles forces, mais surtout une profonde remise en question de son existence même, un scepticisme qui engage à des incursions de plus en plus avancées dans la prise de conscience de soi (l'essor de la psychanalyse n'y est pas pour rien), ou une course folle à la recherche de nouvelles techniques, la priorité de celles-ci passant sur le contenu.

Aux yeux de l'Histoire, Maurice Denis s'est égaré dans les voies d'une peinture largement dépassée, trop lourdement lestée d'un discours religieux qui a épuisé les moyens mis en œuvre pour y répondre. Il frôle toujours la saturation des thèmes qu'il aborde et, pourtant, une manière si personnelle d'en pénétrer le quotidien, d'en adoucir les contours, d'en illuminer les faces cachées, lui confère un mystère et un charme que le temps ne fane pas.

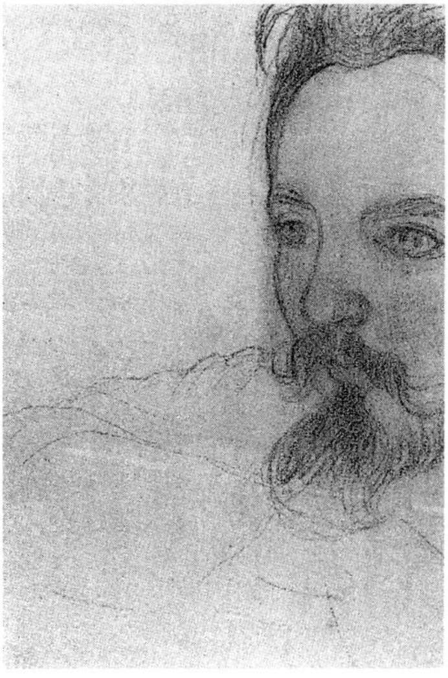

Portrait de l'artiste.
Collection particulière.

Arrêt sur image

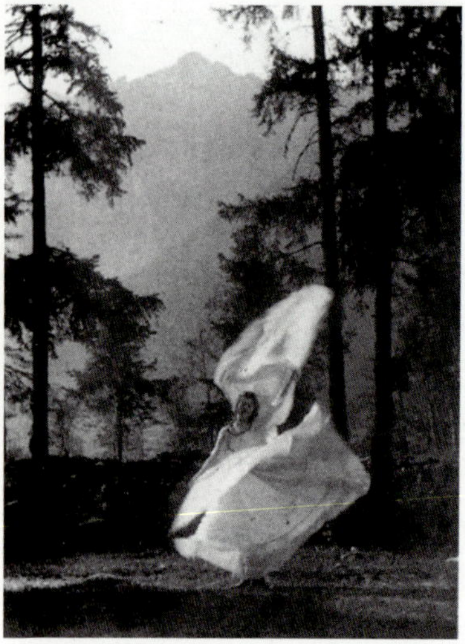

Photographie prise par Maurice Denis.

Comme bien de ses contemporains, comme quelques-uns de ses plus proches amis, Maurice Denis accorde à la photographie le soin de retenir des instants qui lui sont chers. Il ne s'engage pas dans des recherches stylistiques, ni ne tente, à travers cette photographie, de redéfinir le monde, ni même de lui donner un sens particulier. Il use du comportement de l'amateur qui met en boîte des incidents familiers, le déroulement du quotidien. L'ensemble de son action de photographe constitue une sorte de journal visuel de sa vie, éminemment familiale et marquée par le goût de l'enfance, la fraîcheur des sentiments, la simplicité des mœurs qui font de lui un personnage fortement intériorisé, moins sensible aux troubles du monde et de l'Histoire qu'au quotidien dont il fait la nourriture même de son art.

Comme pour son ami Bonnard, la photographie accompagne sa vie, en souligne les instants heureux, joue un rôle de mémoire, tant elle a le pouvoir de conserver le miracle d'un instant. Recherche d'un temps perdu et fragile. Quand la peinture a le pouvoir de créer un monde propre, organisé par des lois esthétiques, une recherche plastique, la photographie, obéirait-elle à une exigence plastique, à un savoir-faire, ne restitue ici que ce que le regard a pu capter, arracher à la fuite du temps.

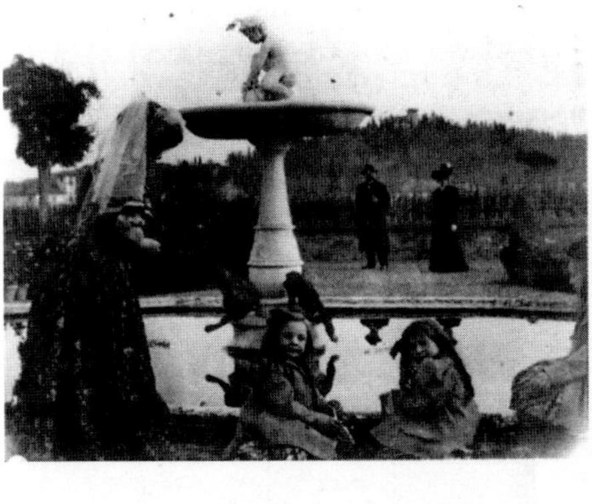

Photographie prise par Maurice Denis.

Un lieu, un rêve, une histoire, une œuvre d'art

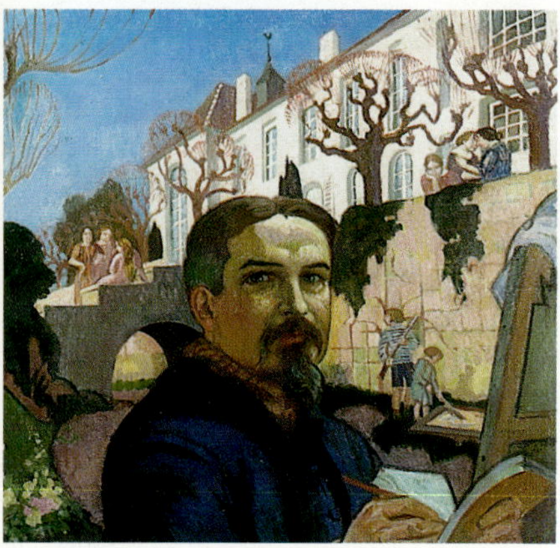

Autoportrait devant le Prieuré.
Musée départemental Maurice Denis, Saint-Germain-en-Laye.
La pratique de l'autoportrait ne relève pas chez Maurice Denis d'une introspection (comme chez Van Gogh), mais d'une mise en place assez simplifiée et autoritaire de sa personnalité dans son décor habituel. Ici le Prieuré, qui devient le lieu de création, le symbole de sa réussite et le laboratoire de sa pensée.

Fidèle à Saint-Germain-en-Laye, Maurice Denis va avoir plusieurs adresses « en ville » avant de se fixer dans ce bâtiment qu'il admirait et convoitait, l'ancien hôpital créé par Madame de Maintenon, sorte d'écho (côté souffrance) de ce que fut l'École de Saint-Cyr, porté vers l'avenir d'une jeunesse qu'elle éduquait. Car ce sont les deux facettes d'un programme de réhabilitation après une vie d'intrigues et une conversion (un peu ostentatoire) vers le monde de la piété, de la charité. Nul lieu ne pouvait mieux convenir à l'artiste qu'était Maurice Denis, si profondément imprégné de charité chrétienne et qui, prenant la succession de la vocation du bâtiment, en fait « le Prieuré ».

Communiantes devant la chapelle du Prieuré.
Musée départemental Maurice Denis,
Saint-Germain-en-Laye.
D'une scène qui court tout au long de son œuvre, et relève de son goût pour le caractère sacré des processions, Maurice Denis fait le lien avec le Prieuré et l'esprit religieux qu'il entend lui donner.

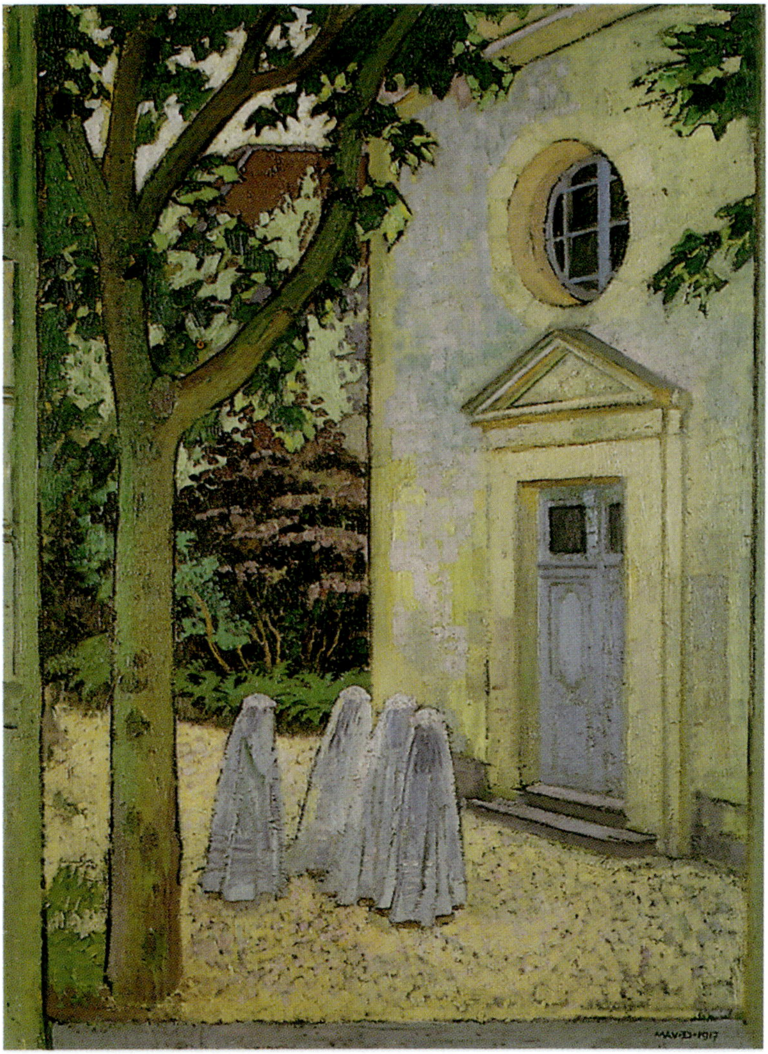

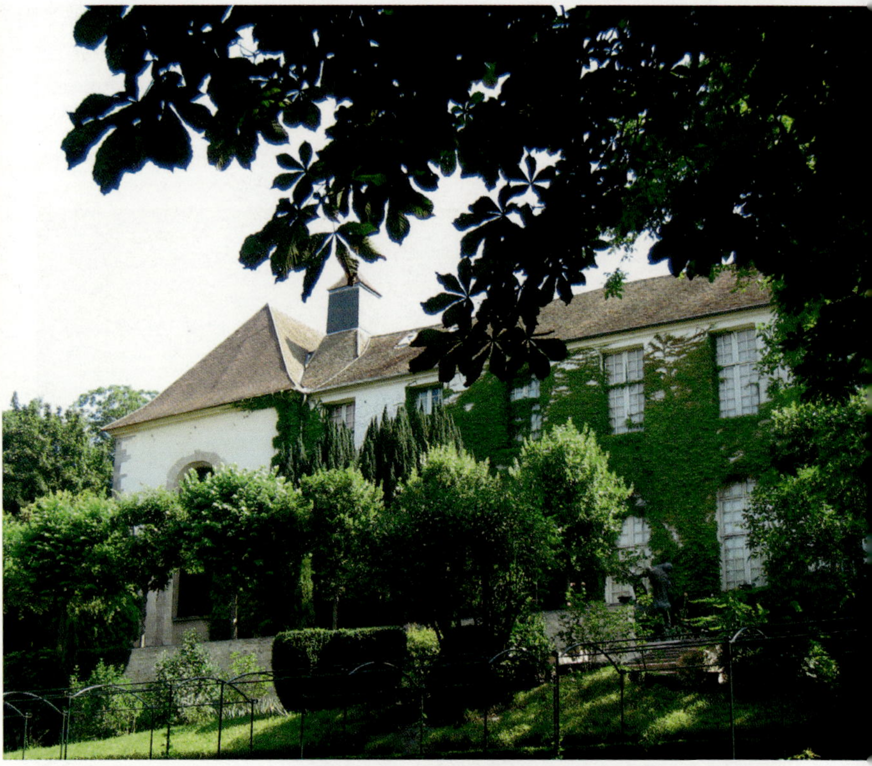

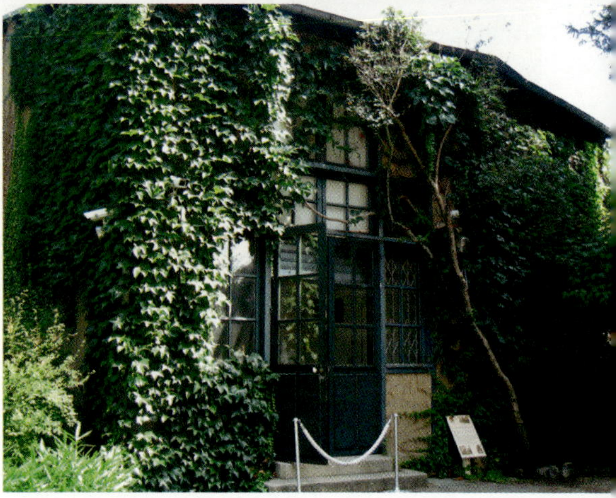

Le Prieuré,
à Saint-Germain-en-Laye,
actuel Musée départemental Maurice Denis.
Ci-contre l'atelier de l'artiste, page de droite la chapelle.

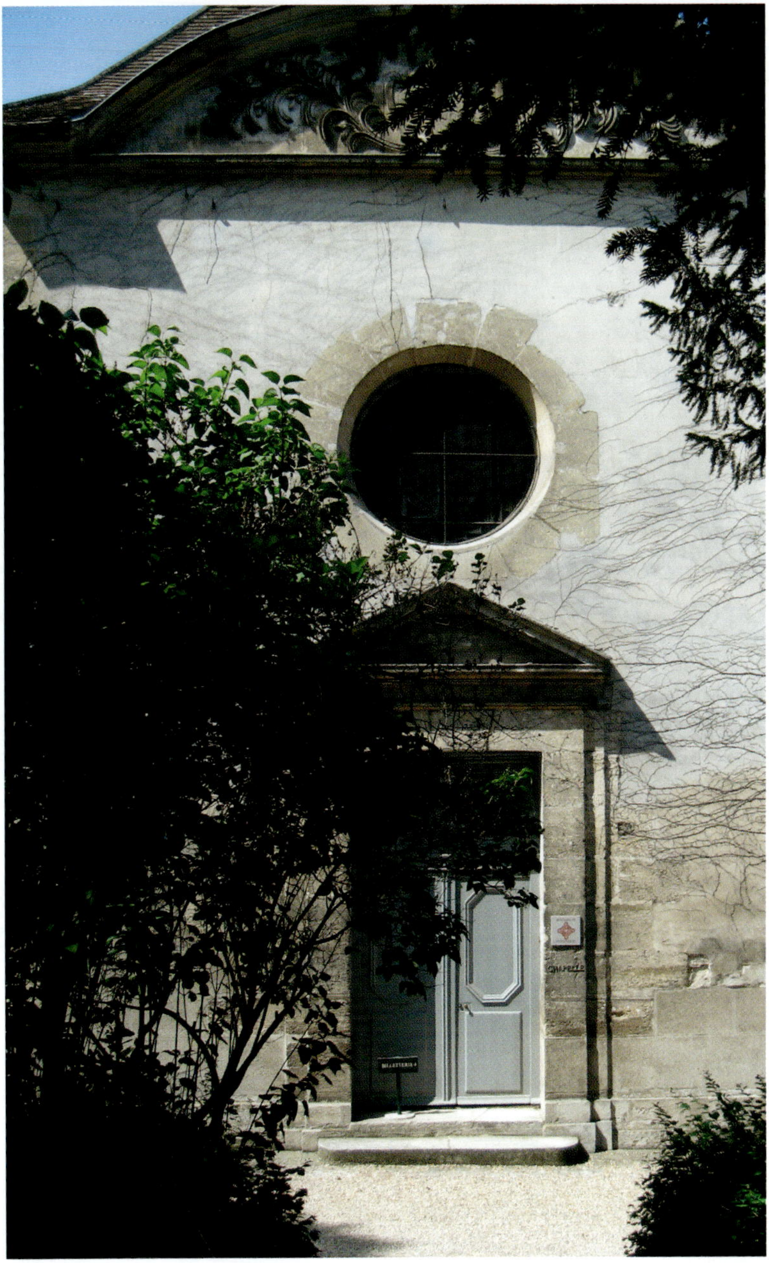

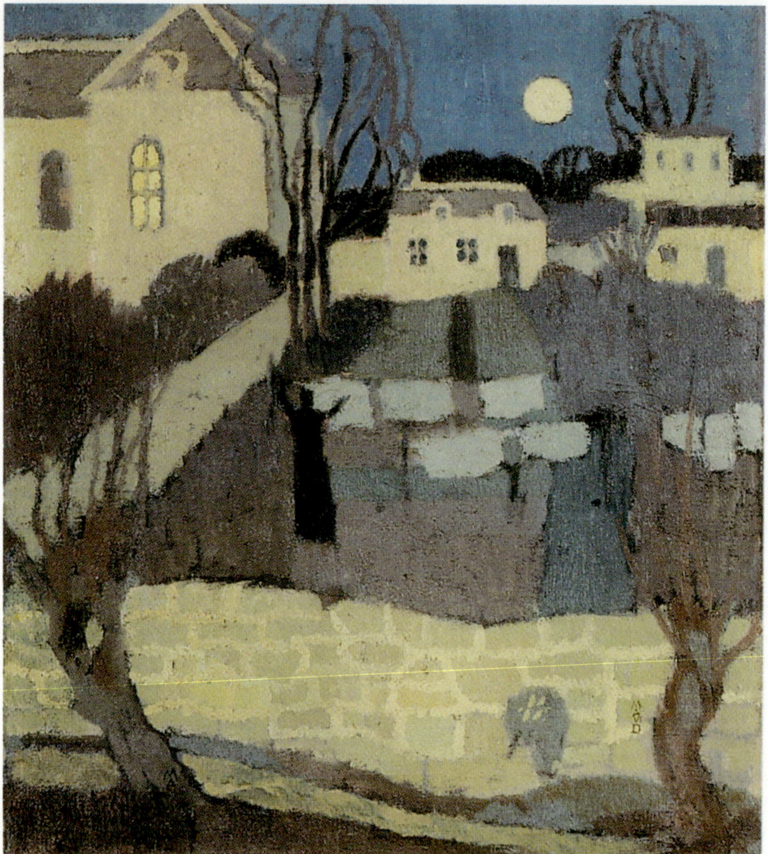

Lever de lune sur le Prieuré.
Collection particulière.

La Vierge au baiser (*vitrail de la chapelle du Prieuré à Saint-Germain-en-Laye*).

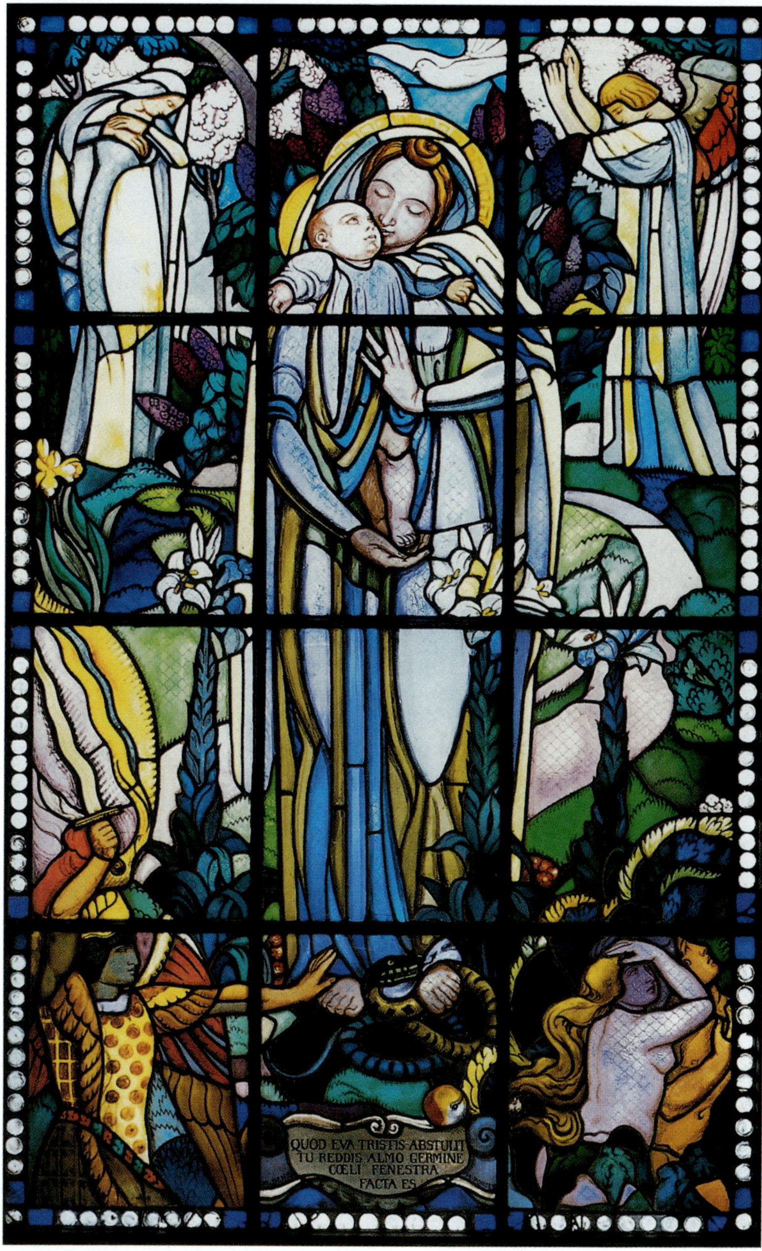
QUOD EVA TRISTIS ABSTULIT
TU REDDIS ALMO GERMINE
COELI FENESTRA
FACTA ES

Chronologie

1870. Naissance de Maurice Denis, le 25 novembre, à Granville (Manche) où son père, employé à la Compagnie des Chemins de fer de l'Ouest, est envoyé. Il est le fils unique d'une famille de la petite bourgeoisie (sa mère est modiste) où l'on n'est pas étranger à la culture. Retour à Saint-Germain-en-Laye où la famille se fixe 9, rue des Écuyers.

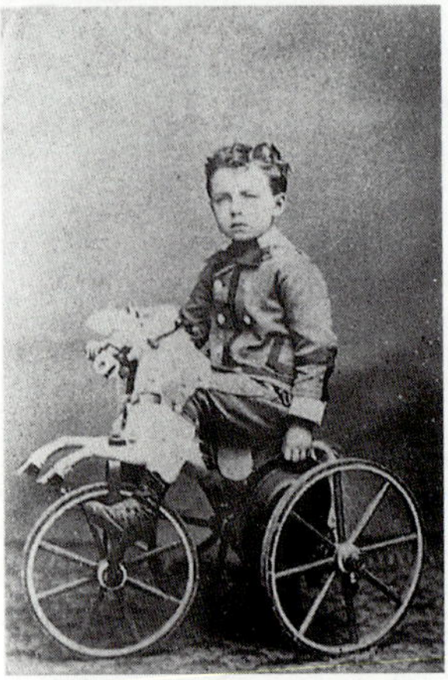

Maurice Denis enfant vers 1875.
Collection particulière.

1884. Maurice Denis commence son *Journal* où il va consigner les subtils mouvements d'une pensée ardente, portée à la foi religieuse. Il découvre au Louvre *Le Couronnement de la Vierge* de Fra Angelico qui va déterminer son orientation spirituelle et artistique. Prend des cours de dessin chez le peintre Zani, à Saint-Germain-en-Laye. Premières copies d'après les Maîtres.

1885. Travaille dans l'atelier de Balla, un peintre brésilien installé à Paris. On lit dans son *Journal* : « Je ferai de l'art en masse, en tout et partout. »

1886. Ses convictions religieuses s'affirment, se placent au centre de sa vie et déjà influent sur son travail de peintre.

1887. Études au lycée Condorcet. Le climat culturel y est de grande qualité. On y lit et commente Verlaine, Mallarmé, Rimbaud, Villiers de l'Isle-Adam, Laforgue, Moréas. Maurice Denis se lie avec Gabriel Trarieux qui fera une carrière de dramaturge, et encore Vuillard et Roussel. Il est l'élève du professeur Cucheval qui sera aussi celui de Marcel Proust. Découverte de Puvis de Chavannes, il admire l'aspect décoratif et calme de son œuvre.

1888. Il est admis à l'École des Beaux-Arts dans l'atelier de Jules Lefebvre. Découverte de Gauguin à la galerie Boussod et Valadon, et de Cézanne chez le père Tanguy, rue Clauzel. Il travaille à des éléments de décor pour le théâtre de Lugné-Poe. De même que ses amis Ibels, Ranson, Sérusier, Vallotton, Vuillard et Bonnard, il fréquente l'Académie Julian, 48, faubourg Saint-Denis, où enseignent Jules Lefebvre, Robert-Fleury et Bouguereau.

Parallèlement, il se passionne pour la littérature décadente dont Joseph Péladan est le représentant le plus illustre et s'intéresse, de même que ses compagnons d'atelier, à la musique. Il découvre Wagner. Autour de Sérusier (qui a apporté le *Talisman*) se forme le groupe des nabis, ces « dévots du Symbole ». Ils se réunissent fréquemment (passage Brady) et mènent des discussions théoriques très poussées en partant de leurs propres œuvres, des « icônes ».

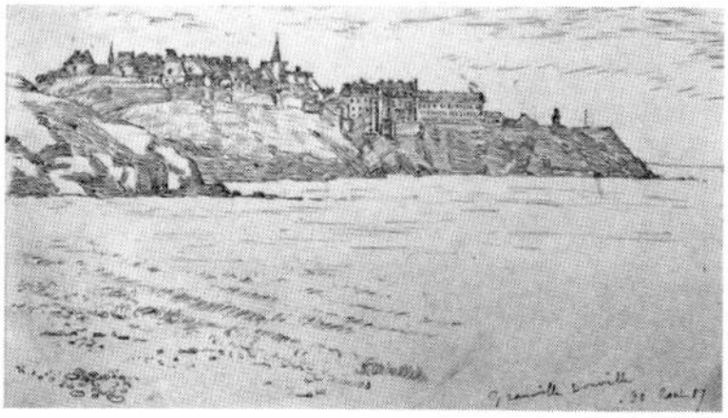

Granville vers 1887.
Collection particulière.

1889. Rencontre d'Odilon Redon. Parution du livre d'Édouard Schuré, *Les Grands Initiés*, qui va jouer un rôle capital dans la mise en place des idées élaborées par les peintre nabis, et Maurice Denis en particulier. Exposition du groupe impressionniste et synthétiste, dans le cadre de l'Exposition Universelle (juin-octobre). Schuffenecker est à l'origine de l'invitation faite par Volpini de décorer son café avec des œuvres de Gauguin, Laval, Schuffenecker, Anquetin, Émile Bernard. Maurice Denis est fortement impressionné par la nouveauté de leur propos. Ambroise Vollard confie à Maurice Denis le soin de donner des illustrations à une édition envisagée des poèmes de *Sagesse* de Verlaine, qui ne sortira qu'ultérieurement.
1890. Début du *Mercure de France* qui va s'ouvrir largement à la production des symbolistes et jouer un rôle primordial dans la diffusion de leurs idées. Maurice Denis publie un article dans *Arts et critique* sous le titre « Définition du néo-traditionnisme », qui sera suivi d'autres. Projet avec Antoine, pour son théâtre : le dessin du programme de *La Princesse Maleine* de Pierre Hermant. Maurice Denis est invité par le père Tanguy à exposer des toiles et lui présente ses amis Vuillard et Sérusier. Maurice Denis rencontre Marthe Meunier, sa future épouse.
1891. Partage un atelier avec Bonnard, Vuillard et Lugné-Poe au 28, rue Pigalle. Se lie chez le peintre Henry Lerolle avec Chausson, Vincent d'Indy, Debussy et Valery. Fait la connaissance de Verkade grâce à Sérusier,

qui jouera un rôle important dans ses problèmes religieux. Exposition des Artistes indépendants au Champ-de-Mars, Denis y expose sept tableaux, quatre panneaux décoratifs et les dessins en marge de *Sagesse*, qui n'ont toujours pas trouvé d'éditeur, celui de Verlaine, Vanier, s'étant récusé. Il organise au château de Saint-Germain-en-Laye une exposition rassemblant ses amis Bonnard, Ibels, Ranson, Sérusier, Verkade, Vuillard. Publication d'un poème de Verlaine illustré par Maurice Denis dans *La Plume*. Décor, costume et dessin de la couverture du programme pour la pièce de Dujardin, *Antonia*, et celle de Remy de Gourmont, *Théodat*. Grande Exposition des Peintres impressionnistes et symbolistes à la galerie Le Barc de Bouteville avec des œuvres de Bonnard, Denis, Ibels, Ranson, Vuillard et Sérusier.

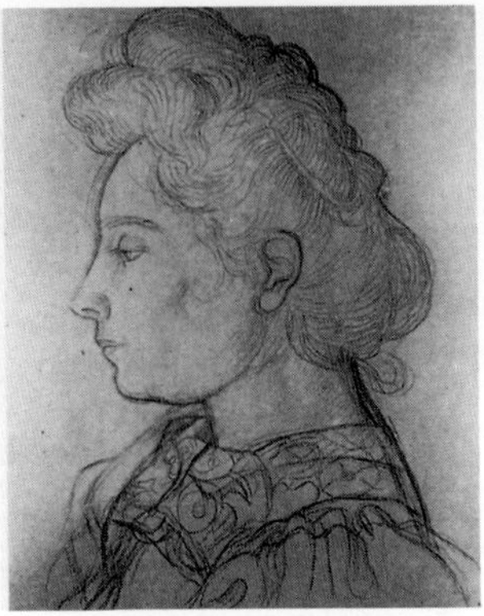

Profil de Marthe.
Collection particulière.

1892. Fiançailles de Maurice Denis avec Marthe Meunier. Fait la connaissance d'André Gide chez Madame Finaly. Il participe à l'Exposition des XX à Bruxelles, et donne un article dans *Arts et critique*. À l'exposition de la Société des Artistes indépendants du Champ-de-Mars il expose huit tableaux, quatre panneaux pour la décoration d'une chambre de jeune fille, une mosaïque. Présentation du théâtre de marionnettes *Les Sept Princesses*, de Maurice Maeterlinck, sur l'initiative amicale et complice de Verkade, Sérusier, Vuillard, Ranson et Maurice Denis.
Article d'A. Aurier sur *Les Symbolistes*, illustré par Redon, Bonnard, Gauguin, Sérusier, Maurice Denis, Filiger, Roussel, Vuillard, Anquetin, Gauguin. Réaction grognon de Gauguin qui écrit à sa femme : « Je connais Aurier et je pense que, dans cet article, il me donne une petite part. Ce mouvement, je l'ai créé en peinture et beaucoup de jeunes gens en profitent, non pas sans talent, mais encore une fois c'est moi qui les ai formés. Et rien en eux ne vient d'eux, cela vient de moi. » Nouvelle exposition à la galerie Le Barc de Bouteville. Représentation au Théâtre Moderne de la *Trilogie d'Antonia*, avec des décors et costumes de Maurice Denis. La pièce sera reprise au Théâtre du Vaudeville en juin. Article de Maurice Denis (sous un pseudonyme) dans *La Revue Blanche* : « Notes d'art et d'esthétique ». Commande d'un plafond pour l'hôtel particulier d'Henry Lerolle. Gide prend contact avec Maurice Denis en vue de l'illustration, par ce dernier, de son livre *Le Voyage d'Urien*. Nouvelle exposition à Saint-Germain-en-Laye avec les mêmes participants que pour la première, et à la galerie Le Barc de Bouteville. Denis habite Villa Montrouge à Saint-

Germain-en-Laye. Représentation au Théâtre des Escholiers de *La Dame de la mer*, dont le programme est illustré par Maurice Denis. Il donne un frontispice au livre de Dujardin, *Réponse de la bergère au berger.*

1893. Maurice Denis participe au premier numéro de *L'Estampe originale* (couverture de Toulouse-Lautrec) en compagnie de Bonnard, Ibels, Ranson, Vallotton, Vuillard et Roussel. Charles Morice fait le bilan des artistes qui ont participé au Théâtre d'Art de Paul Fort. On y trouve Maurice Denis, mais également Carrière, Sérusier, Gauguin, Émile Bernard, Bonnard, Vuillard, Ibels, Filiger et Ranson. Maurice Denis participe au Salon des Artistes indépendants avec cinq tableaux et un panneau décoratif, à la quatrième Exposition des Peintres impressionnistes et symbolistes à la galerie Le Barc de Bouteville et à la seconde Exposition annuelle de l'Association pour l'Art à Anvers, avec un tableau et deux lithographies. Publication par la Librairie d'Art Indépendant du *Voyage d'Urien*, d'André Gide, illustré par Maurice Denis (couverture et vingt-neuf illustrations dans le texte). Dessin de la couverture de *La Damoiselle élue*, poème lyrique de Dante Gabriel Rossetti mis en musique par Claude Debussy. Maurice Denis dessine le programme de *Pelléas et Mélisande* de Maeterlinck, monté par Lugné-Poe au Théâtre de l'Œuvre. Mariage de Maurice Denis avec Marthe, voyage de noce à Perros-Guirec où il travaille à son *Journal*. Publication du premier album de *La Revue Blanche* avec des dessins de Bonnard, Roussel, Vuillard et Maurice Denis. Exposition (la cinquième) chez Le Barc de Bouteville.

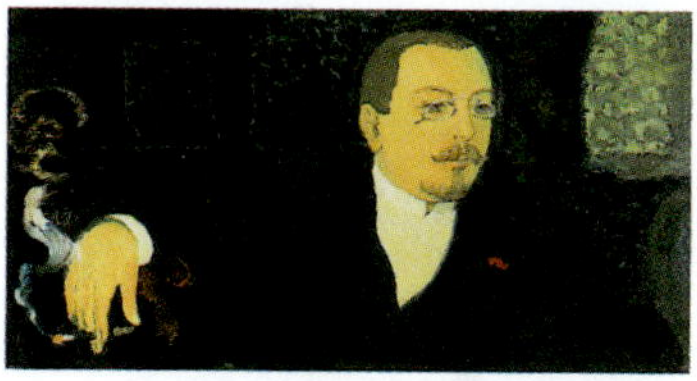

Portrait de Monsieur Huc.
Barber Institute of Fine Arts, Birmingham.

1894. Naissance de Jean-Paul. Première exposition de *La Libre Esthétique* à Bruxelles. Maurice Denis exécute le décor de *Une nuit à Céos* de Trarieux, montée au Théâtre de l'Œuvre. Sixième exposition à la galerie Le Barc de Bouteville. Maurice Denis expose au Salon de la Société des Artistes indépendants cinq peintures pour le plafond commandé par le compositeur Ernest Chausson. *La Dépêche du Midi*, de Toulouse, organise dans ses locaux une exposition à laquelle participent, outre Maurice Denis, Bonnard, Ibels, Sérusier, Roussel, Vallotton, Vuillard. Exposition du Salon des Cent dans les locaux de la revue

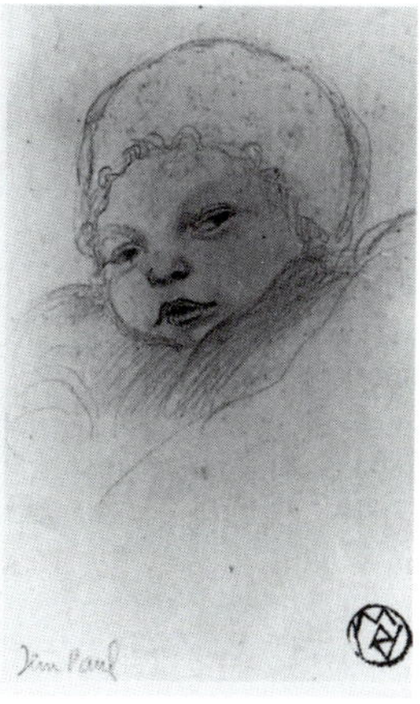

Portrait de Jean-Paul au bonnet.
Collection particulière.

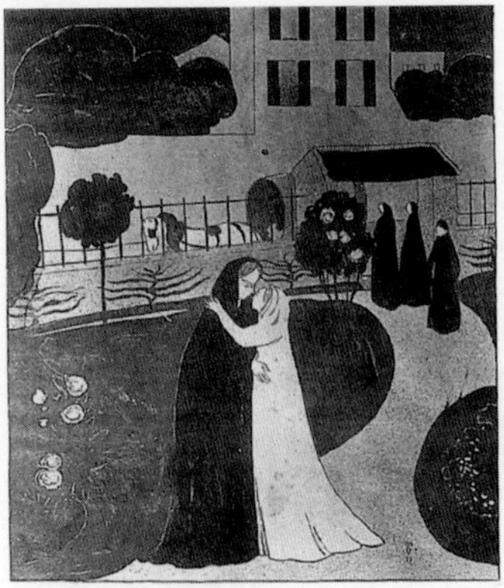

La Visitation (Villa Montrouge).
Collection particulière.

La Plume. Maurice Denis y expose *L'Intruse*, puis au casino de Boulogne-sur-Mer. Publication dans *La Revue Blanche* d'une lithographie de Maurice Denis, *La Visitation*, et participation au second *Album de la Revue Blanche* (avec Vallotton, Roussel, Sérusier, Ibels, Rippi-Rönal et Bonnard). Couverture illustrée pour *Sagesse*, musique de P. Hermant, et pour *Apparition* de Mallarmé, musique de Rossignol.

1895. Mort de Jean-Paul. Participation au septième Salon des Cent dans les locaux de la revue *La Plume*. Maurice Denis travaille à l'illustration de *L'Imitation de Jésus-Christ*. Encouragé par Gauguin à défendre ses idées, « soit avec le pinceau, soit avec la plume », à la suite d'un article de Maurice Denis. Large participation à la deuxième exposition de *La Libre Esthétique* à Bruxelles (quatre motifs de papier peint, une idée de vitrail et une estampe illustrant *Apparition*, un poème de Stéphane Mallarmé). Invité par Maurice Dumont à collaborer à *L'Épreuve*, des albums mensuels d'estampes. Dessine le programme pour le cinquième spectacle de l'année du Théâtre de l'Œuvre comprenant *La Scène*, de Lebey, *La Vérité dans la vie*, de Collé, *Les Pieds Nickelés*, de Tristan Bernard, et *Intérieur*, de Maeterlinck, dont il conçoit aussi le décor. Participation au Salon de la Société nationale des Beaux-Arts (dessins pour *L'Imitation de Jésus-Christ*). Écrit la préface du catalogue de la Neuvième Exposition des Peintres impressionnistes et symbolistes à la galerie Le Barc de Bouteville. Participe à une exposition à la galerie Laffitte (les illustrations pour *Sagesse* de Verlaine). Présentation au Théâtre de l'Œuvre de *Brandt*, d'Ibsen, dont le programme est illustré par Maurice Denis. Exécute des panneaux décoratifs commandés par le marchand Bing. Nouvelle contribution pour le Théâtre de l'Œuvre, *Femmes dans la forêt* est publié dans *La Revue Blanche*. Voyage en Italie. Des œuvres de Maurice Denis sont exposées chez Ambroise Vollard, rue Laffitte. Grande exposition à l'Hôtel Bing, 22, rue

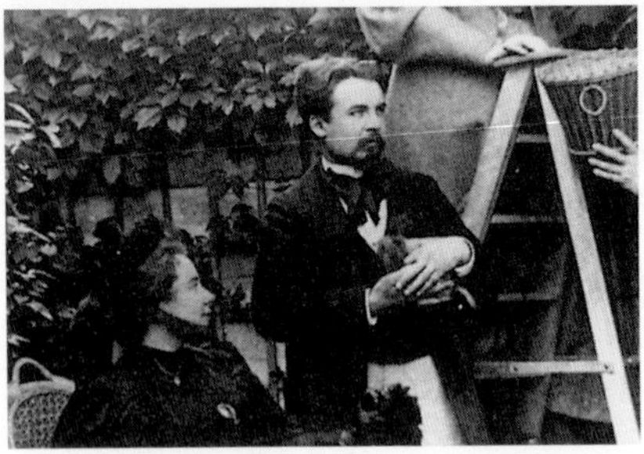

Maurice Denis et Marthe chez leur ami Lejosne.
Collection particulière.

de Provence ; Maurice Denis y expose un tableau et une frise de sept panneaux, *La Vie d'une femme.*

1896. Naissance de Noële. Numéro spécial de la revue *La Plume*, consacré à Verlaine, une illustration de Maurice Denis pour *Sagesse* y est reproduite. Participation à la troisième exposition de *La Libre Esthétique* de Bruxelles, avec six tableaux, douze dessins (pour *Sagesse*). Participation à l'exposition *Les Peintres de l'âme* à la galerie La Bodinière, critiquée par Octave Mirbeau évoquant « les âmes de Denis qui font pipi dans des courbes harmonieuses ». Publication dans la revue *L'Ermitage* d'un texte d'A. Clouard, « Le pèlerin des âmes », dédié à Maurice Denis. Participation à l'Exposition des Peintres Graveurs à la galerie Vollard (gravures sur bois, pastels, aquarelles et dessins). Travaux de décor pour l'hôtel Cochin sur le thème de la chasse de saint Hubert. Article très critique de Pissarro estimant que les dernières expositions de Vuillard et Denis, chez Bing, ont été un désastre. Pèlerinage à Montauban, à la découverte d'Ingres. Maurice Denis publie dans *L'Art et la Vie* ses « Notes sur la peinture religieuse ». Nouvelle attaque de Pissarro enchaînant la semonce de Mirbeau se moquant des « symbolos catholico-primitifs ». Vollard publie le premier *Album des peintres graveurs* comprenant *La Visitation* de Maurice Denis.

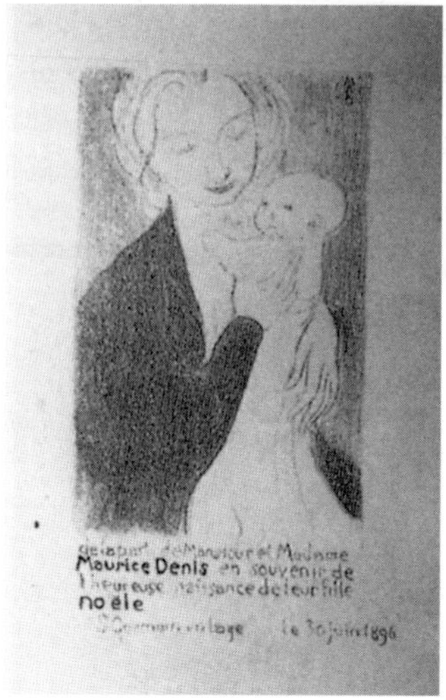

Faire-part de la naissance de Noële Denis.
Collection particulière.

1897. Maurice Denis entreprend l'illustration de *L'Imitation de Jésus-Christ* pour Vollard. Découverte de Primatice dont il va s'inspirer pour son décor mural sur le thème de saint Hubert. Maurice Denis conçoit les décors et l'illustration du programme d'*Au-delà des forces humaines*, de Björnson, monté au Théâtre de l'Œuvre, et participera avec Ranson, Sérusier et Vuillard à l'illustration du programme de la suite donnée de la pièce. Présentation dans le cadre de la quatrième exposition de *La Libre Esthétique* d'un album édité par Vollard avec Bonnard, Rippl-Rônai, Vallotton, Vuillard et Maurice Denis. Parution dans *L'Ermitage* de *La Forêt victorieuse*, d'André Mithouard, avec une lithographie de Maurice Denis. Un critique (qui écorche les noms des artistes) regrette l'absence au Salon des Indépendants de Ranson, Bonnard, Vuillard, Sérusier, Petitjean, Pissarro, Cottet, Vallotton, Osbert, et naturellement Maurice Denis, « qui se contentent d'expositions particulières. La génération des impressionnistes

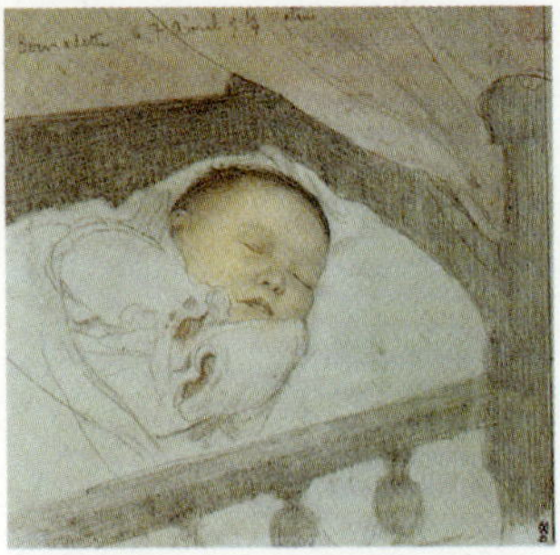

Bernadette.
Collection particulière.

et des symbolistes n'a pas été remplacée ». Nouvelle participation à l'exposition des Dix chez Vollard, avec Bonnard, Ibels, Lacombe, Ranson, Rasetti, Roussel, Sérusier, Vallotton et Vuillard. Maurice Denis participe à l'Exposition nationale des Beaux-Arts du Champ-de-Mars et travaille au décor (plafond) commandé par le musicien Ernest Chausson pour son hôtel particulier. Séjour en Italie (Fiesole, à la Villa Papiniano avec Chausson).

1898. Maurice Denis est à Rome avec André Gide. Admiration pour les fresques de Piero della Francesca (Arezzo), Signorelli (Orvieto) et Raphaël. Amorce du projet d'un hommage à Cézanne : « Faire tableau de Redon dans la boutique de Vollard entouré de Vuillard, Bonnard, etc... ». Vollard publie deux portfolios de lithographies, dont un de Maurice Denis (*Amour*). Projet d'une exposition réunissant les néo-impressionnistes, outre Maurice Denis, Vuillard, Bonnard, Anquetin, Lautrec, d'Espagnat, etc. Participe à Londres à l'exposition de l'International Society of Painters, Sculptors and Gravers au Skating Rink de Knitsbridge. Mise en place définitive de l'ensemble décoratif sur le thème de *La Légende de saint Hubert* pour Denys Cochin. Travaille au décor de la chapelle Sainte-Croix du Vésinet. Exposition d'affiches à *La Dépêche du Midi* de Toulouse.

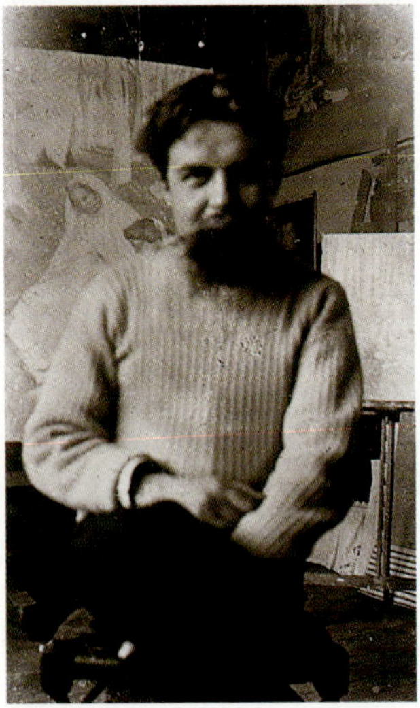

Maurice Denis dans son atelier, 1899.
Collection particulière.

1899. Naissance de sa fille Bernadette. Exposition des nabis chez Durand-Ruel. Publication des modèles de papier peint de Maurice Denis dans *L'Art décoratif*. Refus de Gauguin de participer à une exposition projetée par Maurice Denis qui devait rappeler l'exposition Volpini. Il argumente son refus : « Ma personnalité d'il y a dix ans n'a plus aucun intérêt aujourd'hui. Je voulais à cette époque tout oser, libérer en quelque sorte la nouvelle génération, puis travailler pour acquérir un peu de talent. La première partie de mon programme a porté ses fruits, aujourd'hui vous pouvez tout oser et, qui plus est, personne ne s'en étonne. » Séjour constructif en Bretagne à Perros-Guirec qui est son port d'attache. Inauguration de la chapelle du Vésinet, suivie d'un article dans *L'Art décoratif* où il justifie et explique son entreprise. Il peint son *Hommage à Cézanne*, Gide l'achètera.

1900. Séjour chez les Mithouard dans l'Eure. Admiration pour Puvis de Chavannes.

1901. Naissance d'Anne-Marie. Visite à Degas qu'il vénère et qui lui montre ses Ingres. Séjour à Bruxelles pour l'exposition de *La Libre Esthétique*. Collabore à la revue *L'Occident* dirigée par Adrien Mithouard. Travaille au décor de la chapelle de la Vierge du Vésinet (*Les Noces de Cana*).

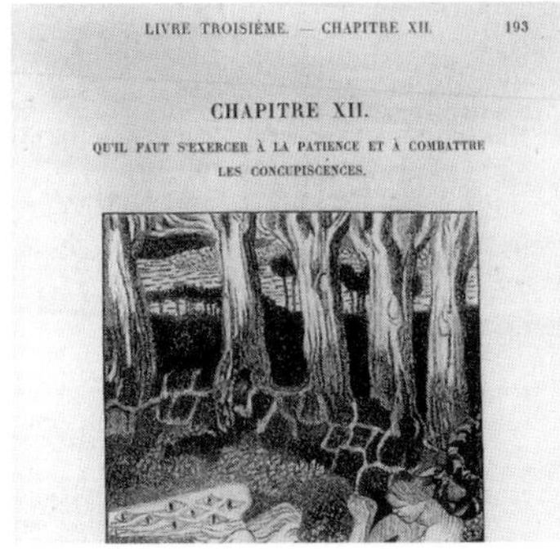

Illustration pour L'Imitation de Jésus-Christ. L'Âme fidèle.

1902. Avec Bonnard, Vuillard et Ranson, il est élu membre de la Commission de placement du Salon des Indépendants et membre de la Société nationale des Beaux-Arts. Participe activement à la revue *L'Occident*, son activité de critique et théoricien de l'art se confirmant.

1903. Premiers contacts avec un collectionneur allemand, le comte Kessler. Retrouve Verkade qui est converti et s'est fixé dans un couvent à Beurron. De nombreux articles concernant Redon, Cézanne, Roussel et Camille Pissarro. Travaille à l'illustration de *L'Imitation de Jésus-Christ*, une commande d'Ambroise Vollard.

1904. Séjour à Rome en compagnie de Gide, Sérusier et Mithouard ; promenades littéraires et artistiques à Florence et dans l'Italie du Sud. À Marseille découvre les Puvis de Chavannes, à Cuverville séjourne chez Gide. Assiste au banquet donné en l'honneur de Carrière qu'il admire. De nombreux articles (entre autres dans *Arts de la Vie)*. Première exposition particulière chez Druet, André Gide fait la préface.

1905. Découverte de l'Espagne avec les Mithouard : Burgos, Avila, Madrid, Tolède, Séville, Cadix, Grenade, Cordoue. Achète à Pont-Aven deux tableaux de Gauguin et deux d'Émile Bernard. Publication d'un article sur Maillol dans *L'Occident* et dans *L'Ermitage*, « De Gauguin, de Whistler et de l'excès des Théories ».

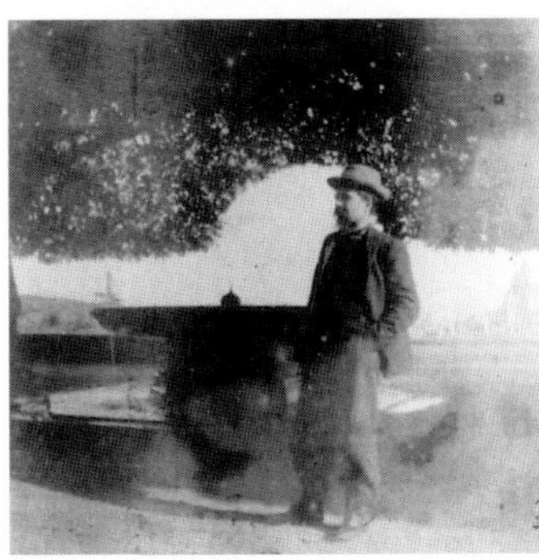

Maurice Denis devant la vasque de la Villa Médicis à Rome. *Collection particulière.*

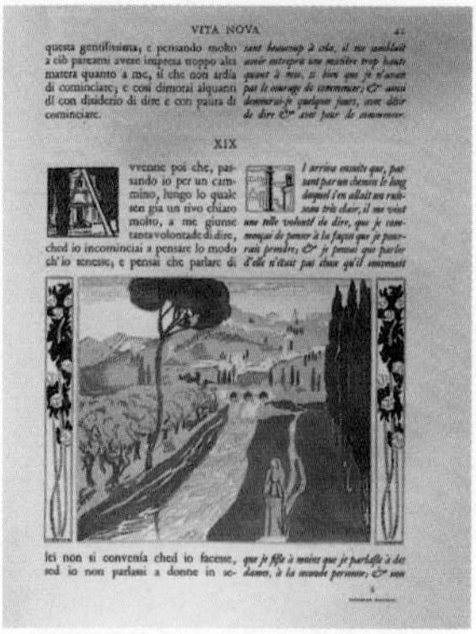

Illustration par Maurice Denis pour le livre Vita Nova.

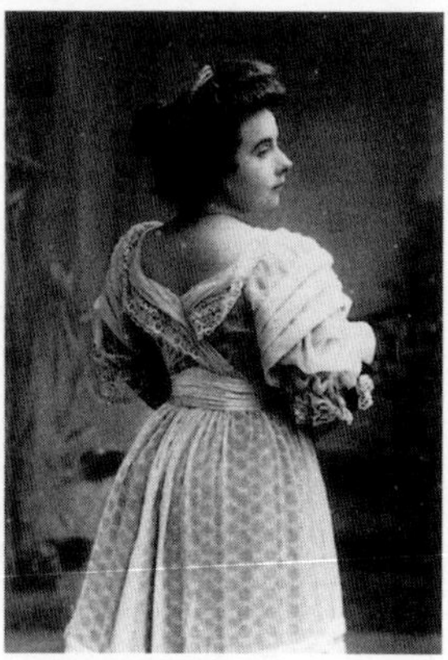

Marthe Denis vers 1904.
Collection particulière.

1906. Naissance de Madeleine. Voyage en Provence avec Roussel et rend visite à Cézanne, Cross, Signac et Renoir. Voyage à Londres avec Rouart. Participation critique à *L'Occident*. *L'Éternel Printemps*, un ensemble de cinq compositions pour une salle de musique à Wiesbaden.

1907. Élu membre correspondant de la Sécession de Berlin, voyage en Allemagne avec Gide et en Italie en famille. Préface l'exposition de Cross à la galerie Bernheim-Jeune. *La Terre latine, inspiratrice d'Art et de Poésie*, trois panneaux pour un vestibule (maison Rouché à Saint-Germain-en-Laye). Vingt-quatre gravures sur bois, un frontispice et quatre-vingt-quatre lettrines pour *Vita Nova* de Dante, édité par les éditions du Livre Contemporain.

1908. Achat d'une maison à Perros-Guirec (Silencio) qui sera un port d'attache estival pour toute la famille. Professeur à l'Académie Ranson. A pour élève Roger de La Fresnaye. Articles dans *La Grande Revue* (sur l'exposition des Indépendants) et dans *L'Occident* sur Paul Sérusier. *L'Histoire de Psyché*, une suite de cinq panneaux pour Serge Morosoff à Moscou. *L'Éternel Printemps*, un ensemble décoratif pour la salle à manger de Gabriel Thomas à Bellevue.

1909. Naissance de Dominique. Voyage à Moscou avec Marthe, séjour à Berlin. Rend hommage par divers articles à Maillol dans *L'Art et les Artistes*, à Paul Ranson, Van Gogh et Gauguin, dans *L'Occident*. Frise décorative pour la salle à manger de Silencio, et quatre grisailles sur *L'Histoire de Psyché* pour Morosoff.

1910. Visite Renoir en Provence, participe à l'organisation d'un monument Cézanne, préface l'exposition Cross chez Bernheim-Jeune. Ensemble décoratif pour l'hôtel de Charles Stern. Dessine un frontispice pour *Épigrammes romaines*, de Jean Schlumberger.

1911. Mort du père de Maurice Denis. Décor pour la salle d'Hulst à Paris (*Anges*) et illustration des *Fioretti* de saint François d'Assise.

1912. Fait partie de la Société des Amis des Cathédrales. Travaille au décor du Théâtre des Champs-Élysées dans un hangar construit tout exprès par Auguste Perret. Il peint une *Histoire de la musique*. Publication de *Théories (1890-1910) du Symbolisme et de Gauguin vers un Nouvel Ordre classique*. Article sur Redon dans *La Vie*.

1913. Nouvelle visite à Renoir dans le midi. Publication d'articles sur « Le sentiment religieux dans l'art des cathédrales ». Frontispice pour *Le Latin mystique* de Remy de Gourmont.

1914. Mort de la mère de Maurice Denis. Voyage en Italie (avec sa fille Noële) en vue des illustrations de *La Vie de saint Dominique*. Achète le Prieuré à Saint-Germain-en-Laye, un ancien hôpital fondé par Madame de Maintenon. Mobilisé à Conches (Eure). Décor (six panneaux) sur le thème *Les Jeux de Nausicaa* et tapisserie sur *Jeux de Nymphes*.

1915. Naissance de François. Maurice Denis est démobilisé. Voyage en Grèce. *Chemin de Croix* pour la chapelle du Prieuré.

1916. *Vie de saint Paul* pour l'église Saint-Paul de Genève. Début des problèmes de vue. Carton pour un vitrail sur le thème de *Jeanne d'Arc*. Frontispice, bandeaux, lettrines et culs-de-lampe pour *Sainte Thérèse*, de Paul Claudel. Frontispice pour *Impressions de guerre*, d'Henri Massis.

1917. S'engage comme peintre aux Armées. Il y retrouve Camoin et La Fresnaye. Vingt-quatre bois gravés pour *Eloa ou la Sœur des Anges*, d'Alfred de Vigny.

1918. Exposition particulière chez Druet. Six cartons de vitraux pour Saint-Paul de Genève.

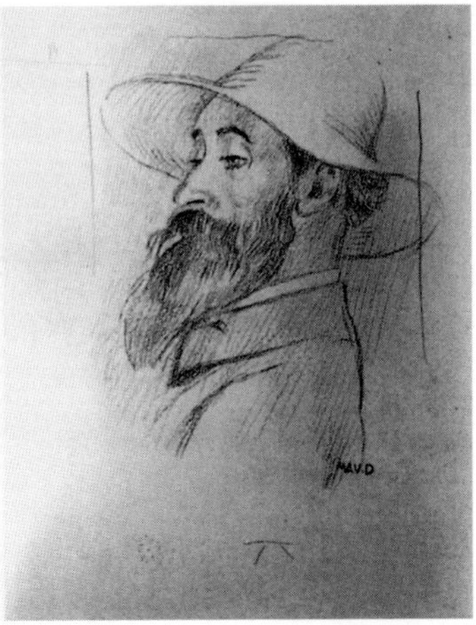

Portrait de Maillol.
Collection particulière.

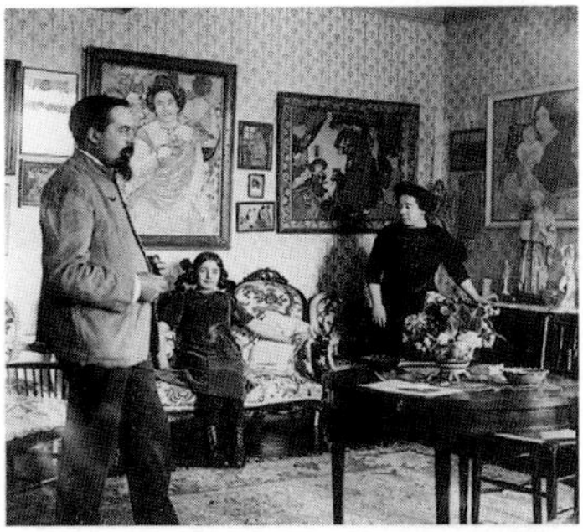

Maurice Denis en famille.
Collection particulière.

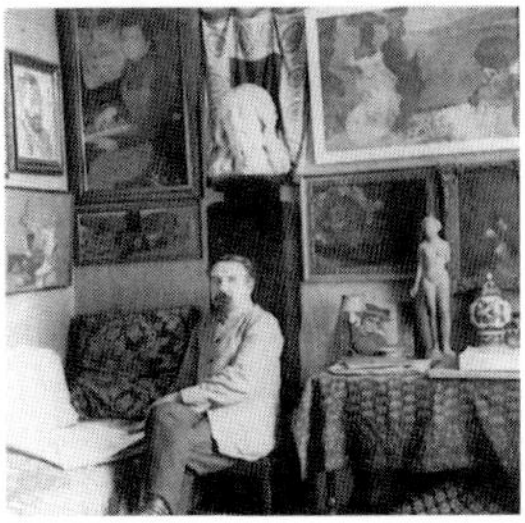

Maurice Denis vers 1912
au 59, rue de Mareil.
Collection particulière.

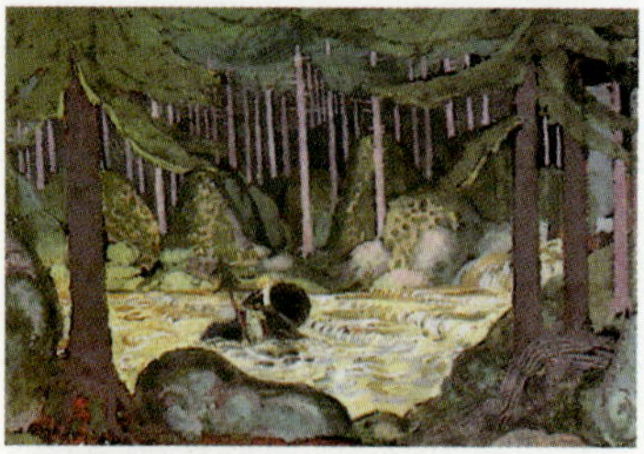

La Légende de saint Christophe :
le torrent.
Musée départemental Maurice Denis, Saint-Germain-en-Laye.

1919. Maladie et mort de Marthe, le 22 août. Fondation des Ateliers d'Art sacré avec Georges Desvallières. Rencontre Jacques-Émile Blanche. Illustration de *La Vie de saint Dominique*, du père Lacordaire (vingt bois gravés).

1920. Décors et affiche pour *La Légende de saint Christophe*, de Vincent d'Indy. Panneau décoratif pour le Tigre Royal de Genève (*Bacchanale*). Treize compositions, bandeaux et encadrement pour *Le Livre de l'Eucharistie*, de l'abbé Serre, et dessins pour *Le Miroir de Jésus*, d'Henri Ghéon.

1921. Séjours en Algérie, Tunisie, retour par la Sicile, l'Italie (Naples, Pompéi, Sienne et Florence). Publication d'une suite d'articles sur son voyage (*Carnet de Voyage en Italie*, qu'il illustre lui-même). Illustration de *L'Histoire des Religions de la France*, de Georges Goyau (quinze compositions, bandeaux et lettrines).

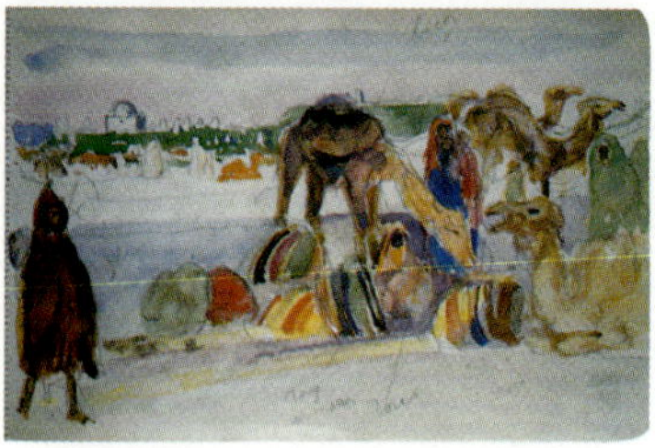

Carnets de voyage en Orient.
Collection particulière.

1922. Mariage avec Élisabeth Graterolle en l'église Saint-Sulpice. Mariage d'Anne-Marie avec le peintre verrier Marcel Poncet. Voyage à Venise. Nombreux cartons de vitraux pour Saint-Paul de Genève, la chapelle du Prieuré.

1923. Mariage de Noële avec Robert Boulet. Séjour à Genève. Naissance de son fils Jean-Baptiste. Décoration de la coupole de l'église Saint-Louis de Vincennes.

1924. Rétrospective à l'Union Centrale des Arts décoratifs (quatre cent soixante-quatre numéros, dont trois cent vingt-neuf peintures). Participe au jury du Carnegie Institute. Article sur Puvis de Chavannes dans *La Revue Hebdomadaire*. Décor pour le

Petit Palais. Cartons de vitraux pour Notre-Dame du Raincy.
1925. Naissance de Pauline. Visite Sérusier à Châteauneuf. Nouveau décor pour le Petit Palais (*Histoire de l'Art français*). Illustration pour *L'Avenir de l'intelligence*, de Charles Maurras.
1926. Voyage en Hollande. Décoration pour la chapelle Saint-Nicaise à Reims.
1927. Fresque *Glorification de saint Louis* à l'église Saint-Louis de Vincennes. Visite de Villeneuve-sur-Fère, le pays de Claudel, en vue de l'illustration de *L'Annonce faite à Marie*. Voyage aux États-Unis. Préface à l'exposition de Théo van Rysselberghe à Bruxelles.
1928. Voyage en Italie, séjour à Genève. Décor pour le plafond du Sénat (*La Justice et la Paix*).
1929. Voyage en Orient, en particulier sur « les lieux saints ». Président de la Société des Amis de Delacroix. Vingt-huit gravures pour *Le Livre de Tobie*.
1930. Nouveaux décors pour la chapelle des Franciscains à Rome, le Carmel de Cholet. Vingt gravures sur bois, culs-de-lampe pour *La Mort à Venise*, de Maurice Barrès.
1931. Visite Bernanos et Othon Friez dans le Midi. Voyage en Italie, fait la connaissance de Max Jacob. Décoration pour le Bureau International du Travail à Genève (*Le Christ parlant aux ouvriers*), l'église des Missions à l'Exposition coloniale de Vincennes (*Saint Pierre et saint Paul*), la chapelle de la Clarté à Perros-Guirec. Préface l'ouvrage de Jacques-Émile Blanche, *Les Arts plastiques*, *Un Jardin italien*, de Mary Robinson (treize compositions et treize culs-de-lampe), *Ma fille Bernadette*, de Francis Jammes (vingt-neuf gravures sur bois).
1932. Élu membre de l'Institut (au fauteuil de J.-L. Forain). Voyage à Londres avec Vuillard (pour

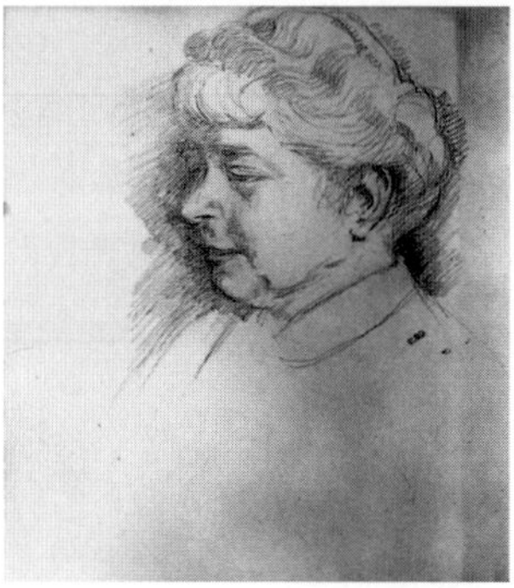

Portrait de Lisbeth.
Collection particulière.

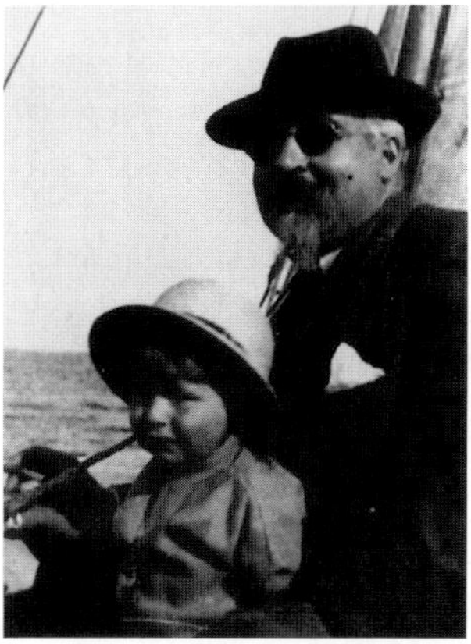

Portrait de Maurice Denis
et son fils Jean-Baptiste à Perros.
Collection particulière.

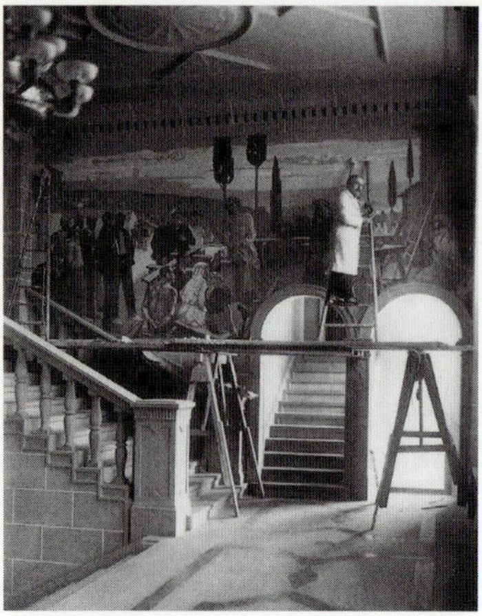

Maurice Denis travaillant à la fresque du BIT à Genève.
Collection particulière.

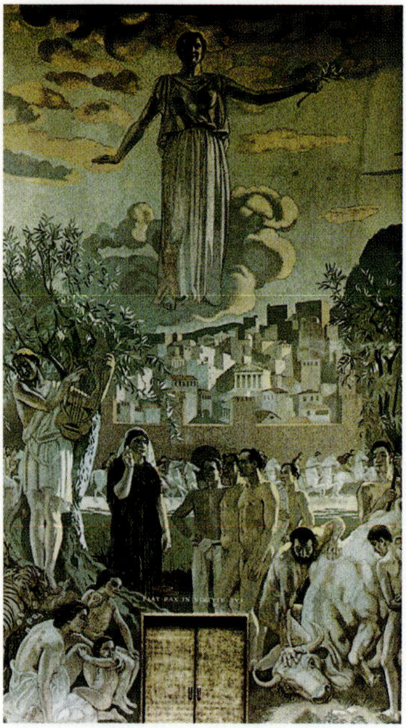

La Paix triomphante (*fresque à la Société des Nations à Genève*).

l'« Exposition d'Art Français »). Conférence sur l'art religieux à Louvain.

1933. Mariage de Dominique et Yvonne Poncet. Voyage à Florence. Décors pour l'abside de l'église du Sacré-Cœur à Saint-Ouen, l'église Saint-Martin à Vienne. Vingt-six gravures sur bois et culs-de-lampe pour *Le Crépuscule de la mer*, d'André Suarés.

1934. Mariage de Madeleine avec le poète Jean Follain. Voyage à Assise. Préfaces pour l'exposition « Gauguin, ses amis, l'École de Pont-Aven et l'Académie Julian », et « Au temps du Symbolisme » (galerie des Beaux-Arts).

Hommage à son ami Adrien Mithouard (dans *L'Occident*). Décors pour l'abside de l'église du Saint-Esprit à Paris et le baptistère de l'église Saint-Nicaise à Reims.

1935. Cartons pour les vitraux de l'abbaye de Solesmes.

1936. Pélerinage à Florence. Participe au décor de la salle des Séances du palais de la Société des Nations à Genève avec Vuillard, Bonnard, Roussel, Chastel. Décor pour la salle du Conseil des Hôpitaux Civils de Saint-Étienne.

1937. Décor pour le hall du lycée Claude Bernard à Auteuil, le pavillon pontifical à l'Exposition Internationale de Paris et le Pavillon du Progrès social.

1938. Mariage de François Denis et de Sabine van der Elst. Panneaux décoratifs pour le palais de Chaillot (*Musique sacrée, Musique profane*). Décors pour l'église de Verneuil, le monastère de la

Pourtroie, en Alsace. Préface de *Daniel de Monfreid et son ami Paul Gauguin.*
1939. Émile Bernard organise l'exposition « Souvenirs et Pont-Aven ». Publication de *L'Histoire de l'Art religieux.* Préface de l'hommage à Cézanne dans le cadre de l'exposition des Indépendants. Décors pour le palais de la Société des Nations à Genève et pour les églises de Saint-Martin-de-Vienne (Isère), la chapelle de l'hôpital Cochin.
1940. Réfugié à Perros-Guirec. Illustration pour *L'Annonce faite à Marie*, de Paul Claudel. Hommage à Vuillard, qui vient de mourir, à l'Académie des Beaux-Arts.
1941. Mort d'Émile Bernard, éloge funèbre : « sympathie pour Bernard, son romantisme désintéressé, sa passion pour la peinture ». Travaille à une biographie de Sérusier. Préfaces pour des expositions consacrées à Puvis de Chavannes et Maillol (« Nul ne compose comme Maillol un ensemble de chairs, la symétrie d'un torse et toutes ces sensuelles architectures où son imagination s'épanouit »).
1942. Chargé, avec Roussel, de la succession de Vuillard. Préface à une exposition Bourdelle. Travaux décoratifs pour la chapelle du Reposoir en Savoie. Illustrations pour les *Poèmes*, de Francis Thompson (trente-quatre lithographies en couleurs), et *Orphée*, de Louis de Launay (dix-huit compositions gravées sur bois).
1943. Travaille au *Chemin de Croix* de la basilique de Thonon. Préface l'exposition « L'École de Pont-Aven et les nabis », texte sur Bonnard dans *Le Point*. Décors pour la salle des mariages de la mairie de Saint-Germain-en-Laye. Illustrations pour les *Poèmes* de Pierre Ronsard et *Polyeucte* (travail interrompu par la mort de l'artiste).
Le 13 novembre, il est renversé par une voiture boulevard Saint-Michel et expire à l'hôpital Cochin.

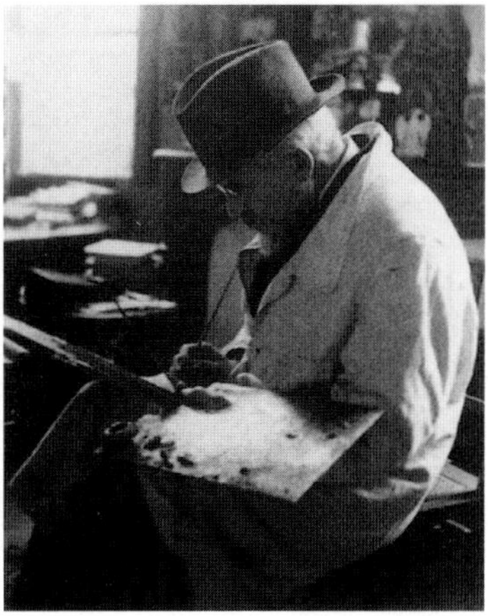

Portrait de Maurice Denis vers 1943.
Collection particulière.

La chronologie est largement inspirée du catalogue Maurice Denis à l'Orangerie des Tuileries *(1970) et de celui de l'exposition « Nabis » (Galeries Nationales du Grand Palais).*

Crédit photographique

L'éditeur et l'auteur ont fait tout leur possible pour rechercher les ayants droit des photos publiées dans ce livre. L'éditeur a réservé leurs droits et se tient à leur disposition.

Archives de l'auteur, de l'éditeur, collectionneurs privés, galeries d'art, DR et : Archives de la SDN, Genève p. 190 ; Archives départementales des Yvelines, Versailles/D. Balloud/Musée départemental Maurice Denis, Saint-Germain-en-Laye, pp. 40, 41 ; Art Institute, Chicago, p. 80 ; Barber Institute of Fine Arts, University of Birmingham, p. 181 ; Basset, Yves, Lyon, pp. 122, 140, 180, 181, 189 ; Bibliothèque nationale, Paris, p. 118 ; Bridgestone Museum, Tokyo, p. 164 ; Clemens-Selz Museum, Neuss, pp. 57, 95 ; Cleveland Museum of Art, p. 75. Collection Josefowitz, pp. 9, 11, 33, 84, 176 ; Didier Imbert Fine Art, Paris, p. 89 ; Folkwang Museum, Essen, p. 148 ; Fujiya Hotel, Hakone, p. 17 ; Galerie Malingue, Paris, pp. 48, 79, 97 ; Gaspari, Claude, Paris, pp. 7, 27, 31, 59, 64, 99, 121 ; Hom'dimage, J.-L. Chaillou, Alençon, pp. 63, 77, 101, 129 ; Meulle, R., Reims, p. 157 ; Musée de l'Ermitage, Saint-Pétersbourg, pp. 43, 55, 149, 159 ; Musée de Peinture et de Sculpture, Grenoble, p. 19 ; Musée départemental Maurice Denis, Saint-Germain-en-Laye, pp. 18, 23, 39, 44, 45, 47, 52, 53, 54, 65, 66, 69, 72, 81, 87, 90, 113, 116, 119, 125 (bas), 141, 143, 153, 155, 163, 173, 184 (bas), 187 (bas), 188 (haut) ; Musée départemental Maurice Denis, Saint-Germain-en-Laye/Édouard Fievet, Chartres, p. 67 ; Musée départemental Maurice Denis, Saint-Germain-en-Laye/Bruno Raoux, p. 186 (haut) ; Musée départemental Maurice Denis, Saint-Germain-en-Laye/Patrick Thumerelle, p. 177 ; Musée départemental Maurice Denis, Saint-Germain-en-Laye/Studio Lourmel 77-Photo Routhier, pp. 37 (bas), 85 ; Musée des Arts décoratifs, Paris, p. 61 ; Neue Pinakothek, Munich, pp. 106, 123 ; Niedersächsisches Landesmuseum, Landesgalerie, Hanovre, p. 109 ; Ohara Museum, Kurashiki, p. 136 ; Rennes, dist RMN/Adelaïde Beaudouin, p 101 (bas) ; Réunion des Musées Nationaux, Paris/Bulloz, p. 111 ; Réunion des Musées Nationaux, Paris/DR, pp. 25, 36, 37 (haut), 117 ; Réunion des Musées Nationaux, Paris/Gérard Blot, p. 138 (bas) ; Réunion des Musées Nationaux, Paris/Gérard Blot-Christian Jean, pp. 21 (haut), 49, 107, 172 ; Réunion des Musées Nationaux, Paris/Hervé Lewandowski, pp. 29, 73, 94, 103, 131, 134, 167 ; Réunion des Musées Nationaux, Paris/René-Gabriel Ojéda, pp. 15, 145 ; Rijksmuseum Kröller-Müller, Otterlo, pp. 60, 62, 86 ; Rijksmuseum Vincent van Gogh, Amsterdam, p. 70 ; Service photographique des Archives de l'Oise, p. 123 ; Sully-Jaulmes, Laurent, Paris, pp. 4, 10, 112, 160 ; Thumerelle, Patrick, Issy-les-Moulineaux, p. 51 ; Willi, Peter, Paris, pp. 28, 35, 146, 147, 185.